吳墉祥戰後日記

（1949）

The Post-War Diaries of Wu Yung-hsiang, 1949

民國日記｜總序

呂芳上
民國歷史文化學社社長

　　人是歷史的主體，人性是歷史的內涵。「人事有代謝，往來成古今」（孟浩然），瞭解活生生的「人」，才較能掌握歷史的真相；愈是貼近「人性」的思考，才愈能體會歷史的本質。近代歷史的特色之一是資料閎富而駁雜，由當事人主導、製作而形成的資料，以自傳、回憶錄、口述訪問、函札及日記最為重要，其中日記的完成最即時，描述較能顯現內在的幽微，最受史家重視。

　　日記本是個人記述每天所見聞、所感思、所作為有選擇的紀錄，雖不必能反映史事整體或各個部分的所有細節，但可以掌握史實發展的一定脈絡。尤其個人日記一方面透露個人單獨親歷之事，補足歷史原貌的闕漏；一方面個人隨時勢變化呈現出不同的心路歷程，對同一史事發為不同的看法和感受，往往會豐富了歷史內容。

　　中國從宋代以後，開始有更多的讀書人有寫日記的習慣，到近代更是蔚然成風，於是利用日記史料作歷史

研究成了近代史學的一大特色。本來不同的史料，各有不同的性質，日記記述形式不一，有的像流水帳，有的生動引人。日記的共同主要特質是自我（self）與私密（privacy），史家是史事的「局外人」，不只注意史實的追尋，更有興趣瞭解歷史如何被體驗和講述，這時對「局內人」所思、所行的掌握和體會，日記便成了十分關鍵的材料。傾聽歷史的聲音，重要的是能聽到「原音」，而非「變音」，日記應屬原音，故價值高。1970年代，在後現代理論影響下，檢驗史料的潛在偏見，成為時尚。論者以為即使親筆日記、函札，亦不必全屬真實。實者，日記記錄可能有偏差，一來自時代政治與社會的制約和氛圍，有清一代文網太密，使讀書人有口難言，或心中自我約束太過。顏李學派李塨死前日記每月後書寫「小心翼翼，俱以終始」八字，心所謂為危，這樣的日記記錄，難暢所欲言，可以想見。二來自人性的弱點，除了「記主」可能自我「美化拔高」之外，主觀、偏私、急功好利、現實等，有意無心的記述或失實、或迴避，例如「胡適日記」於關鍵時刻，不無避實就虛，語焉不詳之處；「閻錫山日記」滿口禮義道德，使用價值略幾近於零，難免令人失望。三來自旁人過度用心的整理、剪裁、甚至「消音」，如「陳誠日記」、「胡宗南日記」，均不免有斧鑿痕跡，不論立意多麼良善，都會是史學研究上難以彌補的損失。史料之於歷史研究，一如「盡信書不如無書」的話語，對證、勘比是個基本功。或謂使用材料多方查證，有如老吏斷獄、

法官斷案，取證求其多，追根究柢求其細，庶幾還原案貌，以證據下法理註腳，盡力讓歷史真相水落可石出。是故不同史料對同一史事，記述會有異同，同者互證，異者互勘，於是能逼近史實。而勘比、互證之中，以日記比證日記，或以他人日記，證人物所思所行，亦不失為一良法。

從日記的內容、特質看，研究日記的學者鄒振環，曾將日記概分為記事備忘、工作、學術考據、宗教人生、游歷探險、使行、志感抒情、文藝、戰難、科學、家庭婦女、學生、囚亡、外人在華日記等十四種。事實上，多半的日記是複合型的，柳貽徵說：「國史有日歷，私家有日記，一也。日歷詳一國之事，舉其大而略其細；日記則洪纖必包，無定格，而一身、一家、一地、一國之真史具焉，讀之視日歷有味，且有補於史學。」近代人物如胡適、吳宓、顧頡剛的大部頭日記，大約可被歸為「學人日記」，余英時翻閱《顧頡剛日記》後說，藉日記以窺測顧的內心世界，發現其事業心竟在求知慾上，1930 年代後，顧更接近的是流轉於學、政、商三界的「社會活動家」，在謹厚恂恂君子後邊，還擁有激盪以至浪漫的情感世界。於是活生生多面向的人，因此呈現出來，日記的作用可見。

晚清民國，相對於昔時，是日記留存、出版較多的時期，這可能與識字率提升、媒體、出版事業發達相關。過去日記的面世，撰著人多半是時代舞台上的要角，他們

的言行、舉動，動見觀瞻，當然不容小覷。但，相對的芸
芸眾生，識字或不識字的「小人物」們，在正史中往往是
無名英雄，甚至於是「失蹤者」，他們如何參與近代國家
的構建，如何共同締造新社會，不應該被埋沒、被忽略。
近代中國中西交會、內外戰事頻仍，傳統走向現代，社會
矛盾叢生，如何豐富歷史內涵，需要傾聽社會各階層的
「原聲」來補足，更寬闊的歷史視野，需要眾人的紀錄來
拓展。開放檔案，公布公家、私人資料，這是近代史學界
的迫切期待，也是「民國歷史文化學社」大力倡議出版日
記叢書的緣由。

導言

馬國安、林弘毅

一

　　中國近代歷史讀物，時代雖近，卻往往仍予人一股難以親近的距離感。現代讀者大多無法想像，在巨變頻生、戰亂進逼的時空環境，身為一個「人」的個體，究竟是如何去面對、看待，又如何真正生活其中。

　　戰爭的爆發，哪股勢力推進到哪裡，只是一段記載；物價的漲跌，這個月米的價格多少，只是一個統計數據；交通線的推展，哪條鐵路銜接哪個港口，只是地圖上的一條線⋯⋯。

　　這些與那些，是如何伴隨我們的曾祖父母輩、祖父母輩，甚或是父母輩的人生？在政府檔案裡找不到的解答，日記則提供了另一種更有「人味」的指引視角。

　　民國歷史文化學社出版一系列的民國日記，包括本次的吳墉祥戰後日記，就是為了要讓逝去的時代影像鮮活起來。為家屬留紀念，也為歷史留痕跡。

二

　　吳墉祥（1909 年 4 月19 日—2000 年11 月18 日），
字茂如，生於山東省棲霞縣第五區吳家村。曾祖父吳亞
元，祖父吳愷運，父親吳庚吉。1914 年入私塾，後因吳
家村新式小學成立，轉入就讀，其後再升煙台模範高等小
學、私立先志中學。

　　1924 年，在于洪起（前國會議員、先志中學校長）
與崔唯吾（國民黨膠東黨部特派員、先志中學教師）的介
紹下，於該年10 月加入國民黨。惟因北伐期間，各地軍
閥頑抗，又適寧漢分裂，國民革命軍不知何時可以攻克山
東，遂毅然決定南下，投考中央黨務學校，並獲派赴北伐
前線與山東省黨部工作。俟大局底定，中央政治學校（國
立政治大學前身）成立，復申請回校，畢業報告為與姜啟
炎、許餞儂、楊書家等三位同學合編的「安徽財政」（其
負責第一冊，洋洋灑灑三百餘頁），為1933 年第二期財
政系第一名畢業，也埋下日後前往安徽服務的伏筆。

　　畢業後以優秀成績留校擔任會計助教，1936 年起
轉赴安徽地方銀行任職，先自安慶分行副理、經理做起
（一年），再任總行總稽核（四年），繼任副總經理（四
年），時值對日抗戰，安徽淪為各方勢力角逐之地（國、
共、日汪），地方銀行身處敵後，調劑地方金融，業務繁
重，對穩定地方與戰區，功勞不小。總統府人事調查表中
並記載，其「自26 年至34 年，始終在皖省從事敵後金融

工作，參加大小戰役九十餘次」。

雖即如此，身為山東籍人士，仍隔閡於桂系所掌握的核心之外。適逢山東省主席何思源有意重建省銀行，便於1945年前往投效，任常務董事兼總經理，復受邀至齊魯公司擔任常務董事兼董事會秘書長，在國共兩軍爭奪戰後山東控制權的複雜情況下，致力為山東服務，且因在共軍圍攻濟南期間，維持市面金融得力，獲得省府嘉獎，連晉兩級。其間，並取得高考會計師合格證明，於日後得以會計師專業執業。也曾參選棲霞區第一屆國民大會代表，名列第二，而為國民大會列席代表。

山東陷共後，於南京、上海、廣州等地處理齊魯公司業務。1949年7月以國民大會代表證件獲得赴臺許可，舉家遷移臺灣臺北。於煙台聯中案時，多方聯繫山東籍人士，為營救張敏之校長而努力。之後齊魯公司職務解除，其便以會計師執照維生。1956年應美國國際合作總署（International Cooperation Administration）駐華安全分署之聘任，為高級稽核，跑遍全臺灣，查核受援單位之會計收支。1965年美援結束，改任中美合營之台達化學工業公司財務長，1976年退休。其後活動多為列席國民大會，於大法官釋字第261號解釋公布後，1991年退職。在動盪時局中，仍嚴謹持家，與妻子共同撫育六名子女長大成人，都各有所成，為其晚年生活最感快慰之處。

其一生戮力於財政、金融、會計之研究與工作，在中央政治學校就學時即發表期刊論述多篇，畢業後出版

《中國貨幣問題論叢》一書，抗戰時仍筆耕不輟，來台後在《臺灣合作金融》、《國民大會憲政研討委員會年刊》、《稅務旬刊》等發表文章數十篇，皆有關於財金問題者。

三

吳墉祥自1927年赴南京考取中央黨務學校起，便有記載日記的習慣，可惜於戰亂過程中，1944年以前日記亡佚不可得。本次出版雖取名為戰後日記，實則起自1945年1月1日，終於1950年12月31日，以戰後復員為核心，至來臺灣後稍微安定時止。

其內容包含抗戰末期敵後第十戰區情形、戰後重慶、復員、接收、抗共被圍於濟南、競選國民大會代表、濟南淪陷、遷徙臺灣、澎湖煙台聯中案等，按日記載，逐日不斷。但因戰爭或工作繁忙的關係，或有隔數日後補記日記，致日期有所錯置，也屬時人撰寫日記的正常情形。

在這六年的日記中，我們可以看到一個忠黨、愛鄉、為國的知識分子，在1945年8月如何欣喜於戰勝日本，「晚八時街市鞭炮聲大作，聞係日本投降，至半夜有報紙號外發行，報僅索值一百元，實則僅數十字，為日本已提出接受波茨坦宣告，無條件投降，八年抗戰，至此已與盟國共獲大勝。」又在1946年如何慨歎於剿共之不得

人心，「中心工作為與共產黨在收復區內爭取人心，其中最重要者為不報復，不得因自己為地主，阻礙耕者有其田之實行，但執政者多為地主階級，含有內在矛盾，如何貫徹，非無問題，此舉實為國民黨存立與失敗之關鍵，以目前人心之絕對自私，恐非有強有力之克服工作，實未能使一切新政令不為之變質。」「政府能否掌握民心，此不失為重要關鍵，聞益都縣府進城後屠殺附共青年甚多，與政府大政方針相背。」

　　另一方面，也因為他的財金專業與工作，日記中也大量記錄了職務上的各種事項，包含安徽地方銀行與山東省銀行的營運等問題，可望有助於戰後初期的金融史研究。

　　至於1949年的山東煙台聯中案，因校長張敏之與吳墉祥本為先志中學同學，且一同加入國民黨，抗戰與戰後復員時期亦多有聯繫。在煙台聯中案發生後，其與山東各界在臺有力人士多方營救的過程，於日記中鉅細靡遺，則是當事人口述歷史與政府檔案之外，相當重要的側面資料。

四

關於這份日記，編輯的方式依照年、月、日的順序編排，原先日記中所分類的小標題，如「師友」、「職務」、「娛樂」、「體質」、「家事」、「看書」等，皆有所保

留，便於讀者閱讀。至於部分記載有僅止涉及親人的私密內容，則予以刪除，容我們為家屬保留一點隱私。

最終仍是希望，這份日記能為戰後的歷史留下一點痕跡，一天一天的記錄，像是一則一則的故事，呈現的不只是吳墉祥一個人的人生，而是一個時代裡的芸芸眾生。

編輯凡例

一、 吳墉祥日記現存自1945 年至 2000 年，本次出版為
　　 1945 年至 1950 年部分。

二、 古字、罕用字、簡字、通同字，在不影響文意下，
　　 改以現行字標示。

三、 難以辨識字體，以■表示。

四、 部分內容涉及家屬隱私，略予刪節，恕不一一
　　 標注。

附圖

吳墉祥 1949 年行跡

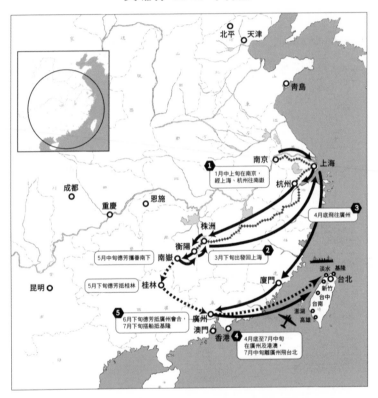

1. 1月中上旬在南京，經上海、杭州往南嶽
2. 3月下旬出發回上海
3. 4月底飛往廣州
4. 4月底至7月中旬在廣州及港澳，7月中旬離廣州飛台北
5. 6月下旬德芳抵廣州會合，7月下旬搭船抵基隆

5月中旬德芳攜眷南下
5月下旬德芳抵桂林

（溫心忻、盤惠秦／繪製）

日記原稿選錄

自由日記

一九四九年小引

「年來世局變幻，國事蜩螗，余則態度平靜而麻木之生活，緲倖而直悲哀也。去年此日余正式

棄某一新事業，有気無運，冷靜旁觀之機會益多，乃更知存余切身負責之時，善遇固不辭勞

身於決策核樞，亦不過以影響執行抉擇之帳知和固，甚至身上層始知始英始之何。此其故何數？

誠固當前風氣無重人不重事，故事業多失敗，人事多可不數衍，一念之差，千里失之也。社會有此弊病

昧附有此趨勢，於是上下交相利，而國貿小哉之和，於是姑尚虛效，社會解體，更加階級鬥爭激

恐後，其不陷於崩潰者幾希！然余之感，固非一朝一夕，余於驚濤駭浪中卓然屹立而挟乎，亦有

年矣。然勢處慶尾余頭，有於自久之時，而終與孤旁相守之想而已，直天下滔滔，乃又誰乎，亦有

獨善其身以求麻木之平靜也。於此宣吾之志哉！

浮世如菜之二十年矣，四十之年忽忽過矣，距二十年來從未衰其所守，於為全社會謀生機救生

存，亦與當思勢力搏鬥到底，此二十年前之責任於二十年後今日固又迩重而實隆，今後本其所守

文護進取，乃所依生命之最善之使用。今所懼者，一年來有當勿動搖之象，兩兩貧瘠自己而勵寒

自由日記

暑，似均是禾老先衰之徵。尚望天假我年，将此半生貢獻於人群。戟其奮起！

一月三日作。

自由日記

一月二日 星期日 晴

職務－省銀行代理會計科長宋天齡由滬回京，因前數日滬處主任程度來京請示，余囑其面達宋君，設上星期三山東省政府主席經行政院會議通過即予恢復回青，並余以董事資格代理行務，而此即予告卸仔肩。宋君曾來信表示不願繼續，無論其是否真意，在此過渡期間余不能強其立即回青也；宋君談及上海辦事處情形，殊多非夷所思之處，如被彰遣散行員內有葉兆翔者，堅持不肯離行，並委託律師函滬處主任程度提出異議，謂葉本無法律頭腦，為之幕後出主張者為尹文敬之太太，此人為行政大學出身，其實亦可謂為一知半解且不識大體者，殊因省銀行完全公有，職員皆係公務人員，雙方關係並非民法性質，又尹在粵被停，其本身請退又為全粵人所習知，滬處之葉與尹之胞妹，大可及時脫離，今竟表現如此醜態，貽笑大方，莫此為甚也。

娛樂－下午，到南京大戲院觀劇，趙桐珊等戰長沙，配搭甚好，飾魏延者亦能相稱，大軸為白玉艷之十三妹，由悅來店起至能仁寺止，白伶以武戲見長，飾此等角之身段自亦頗相宜，說白大致無疵，唱工雖不甚壞，但限於嗓音，殊多減色之處，配角則全無足取者。

自由日記

七月十六日 星期六 陰 下午晴

女主角之舞蹈技術極為可兒，閉幕表演自由申接辮，十分化裝，作一男亦姊，故事別用台語生雜詁，紅鞋為素材，描寫藝術與愛情之衝突如何并存，亦稅含因而為一，遠感想閱馬。

旅行，晨七時半由東公乘組用汽車赴四官飛機場，承張工廠長到機場送行，并由余仕派金君到場迎料，因攜有行李一部分情因及私人記帶同季寧偕，故遲至十時許，九時上第一車在成十七號運。

籌機起飛迄告，機由漢口簡車往南而拂帆香港，但飛行為平穩，空中少期到至若干殿之和層遇斯，階無極少，中午到慶的上空，雲層時間朗，秦天蔚黃蔚為怯。

視，下午兆行欲全沿海濱，小對地絕海島行，李晨光到台灣許地，直至四時始把松山機場降
全程約三小對牛抵高上春電機械山色為最速安，下機後股入遠証，余以圖去成者有厝近僻勞。

賀記通過，承敬空分到汽車到中正東路黃參居，改乘三輪車到台到洲里之比修，如幻華天
晚客過地助膏寄，諸兩分別多校太午一些車到達，妝很連捷，下午到今日諸近未等轉冬連，

廬一敦惜形，若今分改後事到靜物供，晚敵主華天陌喬當，夜宿揚州南縣世今令密金肉。

七月二四日　星期日　晴

師友、上午、李群鶴兄來訪、值立青辭去、與君話。二人才皆年少力壯，少壯不努力，立青住台中、同邑的經營絲布盛。自謂資本有黃金十餘兩已足，不望再發展望、安圖安享。亦有安身與發軍安圖復甲的以其為多，達以吾人系我國復興受艱鉅也。李伯氏兄上午來訪，謂貴夫人廿日生娩、因年已卅而初次生產、故引為怕，李繼業美子、修曉又來的使飯、吾力到之、揆吾此間舊主師氣學院附甲等所報務之吾子尚有特殊需儲，可以設備以兵之廠而需資移令衛訊諸弟等入學此校為台北最好之中學矣。畢吾楊經修理

夫擇晚向來訪，因日向為芳所違之故、揚筆於此等年最固的已致次為年子。

家事、下午十二時偕率君來君秋李隆輪於廿六歸媽頭氏俗輪外橋、為廢操波划往、節

榮輪、交通衡電健等弘較芳明代、即由截引南弘錢吾彤、後率上、直駛台北、

即書信於杭州南路之廿三歸相分寄吾子、車除一六人三少孩、自致予報句未為揣街。

自由日記

收 支 一 覽 表

月	日	收入要目	收入數額	月	日	支出要目	支出數額
		承前頁	459 800 000			承前頁	128 120 000
				5	30	理髮	4 000 000
					31	工役節賞	15 000 000
						本月結存	312 680 000
		總計	459 800 000			總計	459 800 000
						金圓券停止九閱	
						月向前清自卜	
						月起以浮計以後	
						幣為記帳本位矣	

目　錄

1949 年（41 歲）

1949 年小引

一年來世局變幻，國事蜩螗，余則勉度平靜而麻木之生活，微倖亦且悲哀也。去年此日余正式參與一新事業，肩負不重，冷靜旁觀之機會為多，乃更知在余切身負責之時，吾道固不能行，即側身於決策機構，亦不足以影響執行者輩之唯知私圖，甚至更上層者明知亦莫如之何。此其故何歟？誠因當前風氣為重人不重事，故事業可失敗，人事不可不敷衍，一念之差，千里失之也。社會有此風尚，政治有此趨勢，於是上下交征利，而唯圖其小我之私，於是政治腐敗，社會解體，更加強敵當前，趨避恐後，其不陷於崩潰者幾稀！此風之成，固非一朝一夕，余於驚濤駭浪中尚能屹立不拔者，亦有年矣，然每屆歲尾年頭，有機自反之時，亦徒興孤芳自賞之悲而已，蓋天下滔滔，偕行無人，乃不能不獨善其身以求麻木之平靜也。然此豈吾之志哉！

涉世以來，已二十年矣，四十之年亦忽忽過矣，雖二十年來從未喪其所守，然為全社會培生機求生存，並與腐惡勢力搏鬥到底，此二十年前之責任於二十年後之今日固更沉重而實際，今後本其所守更謀進取，乃所餘生命之最善之使用。余所懼者，一年來有齒牙動搖之象，而兩鬢斑白，不耐寒暑，似均是未老先衰之徵。尚望天假我年，

將此後半生貢獻於人群。我其奮起！

（一月三日作）

1月1日　星期六　晴

師友

上午，到岳麓路崔唯吾先生處賀年並吃午飯，因陰雨兩週，路途難行，自十一時步行至健康路見公共汽車太擠改乘馬車至鼓樓，復雇三輪人力車至崔寓，至時已十二時有半，門前一片泥漿，無法插足。今午在座者尚有范予遂、殷君采兩氏及甘雨耕君，所談多涉時局，今日蔣總統發表文告，已表示不閉和平之門，除非共軍必須作戰到底，否則恐不免以蔣氏下野為條件談判和平矣。又殷君采氏云，王耀武前主席之經濟握權人鄭希冉已在京被扣，因其由青州被共軍釋放後即來京，有謂除須為共軍籌款外，尚須運送軍火云。飯後崔氏謂將約李青選氏訪謁秦主席紹文談省銀行事，余再度向崔氏表明真正態度，即絕對不願再負省銀行之實際責任，此刻之山東，無論大局為和為戰，政治上已屬於共產黨，乃毫無疑義之事，大勢已去，余殊不願再從事此等絕無可為之事也。下午到雄洲旅館訪劉幼亭兄，不遇，留片。

家事

晚，玉祥弟來閒談，謂日來已在京市及浦口展開救療工作，因日來前方無戰事，故傷兵不多，現在治療者不過由前方運來已收容者而已，繼談醫藥上常遇問題，七時辭去。

1月2日　星期日　晴

職務

　　省銀行代理會計長宋天韶由滬回京，因前數日滬處主任程度來京請示，余囑其面達宋君，設上星期三山東省政府主席經行政院會議通過即可暫緩回青，蓋余以董事資格維持行務至此即可告卸仔肩，宋君曾來信表示不願繼續，無論其是否真意，在此過渡期間，余不能強其立即回青也；宋君談及上海辦事處情形，頗多匪夷所思之處，如被遣散行員內有葉兆翔者，堅持不肯離行，並委託律師函滬處主任程度提出異議，聞葉本無法律頭腦，為之幕後出主張者乃尹文敬之太太，此人為法政大學出身，其實亦可謂為一知半解且不識大體者，誠因省銀行完全公有，所有行員皆係公務人員，雙方關係並非民法性質，又尹在魯被俘，其本身污點又為全魯人所習知，滬處之葉與尹之胞姐大可即時脫離，今竟表現如此醜態，貽笑大方，莫此為甚也。

娛樂

　　下午，到南京大戲院觀劇，趙松樵等戰長沙，配搭甚好，飾魏延者亦能相稱，大軸為白玉豔之十三妹，由悅來店起至能仁寺止，白伶以打武見長，飾此角之身段台步亦頗相宜，說白大致無疵，唱工雖不甚壞，但限於嗓音，殊多減色之處，配角則全無足取者。

1月3日　星期一　晴

師友

下午，王文甲兄來訪，談山東省府改組後係照何種組織彼尚未之深知，余前聞其有活動財政廳長之說，諒其未必如此隔閡，或雖活動而無眉目亦未可知云。王文甲兄曾赴滬安頓眷屬，其夫人在濟南淪陷於共軍後始離濟，先回青州原籍住四十餘日始赴青，聞其在青州時雖未受何等驚險，但因共軍治理已久，民風已與外間不同，政府工作人員之眷屬子女均受一般鄰右之歧視，此項精神孤單之痛，殊為無法解除，故仍離青赴青島，現在則轉至上海，以後是否再向他處遷移則尚未定云。

職務

自董事會將省行各事議決辦法後，至今執行者無幾，蓋因無錢以應，正在設法中之資金亦因新年假期而不能繼續進行，同時即將款籌到已較前次議決之時逾期一月，物價大漲，遣散人員所希望者已不止此數，故現在事實上已非開董事會再加考慮不可矣。

娛樂

下午，在大華看電影，為歐陽予倩編劇之「關不住的春光」，由王人美、趙丹、鳳子等合演，取材為自由女性不能在家庭常過小鳥生活，此女性最後以群眾力量解救出來，用意可喜，但總嫌空想耳。晚看「珠光寶氣」，男女明星十餘人合演，陣容極強，但此片一無是處。

1月4日　星期二　晴

師友

　　上午，孫化鵬兄來訪，係濟南淪陷時逃至天津，最近轉上海來京者，所歷多有驚險之處，在行午飯後同到介壽堂訪問劉孝先兄之夫人，渠係三數月前由濟來京經若干友人之周濟維持至今者，余前曾一度往訪未遇，今日問孝先兄消息，亦無確切答覆，但目前生活仍由省黨部支薪維持，實際困難不多，所難者為兒女甚稚，而數月後又將分娩，辭出後與化鵬兄到廣州酒家吃飯，飯後到立法院訪韓華斑兄，韓兄談及劉太太之事，頗多議論認為劉太太在京多方爭取，頗有若干得罪朋友之處，故謂婦女求人幫忙亦須有風度與分寸云，余本擬送若干現金備用，但余之能力與身分實不相稱，設因送錢不多而引起反感，即不能不加考慮矣，故又極費躊躇，余見劉太太用品無缺，而且設法籌款買存銀元，知當前尚不急迫也。

職務

　　李青選參事來電話，謂本行所請行政院代還省府欠款事大有希望，但須由秦主席支配，又行務待解決事多，希望余行前能開董事會一次，又秦氏希望與余一談，而當前行務亦請繼續維持，但余聲明絕不接受任何新名義，李氏謂此情秦氏似已知之云。

1月5日　星期三　晴

職務

　　崔唯吾先生來電話，謂接青島方面來信，省行副總
經理司徒履光已出共區到青，本日赴滬，將轉港澳，希望
約其來京向董事會報告，余即以電話詢李青選董事長，意
見相同，乃即飭發電約其來京；崔氏又談及山東新主席秦
紹文氏本表示約余繼主行務，經渠與李氏說明恐其不肯，
乃囑轉達暫時維持之意云。省行過渡階段會計處理今日著
余慰萱主任草擬，已完成要點，囑其再與會計科長宋天
韶商量擬訂，以便通行知照，此事本應早辦，已不能再
遲矣。

師友

　　下午，汪茂慶兄來訪，彼亦為齊魯公司董事，故與
詳談公司情形，咸以為此刻果夫先生赴台，曾養甫氏則在
粵，小醜跳梁依舊，時局復如此動蕩，公司前途可謂毫
無，汪兄又談及財委會朱國材秘書已辭職，改用虞克裕
兄，朱君將赴台灣云。下午，張景文會計長來訪，談省府
未領之各項經費問題，又談及濟魯公司問題，現在內容無
法可知，負責人均在京，且曾開董事會，但莫可究詰，公
家事往往如此，且一定如此，張兄被秦主席留任會計長，
但對赴青甚躊躇。

娛樂

　　晚與張景文兄看新亞戲院楊菊蘋、楊玉華、楊菊華
等演李十娘、北漢王、鳳儀亭，平平。

1 月 6 日　星期四　晴

職務

南京山東省銀行馮有辰經理由滬回京，談昨日司徒履光副總經理到滬，表示因恐到京被扣，故不願前來，但其本身絕無缺點云，此說即有類於此地無銀三百兩，又渠謂在青州受訓時，聞之同時受訓之董事長尹文敬與總經理田叔璠二人在青州有抱怨總務科長袁紹安之談論，蓋所傳四百餘兩黃金當時係由袁撥出，後即不見，袁早已由濟逃青，但始終未提此事，其中恐亦大有蹊蹺，又司徒在滬曾談及余在濟房屋、鋼琴均已被據，德光弟則回青州矣云。

1 月 7 日　星期五　晴

交際

中午，與馮有辰經理合請財政部地方財政司史、陳兩幫辦於小巴黎菜館，兩人此次為本行請部代撥省府所欠款事極為出力，其實際存心為思從此中牟利，又飯後陳君談及其姪陳士復在行服務，中途告離，現在仍請求恢復，余唯唯，允在董事會決定，此等人皆係利用職務無孔不入者。又史係湖南人，與尹文敬頗友善，談尹曾於赴魯前約其幫忙，支銀行薪，彼未往云。

娛樂

下午，在首都戲院看電影，片為福斯公司之雙姝豔 Dolly Sisters，蓓蒂葛蘭寶主演，乃一純粹歌舞片，以兩姊妹之在歌舞界馳名各獲如意郎君為故事線索，對於兩女

主角之演技在予以表現，兩女主角乃好萊塢之最健美女星，體態之美無以復加，收音設色及攝影均臻上乘，娛目之極。晚，同張景文、馮有辰、孫化鵬諸兄同至介壽堂觀劇，有冀韻蘭之盜寶庫，為刀馬戲，尚佳，大軸為李萬春前部武松，打虎起，殺潘金蓮止，平平。

1月8日　星期六　晴

職務

省銀行副總經理司徒履光對於代董事會電邀來京一談之電遲至今日始回一便條，謂機票買到，不能不即赴港，云云，足見確有缺點，不敢來京，又各行處因待遇不夠，又有要求增加之聲，余對此一概不置可否，容即提請董事會予以解決，省行因省府只有主席，其他人事尚無頭緒，故仍無開展云。

師友

上午，仲崇祐兄來訪，談來京事畢，即日回滬轉回青島，此來係取所寄存之書箱，此箱係在立煌託存，經數度遷移，由霍邱又移來南京，交銘祥弟保管者，屈指計之已四、五年矣。

娛樂

下午，到國民看電影，片為米高美出品五彩歌舞片「水蓮公主」（This time for keeps），由易漱蕙蓮斯（Esther Williams）主演，以游泳場歌場為背景，演一愛情故事，拍攝技巧十分完善。

1月9日　星期日　晴

家事

上午，玉祥弟來晤，談來京已近三週，學校預定參加救療工作之期限已屆，一、二日內即將全體回上海學校，聞學校有將提前派出實習之說，其志願每人填報三處，均為設備比較完善之陸軍總醫院，余主張其所填地點為上海、台北及廣州，免再中途遷移有誤學業也。玉弟又談接衍訓來信，謂在蘇州尚未動身赴湘，刻移居於武英亭家，候與其子一同前往，但彼一再不來信，殊可訝異。

師友

下午，余繼祖君來訪，談所住藍家莊房屋因只餘其一人，前晚竟有賊人潛入，幸無損失云。前濟南市長張之槳兄來訪不遇，渠事先曾有電話來約，余中午與玉弟至左近吃飯，竟至忽略，渠於飯間前來，其時余正不在，留字而去，此事有失信約，極為抱憾，後當注意也。

游覽

下午同玉弟至玄武湖散步閒眺，湖水已為冰所封，但陸路均可暢行，值今日無風，麗日當空，身心為之兩快，較諸在室內陰冷不可同日而語，由城門至溜冰場折返，凡盤桓兩小時而返。

娛樂

晚到中華看戲，有孫美童等之樊江關，極平常，有劉蕙琴與張蘭春之寶蓮燈，配搭甚好，唱作均尚能使觀眾引起注意力，劉之嗓音極好，但行腔稍差，張則反之。

1月10日　星期一　晴

職務

　　省銀行煙台分行經理張乃惇由青島來公函提出遣散之若干要求，蓋上月初董事會議決該行自行遣散，即於十八日通知辦理，並責成張辦理交代，直至年底，毫無消息，後又來一電，謂庫存只二千餘元，遣散費無著，余復電應會同稽核科將資負核明，不足若干，再行核辦，電去後又無消息，前數日來電謂員工伙食無著，請撥款萬元，余又復電囑查明前電辦理，旋即接到公函，謂不知稽核科何人負責，亦不知交代向誰人辦理，故無所適從，至遣散條件已該行自行擬定，仍需二十餘萬元，請求撥給，又加發月數應將在職及交代前之期間除外，似乎在未能領到此款以前，不能交代，與兩月前張在青當董事之面，欲將儲信部在青物資扣供彼等伙食屬於同一作風，而與滬處之葉兆翔延律師對行來函對抗，又有京行劉大麟將一部分帳簿取去要挾加發待遇情形，乃無獨有偶也；又前聞張景文會計長云，濟魯公司總經理乃該張乃惇之兄，曾在此召開董事會，聲明物資幾於全無，張現任聯合勤務部預算局長，有官為符，更將不了了之云，政風如此，亦無怪強敵當前莫之能禦也。

1月11日　星期二　晴

見聞

　　近年來郵電兩公用事業表面極有進步，如通宵服

務、郵亭、電亭、流動郵局等等皆前之所無，但一究其實際，則基本工作反而十分糊塗，如郵局早日公布印售國際郵柬，詢之郵亭謂在局有售，到局相詢則只知無售，詢以原因則一無所知，又昨日以印刷品一束欲寄衡山，郵亭秤其重量謂航空郵費掛號需十一元，今日又至郵局詢問，秤後數人互詢始謂郵費需十七元，普通郵費為二元，即按普通郵件交寄，又謂需再加一元，由此種情形可知郵員之熟練程度為如何矣。

師友

下午張景文兄來訪不遇，留字謂所託代李琴軒君謀會計主任工作事甚感困難，不易為力。

1 月 12 日　星期三　晴

師友

下午，安徽省銀行丁雲翔副總經理來訪，丁君乃余在皖時之省行業務科長，余到魯主省行時曾約其到濟任業務處長職，未果來，今前後不見已四年矣，昨日曾在余外出時來訪，今日復來，可見極為念舊，非純重虛文者可比，據談皖省行已由合肥遷至安慶，並遣散人員，本有五十餘單位，今則只近卅單位，係因戰事關係江北者已全撤矣，當前處境比抗戰期間為困難云，余又藉便詢其在立煌時曾與任紹毓君合辦鐵廠情形，據云曾結帳一期，亦有退股者，如關子高、陸嘉書均係已經撤股者，及後即入衰境以至倒閉，任君數年來情形極窘，即茶葉亦不復經營，

故數年來未到濟南，致無機會與余晤面云，丁君將於明日赴蕪湖轉安慶云。

職務

　　下午舉行山東省銀行在京之第二次董事會議，由李青選主席，議案甚多，但大致均為有關被遣散行員陳請事項，於行務大計初無涉也，其中有一事較重要者為司徒履光副總經理之簽請辭職，余先報告電約其來京一行彼仍不願而去港，於是咸認為必有短處，乃決定授權李董事長與余處理，即先去函表示對彼尚有希望，請其將在濟處理重要行務寫具書面報告，以明責任，暫時不決定是否准其辭職，又關於疏散費因至今多數尚未照發，而物價較上次會已漲四、五倍，經決定照十二月份標準再加發兩個月，連前次已決定之十二月份與加發一個月共為四個月，煙台、徐州兩行仍照會議決議案辦理，非分要求一概不准，至款項來源即為向財部請領之本行代省府墊款百餘萬元，故應加緊進行請領，至將來主持行務之人選皆主不必由董事長表示意見，請秦主席自行決定，惟時局不久有惡化可能，未來事不能想像云。

1月13日　星期四　晴
職務

　　省銀行經過三個月來之不死不活階段，今日之情形更窘，於是種種人事上之怪現象亦相因而至，總行至今未能掌握應有之頭寸，人員開支皆從各員所在地之行處臨時

挪用，復因總行為一暫時維持過渡之機構，對於數月來各行處割據自顧之情形亦未能有所改善，甚至各行處一向因總行關係而獲得之資產皆想盡方法曲解為其自身應負責任之負債或資產，如京行因委總行所解匯款有至今未接報單者，至總行匯款餘額造成資方差額，其實則應相反也，又青行代收省府綏靖特捐遲不收解總行，而仍認為聯行餘額在於借方，皆其例也；此外總行駐京人員有因向京行借款支用等類問題發生意見，昨晚與今日甚至有口角情事，不聽排解，亦怪現象也。

師友

下午到順和路卅三號苗宅訪張戟門兄，閒談並為前數日失約道歉，渠今晚即返滬云。

娛樂

晚與張景文兄到新亞觀劇，為于素秋、陳小穆合演大劈棺、紡棉花雙齣，于除嗓音稍低外，其餘扮相身段俱佳，台步則僅觀蹻工似非甚好，紡棉花為時裝亦有意致，唱釣金龜與二進宮等大段均尚好，又中間夾陸玉蘭演花田錯一齣，陸演春蘭極合身分，台步亦極好。

1 月 14 日　星期五　晴

師友

上午，到東方飯店訪牟尚齋兄，據談日前來京，明後日即赴滬，先不回閩，在滬先行觀望一時期，往看時局如何變化再定行止，在座者又有裴鳴宇議長等對於當前局

勢一致承認險惡，談及山東情形，據云王耀武被俘受訓已
經有所廣播，對共方已歸順，而丁基實廳長則本為共黨，
從前辦自首手續，故此次重投，未受何等考驗云；午飯後
同到立法院訪韓華斑兄，謂將於下星期一回浙金華，韓兄
正在開該院福利品追賬會議，未久談即辭出，牟兄託余數
日後到立法院代領待遇。

職務

　　晚，馮星北兄談，今日若干被疏散行員對彼甚不客
氣，憤具簽呈送李青選董事長面批，批為勉為其難，但李
氏因時局關係將於日內赴滬粵，詢余行務如何應付，余謂
余所秉承者乃過渡期間維持行務之董事會，今首腦不在，
幸省府主席已發表，彼今後可以直接向省府請示云。

娛樂

　　下午，到文化劇院看電影，為英製鷹獅公司片「失
去的蜜月」（Lost Honeymoon），由Franchot Tone與Ann
Richards主演，為一喜劇，收音極好，攝製技術則在美片
之下，內容則差強，大致英片之長處為樸素深刻，美片之
長處為豪華悅目，實際各有所偏，評影者之公論也。

1月15日　星期六　晴

師友

　　下午，陳長興兄來訪，渠係上月由津退出到滬，轉
來南京，其所負責之中央合作金庫尚有若干行員在彼處支
持，但現在情形已極惡劣，退出勢不可能矣，又其眷屬已

到桂林居住，可無後顧之憂云。

娛樂

　　晚，同張景文兄到新亞觀劇，有陳筱穆與陸玉蘭之包公打鑾駕，甚短，只一刻鐘，陳之包公紅臉鬚生，海派唱法，陸之皇妃為青衣，顯非所長，大軸為于素秋之全部紅娘，作派甚好，但此劇最易犯之通病為紅娘乃一憨婢，極機智而聰慧，演來欲恰合身分個性，非太過即不及，于伶大體言之尚能相稱，僅有時仍不免過火耳，此劇平時只六刻，但今日費時二小時始終。

1 月 16 日　星期日　晴

職務

　　中午，同馮有辰經理到岳麓路訪崔唯吾先生，商談行務，蓋代理董事長李青選氏將應財部之命赴粵，聞曾有委託崔氏照料董事會之事，但李氏至今亦尚未動身，據云渠在財部並不得意，設山東新省府能畀以財政廳長，最為適當，此事仍有進行餘地，因內定之廳長傅正舜正在北平，交通困難至此，縱有任命能否到達則未敢必，不若另作打算之為愈也，至於省銀行秦主席雖知余不願擔任，而仍希望維持至財廳有人得以商量人選之時，余則以為現在遣散員工費用有著，而頭寸亦勉可應付，諸事已無大問題，同時為表示決計不願主持今後行務計，頗欲立即離京，離京後之去處照理應回青島，但廢曆年關在即，將先回至南嶽照料眷屬，年後再行回青，行內所成問題者為在

新總經理未產生以前無人負其統責，各行處之聯繫不免有
脫節之虞，故希望省政府不顧財政廳長何時到任，立即先
將行內負責人予以確定，崔氏認為此事不甚可能，因秦氏
現在國防部次長尚未移交，日間在部辦公，晚間又須辦理
省府事務，人事等問題實無暇可以顧到，此乃事實問題，
急亦無用，如余能由京暫時維持固佳，否則應將可能發生
之問題，預為慮及，早作安排，云云，故今日談話等於無
何結果，余對於繼任人選一節，認為余雖不幹亦仍應注意
其是否合理，崔氏亦云然，據聞進行此一席者甚少，一因
外行不敢問津，二因多有以為余即為繼續主持之人，關
於前者或有其事，關於後者則由情理論之自屬題中應有
之義云。

師友

　　下午，汪茂慶副總經理約在萬全酒家吃飯，余託其
代為注意赴衡陽之交通工具，因現在車票難買，中央合作
金庫職員有疏運車，第一批業已到達，此後尚有前往者約
日內可以動身云。

1月17日　星期一　晴

師友

　　上午，到中央合作金庫答訪陳長興兄，不遇。到中
央合作金庫訪尹樹生兄，詢前次託帶衡陽轉南嶽之牛奶粉
已否收到，據云曾另備函一封裝入余之信封內，其工役業
已到衡，想已將函寄出，而物件亦託人取去矣。到中央合

作金庫訪汪茂慶兄，託匯衡陽款，但據云恐甚遲緩，又尹樹生兄云，此刻兩地銀元價格相似，不若即置銀元帶往之為愈，故不復匯往矣。下午，到立法院訪韓華斑兄，將牟尚齋、畢圃仙兩兄之印章交去，託明後日代為領取待遇，韓兄云三數日內尚留京云。

職務

　　下午，到財政部訪李青選參事，談因事須回青島或到湖南一行，省銀行事已安排妥貼，應發之遣散費已有著，業務上暫時支持亦無多大困難，行前自當安排就緒以待新省府之成立與新總行之產生，李氏初認為應再稍待，余謂不必，旋李氏告余今日接秦主席紹文通知囑轉達余前往其馬家街寓所一談云，及晚八時於預定時間前往，同去者有馮星北經理，余首敘三年前成立本行與一年前交代之大約情形，繼敘董事會擔當維持行務責任之經過，最初各董事本推余為總經理，余因對行務以前關係太切，反覺不便，故堅決辭謝，但事實上又須加以照料，故只允以董事資格為之，在秦氏奉命為本省主席之初本擬即行結束此一階段，因當時各廳人選未定，秦氏接任之初，事亦特多，故未能立即陳辭，現在省府各廳處人選均定，而余本人所任之齊魯公司職務亦不能久曠，同時眷屬在衡山需要前往安頓，故日內即將離京，在新總經理未能產生以前，例行事務分別加以妥善安排云，秦氏初謂仍希望共同維持，繼謂在此局勢動盪之秋，南京非屬樂土，無固定責任之人自亦不便勉強留住，繼即提出擬由張景文會計長加以照料，

其時有事實上之主任秘書石中峯君在座，秦氏即囑其明日與張兄相商，又關於產生方式，馮星北經理主張即由主席條派，並即以代理總經理之名義出之，余則以為如此固屬最好，但對於董事會方面亦應顧到，明日與董事長李青選氏一商，亦屬必要云。余今日與秦氏談話，渠仍有其一貫之親切，但亦由此見其並無挽留余繼主行務之意思，蓋秦氏之出主省府雖屬由本省紳耆所促成，而用人之須重關係亦為當前一種重要習尚，秦氏固不能亦不必予以打破也，至於余維持總行事務已近兩月，於公於私已至引退之時機，趁此時政府當局有此表示，亦甚符合自然之勢也。

1月18日　星期二　晴

職務

上午，到財政部訪李參事青選，省府主任秘書糧食部專門委員石中峯亦先在，經將昨日與秦主席紹文所談行務經過情形約略說明，關於由張會計長繼余主持行務一節，余頗主即由秦主席條諭辦理，惟此種方式之優點固為易於貫澈應有之措施，缺點則為與章則不符，經李氏再加思考，得一折衷辦法，云即以董事長名義寫一條諭，謂余因事離行，奉主席面諭在此期間由張董事敦鏞代為主持云云，一面由石君代秦主席向張兄徵求同意，一面將由余向張兄商談一切，至下午余與石君通電話，石君謂張兄尚未允所請，余又約張兄談此事，並表勸駕之意，張兄意謂此係財廳應辦之事，今日各廳處人選雖已命令發表，但財廳

長傅正舜在北平無法前來，仍將延宕，應由過渡期內代行
財廳之人兼為料理行務云，故此事至晚尚無結果。余今日
已將應辦之事如發放遣散費等分別予以處理，僅因青島總
行同仁遣散費及留用人員待遇京行以款鉅且有其局部意見
不肯照撥，余亦即不予解決云。

師友

上午到立法院託韓兆岐兄代領畢圃仙、牟尚齋兩兄
待遇，至晚韓兄來訪，謂仍須待至明日云。

1 月 19 日　星期三　晴

旅行

上午六時起床，七時搭街車到下關乘八時半一○一
次特快車赴滬，下關車站秩序不佳，進站口之擁擠情形有
類衝鋒肉搏，但此次車因係對號，尚較有次序，然因有若
干軍人不講道理，致不乏有票無位者，糾紛迭起，充分表
現一種不上軌道之現象，到北站略誤點，余之車票失落，
又補由蘇至申二等一張，始能出站，北站無人來接，但余
預料齊魯辦事處必係在金門飯店訂有房間，因雇三輪車前
往，詢明果然，即移入第四一二號房間，晚間洗浴搽鞋，
並無客人來訪，早睡。

1 月 20 日　星期四　晴

師友

上午，到四川中路六六八號訪齊魯公司褚保三處

長，據稱日昨接余前日來信之時已在火車到站之後，但仍
到站相迎，未能相遇，余即託其代辦浙贛路車票，並預借
用費。晚，牟尚齋兄來訪不遇。上午訪高希正兄於楊樹浦
路，據云浙贛路車極擁擠，攜眷赴桂林殊為不易，故仍在
滬稍事觀望云；下午高兄來答訪，未遇，留字約明日晚
飯，余因另有褚保三處長之約在先，不能前往，但高兄寓
址太遠，又無電話，乃以電話託其族弟高成海君明晨前往
通知萬勿預備。下午，省銀行程少芹主任來談行務，並同
到大上海飯店訪劉健夫經理，劉兄約明日中午吃飯。晚同
程少芹主任在廣西路四川味吃毛肚火鍋，其湯用花椒太
多，幾於不能下嚥。

娛樂

晚，應程少芹之約在中國大戲院觀劇，為劉正裔、
王玉讓之戰濮陽，平平，大軸全本四郎探母，黃桂秋之公
主，王琴生之四郎，姜妙香之楊宗保，芙蓉草之太后，配
搭極好，黃伶之戲，余為初觀，唱腔極正派而字甚圓，雖
遠而能聽清，惟如能更高則更精彩矣。

1月21日　星期五　晴

師友

下午，到江西南路訪吳增祥，詢其在申經營情形，
謂不過平平。到江西中路訪高成海，道謝其今晨到高希正
兄家通知今晚因另有應酬不能到高兄家吃飯，請勿準備，
據高君云，下午希正兄曾來滬中區，並以電話與余聯絡，

余適不在金門飯店，故已另行他往云。以電話通知牟尚齋兄，謂立法院款並未代領，但已託韓華斑兄代辦，韓兄並代領畢圃仙兄之一份，一併匯來云。
交際

中午，劉健夫、劉縵卿兩兄在蜀腴約宴，在座尚有程少芹主任。晚，齊魯辦事處長褚保三君約宴於杏花樓，在座皆公司辦事處高級職員，另有程少芹君作陪，八時始散。

1 月 22 日　星期六　晴
旅行

上午七時由金門飯店起身，齊魯公司汽車來接送至北站，搭乘西湖號特快車赴杭州，此車原定八時半開，但至八時半另一節慢車由此號月台始行開出，待列車空車進站又等候至十時，始由北站開車。車行之雜亂無序，可見一斑，余所乘因係對號車故尚無何問題，其他各車似係無限制上車，余見車頂及登車之台階上均係乘客，危險殊甚，西湖號於下午三時到杭州城站，即雇車到湖濱路大華飯店開房間居住於二〇五號，甚宏敞，外有庭院甚廣，草木甚盛，室外曬台可以遠眺西湖，較之上海之繁華又是一番氣象，飯店設備亦佳，入夜甚為寧靜，旅客皆係上等人士，故甚有次序也。到杭州城站浙贛路車站接洽乘車事，余昨日由滬該路服務所所取得之票為明日之日期，只須在此編號即可登車，但據辦事人云，今日列車有誤，須至明

日開出，明日之車恐須後日開出，因現在尚無法編列號
次，故須明日下午再往接洽云。漫步杭州街頭，路徑猶依
稀可以辨認，但因十餘年未至，印象則多模糊，杭州風
土，夾雜舊城市與新都市之兩種趣味，凡由上海來者即感
有清麗純樸之感，以言都市化之程度，即比之南京、青島
亦遠遜，更不比滬、津矣。

1月23日　星期日　晴
師友

　　上午，到環城西路七號訪王少民兄，不遇，下午又
到其新設之膺白路一一八號診所，又不遇，旋彼來大華飯
店相訪，又同到勞動路青平里二弄三號訪許東籬君，不
遇，又同到車站訪許君，亦不在，乃同到該浙贛路杭州總
站詢問潘站長行車情形，先是，余到浙贛路管理局（裏西
湖靜江路）訪殷君采氏之友該路運輸處處長楊文光字劍輝
者，承其副處長陳佩玉君以電話通知潘站長務將余之臥舖
號數排入明日列車，至是潘及經辦人袁君均謂俟傍晚知車
號後即行照排，該車由株洲來，此刻尚在江山，約明晨
六、七時始能進站，預定九時開出，未知能否準時云，至
此王兄即先返。余於晚間再到青平里訪許君，承在寓相
候，許君為高希正兄之至少，以前在屯溪曾追隨其在中茶
公司服務，其夫人亦在屯居住數年，據云與玉祥弟甚為熟
悉云，許君久已知余而未能相晤，故今日睹面極為熱情，
談及諸友人情形均極有興味，並承其夫人為備角黍及雞蛋

以作宵夜，許君並定明晨即赴南星橋車站協助余登車成行，聞此次車尚不至發生位次糾紛，而連日來均有車開出，秩序已稍佳云。

1 月 24 日　星期一　陰、細雨
旅行

　　五時起床，六時由大華飯店乘人力車赴南星橋車站，七時到達，此站本為滬杭路之一小站，由杭州城站延展至江邊，貨運為多，客運絕無，站上設備極壞，而人頭攢動，俱是候車之人，浙贛路以此為起點，車次太少，而單幫客特多，每次列車，車門車頂俱無隙地，秩序云云可謂絕無，余因所定一次車車票為臥舖對號，時間為九時，故到達甚早，但空車並不在站，詢悉係二次在蕭山未來，因無空道，須延至下午，此時來送者有許東籬君，派其押運夫程、馮兩人在站台為余看守行李，余得至鎮上午飯，並坐茶館數小時，下午三時半余回站，見列車已至，車之內外均已滿坑滿谷，兩押運夫亦未能上車，站上憲警會同負責人員乃逐節清查，凡無臥舖票者分別驅逐下車，再許有票者上車，如此逐一為之，二、三小時始竟，余之車位騰出後於六時上車，但行李亦不能自攜，乃由兩夫由窗門遞進，晚間臥舖自備舖蓋，尚能安眠，但所乘之一節臥車為津浦二等臥車，故行路處與臥舖間係敞開者，另有若干普通旅客坐以待旦者，分據若干地位，故伸腿又屬不易，照此情形，幾乎完全表現交通秩序之空前混亂，行政如此

低能，亦可怪矣。

1月25日　星期二　陰
旅行

　　浙贛一次車於昨晚七時開行，但於渡過錢江大橋後，在靜江站等候良久，余即就寢，今晨見始到諸暨，知夜間未行，聞有匪情，今晨續行，一時半到金華，此為余舊游之地，聞前面橋壞，須停三小時，乃到站外買土產，計香腸一串，火腿笨重未購，又因車上無水，而路上亦無處可以便溺，乃下車洗面及進廁，上下皆由窗門出入，余尚未有此等經驗，其實秩序未始無法維持，僅車上人員畏懼暴力，且待遇太低情緒不佳因而不盡職責，遂使沿路表現，均出常情之外，如車頂乘客聞跌下七人，又車內垃圾滿地，而玻璃多有破損，風吹全車乘客感覺寒冷，入夜則臥舖及夾道全部布滿，有如沙丁魚，令人直有中國人不配享受廿世紀文明之感，而乘客之不顧公德乃至不顧一己之性命，尤其可怪也。

1月26日　星期三　陰
旅行

　　昨夜入睡後又不知火車因何耽擱，晨始至玉山，如此繼續前進，九時許到鷹潭，車在此換水，乃乘機仍由車窗出外出恭並洗面早點，食豆漿沖雞蛋二盌，可稱異味，亦所謂飢者易為食也，今日車行速度已大增，下午三時半

即到南昌，但較火車時間表所定仍遲緩多多，南昌為途中最大之站，已兩天未能看報，在此買當地報紙閱看，又旅客到此下車者甚多，而上車者極少，聞由杭多係購株洲票，以取得臥舖，但至南昌即下車，車站事先無法知悉，故不賣票，於是有若干普通旅客竟得意外進入臥舖之機會，而車行兩天無人查票，此種流弊遂亦未有改善，又車上今日始有茶水，但售價奇昂，據自稱係津浦路茶役，係逃難性質，故雜有救濟意味。

1 月 27 日　星期四　陰
旅行

　　浙贛路一次車於昨晚六時半由南昌出發，因火車仍須折回南行經過向塘，故機車改掛於後之一節，前行之列車方向與昨日相反，今日車以正常之速度開行，故較之行車時刻表所定時間且有超過，原定時間為一晝夜到株洲，可提早為下午二時到達，終因路軌有損，直至下午五時始到株洲，其時月台無軌道，致在距站一里許處即行下車，住於站旁三星旅館，此旅館設備極壞，而價金則皆用銀幣計算，余與浙贛車同行之南行乘客陳、羅兩粵人合住一間，羅乃黃百韜之部下排長，被俘後又逃出，刻到曲江歸隊，其情形殊為狼狽，言語亦表示國軍缺點太多，與共軍作戰自無勝理，軍心渙散至於此極，無怪大局已至不可收拾之地步也。

1月28日　星期五　晴

旅行

　　晨二時起身，赴株洲粵漢路車站等候南下十一次客車，但久久不至，此次車原定時間為四時半過株，聞因機車損壞，遲遲不來，直待至十時半始到，余至售票處買頭等二等票，云須向站長接洽，站長與站員均不知有無空位，決定不賣，迨排隊往買三等票，良久未能往前，而列車已至，乃即由陳、羅兩君協助登上三等，秩序紊亂不堪，車廂設備亦復甚壞，開行則甚速，凡三小時到達衡山，雇挑夫擔行李約五里過湘江為縣城，復以人力車行七里到達衡山汽車站，適最末班開南嶽之公路汽車尚未開行，乃即搭乘赴南嶽，三時五十分開行，四時廿分到達，衍訓已在站迎候，聞已等候數日，而在途十天，余甫於廢曆除夕到達，亦殊可幸也。

家事

　　德芳率子女等住南嶽東南旅社，因環境在水山之間，極為安靜，鄰右亦多教育文化界中人，住家殊為適宜，今日為廢曆年終，晚吃年夜飯時並約房東曠君便酌，暢談甚歡。

體質

　　連日在途中殊為勞頓，浙贛車上幸能睡於二等臥舖，但亦不常洗臉，更一次未曾洗腳，飲食之不合理尤為不可想像，昨晚所住株洲小旅館又使人不易安眠，故今日即有喉痛啞嗓之現象，想非數日靜養不能恢復，今晚睡眠

尚佳，又眼角膜數日前發炎，今日亦有漸癒之象。

1 月 29 日　星期六　晴
師友

　　上午，到右鄰訪國立師範學院總務長劉維漢氏，渠係山東平度人，寄居青島仲家窪，但已十餘年未回山東，一向執教於嶺南、中山等大學，昔在廣州政界曾有一度發展，故其生活之基地實在華南，而與華北關係甚淺也；旋劉氏前來答訪，詳詢共軍在山東之作風，對其城市政策之將來有無修正，極為關心，但基本上認為共黨未必能在和平聲中真謀妥協，故此刻和平聲浪完全只能表示一種希望，短期內中國無安居樂業之望，渠本人在香港辦一中學，日內即將赴港一行，或在香港、廣州一帶教書，又復回南嶽矣，渠認為如軍事繼續惡化，鄂、湘兩省不過兩個或三個月間事，而政府已移廣州，共黨目標南指，此間仍將不免於戰禍云。到南首訪廖毅宏兄之二胞兄友仁兄，詳談青島情形，下午復來答訪，據談廖毅宏兄將於二月間來南嶽，就時局觀察，青島無論和戰均將無幸，故渠回湘後將不許其再度前往云，廖兄在此生活極為簡單純樸，今日新年，亦復深居簡出，於以見教書生活之清苦與恬淡，而此間實類世外桃源也。

1月30日　星期日　晴

瑣記

上午，同衍訓、紹南及紹寧等到南嶽市街巡禮，市為石條所鋪之路，足見建設已久，行至聖廟大門外一帶，因紹寧非紹南抱持不可，而春回大地，天氣悶熱，亦不耐續行，因即折回，南嶽在衡嶽之陽，氣候極為溫暖，聞冰凍與降雪之時殊不多見云，今日特熱，則或係將轉雨云。

體質

自旅程告終後，至今未能全復疲勞，上午略行路後即覺體力不支，歸後臥床入睡片時，復因喉痛未止，咳嗽有痰，使終日頭暈腦脹，總非健旺時之感覺，入夜早睡。

1月31日　星期一　晴

家事

南嶽燕居，意致悠閒，長沙報紙三、四天始獲閱，消息隔絕中，恍如世外，然長江兩岸，已成時局關鍵，而戰和猶在未定之天，予人以精神上之威脅仍未稍減也；南嶽為一鎮市，彷彿當年居住數載之立煌，交通暢達有過之，而自成生活單位之條件則不及，同時友人無多，冷寂之狀，實如入深山，惜乎多年擾攘，生活於動亂緊張之中，未能使此心頓如止水也；日間無事談天，晚間諸兒有暇，為之課讀文言文，以補學校教育之不足，昨今初試，兩兒女皆能成誦，殊可喜也。

2月1日　星期二　晴曇
家事

　　兩三月來，衍訓與紹南兩兒女均已輟學，現在南嶽僅助理家事，並無計劃的溫習舊課而已，余自前日起為之講讀國文，所採納為開明新編國文讀本乙種第一冊，此項課本為新出版者，所選皆適合初中學生閱讀之文言文，稱乙種者即作者之意以為甲種為主，而甲種則全為語體，習文言不過為一種補充作用而已，但就當前之閱讀與應用而言，文言文之為用似仍在語體之上，故趁假中為兩兒課讀也，其法為第一日講解，次日背誦，繼以新課講解，而特別於講解時注意其虛字之應用，隨時引證開明文言讀本第一冊導言部分，以收旁通之效，余認為開明文言讀本之編輯體例極佳，此書係高級國文讀本之姊妹篇，亦為新近出版者，第一冊有導言五十餘頁，分述文言的性質、語音、詞彙、文法、虛字等等，特別以虛字所佔篇幅為多，選出文言虛字一百五十餘，一一加以解釋，有數種字義及用法者則一一列舉，並各附例句一二，皆採自古書習見之名句，趣味盎然，可謂力作，又余平時對於文字多已習然不察，鮮注意其結構及文法用字等，今於授課之餘，亦可稍稍致意於此，殆所謂溫故知新者也。

2月2日　星期三　陰
采風

　　所居南嶽，位於衡山之陽，南嶽市之背後，群山如

障，陰雨之日，輒隱於雲霧之中，風景佳絕，衡嶽以前為
志士見天下不可為而隱以授徒之地，故書院極多，現在則
有大學一、中學五，小學與圖書館設施更為完善，乃一文
化教育區也，至於民情風俗，亦尚淳厚，如昔所住之湘潭
與沅陵，大致相似，土著之嗜辣椒豆豉亦相同，市場大約
隨長沙、衡陽轉移，近日未知時局如何，但由銀元狂漲一
端（由五百元達一千元金圓券換銀元一元），料知局勢恐
仍在惡化之中，政府與共黨可和之可能極小也，此間早已
成為銀元本位，買物標價俱用銀元，再以當時之銀元市價
折合金圓券，故今日物價由早至晚即狂漲一倍，此事不僅
南嶽，即全省亦莫不皆然，而長沙之中央日報報價近亦改
用銀元定價每月三元，若照今日行市折合，則每份報即
一百元，較之舊價或京滬報價均加十七倍，故現在之金圓
券價值變動之速實遠過於以前之法幣，金圓券已驅使無論
官民皆不願採為交易中介，更難為價值標準，如此之政府
期能免於覆滅乎！

2月3日　星期四　陰
瑣記

　　南嶽交易中介已以銀元為籌碼，於是若干經濟特殊
現象因之以生，按銀元無輔幣，在昔金圓券雖逐漸貶值，
但每於用錢時換出銀元十元或五元，保存金圓券作為零星
開支，三、五日內尚不至有吃虧之虞，洎幣值貶低加速，
一般習慣則將銀元充分保持，非用完一元，絕不拆兌另一

元，今日晨起銀元行市為每元合金圓券一千二百元，兩小時後為二千五百元，下午一度提至四千元，至晚又成一千八百元，但漲時多而落時少，故以金圓券購物幾已不受歡迎，至少亦須代價較高始可，而購物者則需計算有何必須購買之物，湊成一元始上市場，或上市必湊購一元，總以全部金圓券出脫為目的，此一事也；鄰右國立師範學院教授劉維漢氏將於明日赴港，全眷與俱，本日所存用物多持出兜售，德芳接受其子所攜來之煤油數斤，計價按銀元，總價有三角七分之尾數，當時無金圓券可找，乃著紹南上市買白糖二斤，俾以零錢找劉家，不料買油時為中午，其時洋價近四千元，買糖時為一千八百元，找回金圓券按此折算，付給劉家亦按此計算，而劉家以為吃虧，其實此等事全屬機會問題，無人可以事先把握，但影響鄰居情感，則又無可避免，照此情形，金圓券並輔幣資格亦不具備，我政府之理財者戲法縱多，在廣大人民之前仍無所逃也。

2 月 4 日　星期五　晴曇、下午微雨
師友

　　晨，在門首送鄰右之師範學院教授劉維漢氏赴衡山搭火車轉廣州、香港，劉氏因現有待遇不足銀元兩元，無法維持，到港時以港紙百餘元之待遇維持全家生活，且免於未來之砲火危險云。在門首送行時遇廖友仁兄，相約到師範學院訪友，由天下名山坊上該校交通車，十餘分鐘到

校門外，即先到隔壁訪王碩如同學，王兄在蘭溪縣府時余
在金華，以後即若干年未見，其間據渠云曾在衡山實驗縣
任縣長，又在南昌中正大學任教，復轉來師範學院任課兼
主任秘書至今，談頃又往校內訪鄧傑兄，鄧兄在校時與張
中寧兄極好，余與張兄同案，故時相過從，今亦十餘年未
晤矣，渠現任師院會計主任，生活極樸素，晤聚甚歡，
十一時歸返，仍與廖兄下山回東南賓館，途經名勝為白龍
潭，惜乎冬日無大山水，僅見岩石嶙峋，不見有潭，歸時
已午後矣。下午，王碩如與鄧傑兩兄前來答訪，閒談。

家事

余與諸兒女別才數月，此次歡聚，見變化最大者為
紹南與紹寧，紹寧已一歲半，在青時甫學步，今則行走極
穩，且能發簡單之言語，如欲食奶粉則呼「奧」，欲飲水
時亦然，欲便溺時則呼「鬧鬧」，欲大人抱時則呼「毛
抱」，呼姊姊為「得得」，哥哥為「刀刀」，最清楚者為
爸爸媽媽，至於大人言語，渠能瞭解者則尤多矣，此外飲
食消化均較在青島時有規律而進步，殊可喜也，紹南本於
讀書外，對家事頗厭，現在則每日以抱持紹寧為日常功
課，且極其耐煩，飯食由德芳主之，紹南有時亦幫忙，毫
無倦色，近日每日須讀誦國文一篇，因此亦有時不免延
誤，但亦無怨，且表示為自己之不善支配，則亦頗有處
世風度矣，至於發信、發電、購物等事則更為諳熟，以
十三、四歲之女孩能如此幹練而知大體，殊為特別可喜之
事，況為父母者之情感尤在喜悅以上乎！

2 月 5 日　星期六　雨
職務

前日接齊魯公司董事會職員金若枡、趙少文來電，謂公司即遷滬，請電蘇協理雲章協助董會遷移云，余即於昨日電蘇協助，並復金、趙兩君，兩人之電並謂畢天德、黎超海兩總、協理已經赴滬，可見已經開始移動，今日又接蘇雲章電，謂公司奉令移滬（諒係曾董事長之令），董事會如何辦理請告知，可見金、趙兩人之電告情形乃屬實情，但蘇並無不顧董事會之事，余初料或二人未得公司方面之協助，於此證明不確，二人來電申述此節，當係顧全辦事手續，亦可見甚從容也。

2 月 6 日　星期日　雨
瑣記

連朝陰雨，閉門難出，長沙報紙亦復數日未到，不知時事究竟如何，衍訓、紹南兩兒女到市上購物，歸謂見某機關壁報，載稱美蘇在華北有接觸，共產黨軍內部有鬥爭，江北岸南攻之軍隊後撤，余不信其能有此事，幸下午報紙到來，三至五日齊至，其中僅有軍事上共軍北撤之訊，至於美蘇云云，絕未提及，同時載稱青島之美軍將於本月十日撤退，地方軍事當局劉安祺司令官談話表示十日至十五日間有何重大變局未能預料，則時局之前途仍無改觀可能，而政府中苦撐以待國際局勢變化之策略，恐仍將長此渺茫也。

2月7日　星期一　雨

瑣記

　　前數日廖毅宏兄由青島電其夫人云，已託人由上海
轉匯湖南省銀行交此間金圓券貳萬元，係由余收轉，昨日
傍晚湖南省銀行派人來送電匯正副收條，收款人寫余別
號，余別號章只有一顆尚在青島，故當時未能將通知書蓋
章退回，即囑將原件完全帶回，俟明日有圖章時即往洽
領，余即由箱內尋出以前岑君刻贈之石章一對，一名章一
別號章無姓，均交廖太太，囑其於向省行領款時特別聲明
此圖章係一對，以證明不致有誤，後廖太太歸謂該行不肯
憑以照付，仍須姓氏別號在一章上始可，經已託刻字店代
刻木章一枚，下午即可用以取款，余因款雖屬人，但名章
乃余之物，故不肯由廖太太出錢，乃著衍訓到街市買肉，
將以餘款（一百金圓約銀元一角）取圖章，不料衍訓未能
購到物品，設以銀元一元付刻章者則找回金圓券太多，購
物不易，且極吃虧，於是空手而回，同時廖太太亦無金圓
券取章，銀行款取出後則金圓券又復太多，而取款前必須
先用圖章，經設計先以銀元一元做押將章取回，再以取來
之款付給刻章者，以上種種情形為今日金圓券在湖南之幣
制地位，人人不願用之，而找零又無他種籌碼，於是非積
有一元之需要不能購物，亦怪現象也，同時湖南省政府亦
看明此種困難情形，乃有全省銀行以銀元本位發行省幣之
事，其最大票面為五角，聞將照規定兌現，其準備金為六
成銀幣四成實物，銀元部分似將向中央銀行提用其所存之

收兌民間銀元，此央行在中央法令上決不能許可如此辦理，而在今日地方實力日漸膨脹與中央遇事不求實際只知官話之狀況下，乃亦只有坐視地方問題地方解決，將來萬一不慎造成幣制極度混亂之局，首當其衝者亦只有老百姓而已。

2月8日　星期二　雨
家事

　　南嶽國立師範學院附屬中學招考插班生，定於今日開始報名，余著衍訓、紹南兩兒女前往報名應試，但所需插班生轉學證書尚無著落，其中衍訓者將試考初中三年級，而紹南則考初中二年下，前者須設法尋覓轉學證書，後者則已函託張敏之兄代具煙台聯中，證件尚未寄來，在未接到前須與該校交涉准予先行報考，以後補繳證件，乃於下午率兩兒女同到石莊訪國師學院張登魁同鄉，不在，又至市內訪金倬民同鄉，適張君亦至，二人雖初次見面，但因在此曾與德芳敘鄉誼，故一見如故，余即提出此項問題，蒙金君偕同到附中訪同鄉綦君，綦君又同該校總務主任金君在宿舍接談，據金君云，後補證件，可以通融，但在下月一日註冊以前必須呈繳，從前曾有通融之例，有至學期中雖成績極佳而仍因不能提供證件勒令退學者，實因礙於部令規定，無法呈報，不得不爾也云，余見所希望通融之點已不成問題，即行辭出，金君並因知余與王碩如兄甚有關係，謂如有王兄介紹更佳，因於歸寓後寫信一件致

王兄，謂已洽妥但請介紹以示慎重，此信即送金君明晨為帶至學校，而附中之綦君亦將於明晨到學院，將自行由王兄處將信帶回，衍訓、紹南則下午到校報名即可，又金君與余等由聖廟附中退出後途次西街又往訪國師服務之邵式鵬君，邵君文登人，在湘已十年以上云。

體質

　　自到南嶽，喉痛已漸癒，而鼻炎則纏綿至今未痊，連日陰雨寒冷，益覺鼻腔之欠舒適，室內天冷生木炭火，而南嶽之木炭奇壞，每簍炭中有半數有煙，以致室內空氣污濁，亦覺難耐，昨夜頭痛如裂，不能不早睡，以資將息，今日外出雖到處泥濘，反覺清新舒展也。

2月9日　星期三　雨

家事

　　連日陰雨，惟居家與子女輩相周旋，衍訓與紹南已於今日到國立師範學院附屬中學報名，定十二日參加插班考試，一為初三上，一為初二下，現正督促補習功課，並將數日前課讀國文之日課暫行停止，但聞附中極為難考，渠等功課均有未修習部分，逃難移居後未能補足，現雖加緊努力，尚不知有無希望也；紹雄因無幼稚園可上，故不上課，晚與衍訓、紹南輪流跟隨睡眠，亦尚習慣，紹寧則飲食睡眠均佳，僅數日來便溺多不向大人表示，衣服最易沾污，而雨中無陽光可曬，洗滌深感困難，此外面部起癬，久治未能痊癒，有時作癢，引起煩躁，然發育則極正

常也。

2 月 10 日　星期四　雨
起居

　　陰雨已將旬日，每日悶處一室，意興蕭索，然悠閒之致則為平時所難享受到者，每晨七時起床，德芳即料理早餐，衍訓、紹南或助理炊事，或幫同照料紹寧幼女，余則亦多半協同照料寧女，日間亦多將時間用之於此，外間消息僅由長沙報紙獲知，此報到後立即看完，看完後有房東、廖毅宏太太及廖友仁兄等處陸續借閱，此一份報紙之效用殊廣也，午晚兩餐亦均由德芳及紹南預備，所費不多，而烹調適口，為一年來在青島所未曾有也，晚飯後與諸兒女閒談移時即行就寢，約在九時左右，惟夜間因有嬰兒同眠，稍嫌床擠耳。

2 月 11 日　星期五　陰
師友

　　上午，國立師範學院同鄉金倬民君偕一鹽城同事袁俊君來訪，詢衍訓、紹南等報名情形。上午，綦官秦君來訪，綦君為國立師範學院體育系教授，在白龍潭國師附近與王碩如兄住於同所房屋，渠原籍平度，寄居青島，據談漢口形勢轉緊，上游尤甚，設荊門、江陵之江防不穩，共軍由此渡江，可長驅洞庭而至長衡，則此地之所受威脅或且過於武漢，然此亦不過一種極悲觀之看法，實際上相距

數百里，問題並不如此簡單也。國立師範學院職員邵式鵬
君前來答訪，前數日即疑邵君為在京住香鋪營時之同院，
今晨詢之金君，知邵之長女名蓉，乃德芳在該地香鋪營小
學任教時之學生，由此證明所猜無誤，邵君來時更證明此
節，均為之大快，余前日到邵君處時，未能獲悉此事，因
在京居住時期余係在安慶蕪湖服務，非遇數日假期不能回
京，故與邵君晤面機會幾於全無，故相談而仍不相識也，
今日邵君談其十年來離亂中之過程，可謂艱苦備嘗，而青
年時期之壯志，亦幾於消磨淨盡矣云。晚，國立師範學院
附屬中學綦君來訪，綦君為官秦之介弟，官秦行四，彼則
行六，尚有長兄在青島滄口經商，次兄在廣西路經商，三
兄北平路經商刻在商邱、徐州一帶被阻，五兄則在北平從
事黨務工作，共軍入平後情形尚未之知，綦君來訪係為詢
問衍訓、紹南明日投考國師附中是否已經準備就緒，並
云，明日時鐘經該校撥快四十分，以便下午可以在日落前
竣事，故到場須早，又綦君謂時局緊張，國師及附中預定
三月一日開學尚未知至時是否再延，此間私立學校則皆早
日籌備開學，目的為收取學費，附中則相反，此校在湘地
位極高，升學學生十九錄取云。

2月12日　星期六　曇
家事

　　今日為國立師範學院附屬中學招生考試之期，衍
訓、紹南兩兒女齊往參加考試，一考初三上，一考初二

下，但二人歸云題目均嫌太難，可見該校一般標準殊嫌太
高云。下午，邵式鵬太太及其長女名蓉來訪，邵女為十年
前南京香鋪營小學德芳之學生，現在武昌體專肄業，本學
期以時局緊張，能否開學尚未可知，邵太太臨行將紹雄帶
去游玩整日，至薄暮始由邵之長子名賢將其送返，名賢亦
為香鋪營之學生，今在國立師範學院肄業，再一年即卒業
矣，儀表甚佳，余詢其二十至三十歲青年近來無黨無派者
一般對國事態度如何，邵君云一年以來對政府表同情者可
謂絕鮮，但亦並非將全副希望寄託於共產黨，蓋一般看法
為此政府為不可救藥，根本絕無希望，共產黨雖未必合乎
理想，但為一新起力量，即未必全無希望，縱仍屬無望，
亦只能期待其他新力量取而代之云云，此看法充分表現一
般人對政治之無可如何的冷淡與無可如何之關心，較之
十六年北伐與廿六年抗戰兩時代之青年不可同日而語，亦
可見今日中國之為黑暗時代，超過於任何內亂時期之混亂
程度，奈何掌軍政之權者之不覺醒乎？

采風

　　今日為舊曆元宵燈節，南嶽仍循舊俗，數日前即有
燈采，均係晝伏夜出，鑼鼓笛管，鞭炮歌唱，一時齊鳴，
惜乎未有十分精彩者耳；房東則逐家點一小蠟，數分鐘即
熄，同時逐屋燃放鞭炮數枚，鄰右門前亦有點燈者，但均
為時甚暫；南嶽連日落雨，今日始轉晴曇，遠望山上白皚
皚一片，蓋山下之雨在山上為雪也；食品方面亦以湯圓為
主，與他方習俗略同焉。

2月13日　星期日　晴

采風

今日為十日來罕見之晴天，風和日麗，映照衡嶽一片雪光，極富自然之美，今日為舊曆正月十六日，為南嶽逢集之日，周圍各處百姓均來趕場，故門外公路上來往鄉人特多，大致來時均攜來農產品，如竹、木、蛋、炭之類，亦有另以小籃盛蛋與冬笋之類，大約為準備送人者，歸途則多帶鹽，體質即較小，帶布者更為希見，蓋一擔柴未必能交換一尺布也，甚有來時不過有雞蛋十數，稻穀數十斤，所易外來物品則更少矣，此等情形殆為都市與農村關係之雛形，鄉人生活情形之簡單可知也。

家事

余素不體罰兒童，今日紹雄不聽大人之正當指示，反頑皮嬉戲，甚至學余之說話語調以反抗，及余威嚇之，又上前撕余上衣，十分橫蠻潑辣，余怒摑其臀，事後思之，應有和平方法以感化之也。

2月14日　星期一　陰

瑣記

所住東南旅社樓上本只有余全家及廖毅宏太太兩家，共用房三間，其餘五間則空閒無用，因而樓上甚寂靜安閑，今日有移來之學生模樣者十人左右，住四間，其中一間為女性，聞知為山東人，乃震華文學院學生，由南京遷來者，但何以只有如許數人，餘人安在，則不詳知，余

在京時曾聞之該校經濟系主任宋天韶君云,彼曾任該校職
務而未獲報酬,該校之長王玉圃在京以此校之名義向部奔
走公費,實際超過其人數,又率同此輩學生借款到各國家
銀行爭擠存兌金銀,甚至有霸佔火車包攬搭乘之事,則此
校乃辦學人之資本,而學校則以學生為店員也,此輩移入
方一日,已有不顧公德之表現,如高聲談笑,拉胡琴唱戲
等,且未知其中有無負責之人,致無法作具體接洽,其實
此輩亦流亡中人,不知何以無哀痛之感也。

2 月 15 日　星期二　晴
交際

　　廖毅宏兄之太夫人已八秩高齡,居後山鄉間,有時
到南嶽小住,但余到南嶽時未及晤面,聞為人極強健,茹
長素,且重禮數,時時派人來岳為其二公子夫婦及廖毅宏
兄夫人送食物,以余家在此,與毅宏為好友,故亦時有餽
贈,昨晚又有人從鄉間來,送來糯米粢粑五、六十個,臘
肉一塊,又附送德芳衣料一段,前二者必收,後一者則璧
還,另外出買素食數色,計菠蘿蜜兩聽、桂圓一斤、酥糖
一斤,於今晨寫回帖著原人帶回,答禮不易,因不能有葷
腥之屬也。

2 月 16 日　星期三　晴
家事

　　下午,率紹南到嶽雲中學報名應考,因無證件聲明

後補，未有困難，即行報妥，又同到省立結核病院為紹寧
診治頭癬，取來藥膏兩種，診病者為張大夫，徐州人，與
山東人在此算同鄉云。

師友

　　到結核病院對面訪前山東民政廳長彭國棟，渠係濟
南失守時逃出，以後種種情形所知甚少，余所告者渠多以
為新穎，聞云，渠家住南嶽有年，余今日見其山中房屋，
乃一極佳之讀書環境，而其地近於半山，獨屋在路邊山灣
內，鄰屋相距極遠，治安情形絕對無虞，幾疑非此時此地
之所應有也，彭君謂將不再做官，目前只好教書自活，當
前政治乃獨木難支之大廈也云。

游覽

　　彭國棟廳長導游其住宅附近之絡絲潭，乃一瀑布崖
上平坦處有深潭，謂深數丈，水滿不可見底，下流之水
皆由此迴旋而出，故名，其情景與嶗山之靛缸灣殊相彷
彿也。

2月17日　星期四　晴

家事

　　上午，同衍訓到長沙理髮店理髮，並同紹南到郵局
寄信，便中到國立師範學院附中看春季招考發榜，見衍
訓、紹南二人均未錄取，可見該校取生標準確屬甚高，而
兩兒女之程度尚不及標準也，又有該校之文書主任邵式鵬
君之女已考數次，此次參加仍未錄取，則又可見外傳該校

不講人情一節係屬事實矣，現衍訓決定赴藍田煙台聯合中學插班，如此可以入三年級上期（在此除國師外無招考三年級者），紹南則再考私立嶽雲中學，設再不成，即只好設法旁聽。

游覽

到南嶽廟內游覽，中為大殿，建築極高，中供何神不知，一般皆謂之嶽神，有康熙御碑亭，惜不甚清晰，此廟沿革亦因而不得其詳，惟一般記載則係清末重建者，廟內為道士，發賣籤藥地圖之屬，此廟所佔總面積極大，南門至北門有四分之三里，兩側為行路，羅列各道觀僧寺極多，惟半數以上已駐軍或為其他機關所用，如國師附中即在東偏佔屋極多也。

師友

下午，彭國棟廳長來答訪，閒談仍多為濟南失守故事，據云在吳化文叛變以後濟南情勢驟緊，各機關首長集議如何應變，凡有三種意見，一為全體自殺以殉，主此者只兩人，其中一人為劉翔，後由青州受訓釋出，二為束手就擒聽憑吳化文處置，主此者亦不多，如財政廳長尹文敬即是其中之一，三為分頭化妝設法外逃，多數主此項辦法，以後所行者亦是此法云。彭君在此稍談即辭出並同到汽車站訪湖南省公路局葛站長，不遇，又訪交通部公路總局第二運輸處朱站長亦不遇，旋彭君即往南嶽旅行社訪他人，余約其以後再登山盤桓而返。

2月18日 星期五 晴

師友

晚，南嶽汽車站兩站長一為朱榮康君字健生，一為葛醒初君字正圻聯袂來訪，朱君為公路總局第二運輸處所屬，葛君為湖南省公路局所屬，前者亳縣人，後者岳陽人，余詢二人偕衍訓赴藍田路線，據云可行公路一百八十公里，另旱路一百二十華里，公路為自南嶽至湘潭過江，此段八十九公里，復由湘潭至湘鄉為四十二公里，再至永豐為五十公里，由此換旱路前往，此與所詢邵式鵬君謂須行經衡陽寶慶（公路）再坐船起旱前往者路線適相反，二人談竟後朱君同余到隔壁訪國師學院洪主任，洪君婺源人，國師在藍田時彼即在院，據談以起旱前往為宜，因由此至永豐山路只一百二十里也，彼將於週內有事前往，余與約定偕衍訓同行以便照拂云。

2月19日 星期六 晴

師友

中午，彭國棟廳長與日昨由京粵來南嶽之震華文學院院長王玉圃來訪，據王君談，其學校將於二月底開學，但目前校址只確定省立醫院上房屋一所，此外則準備與中正圖書館接洽借用其一部分，尚未定局，又談該院為教育部所定名稱，其實共有三院，文學院以外有法學院及另一其他學院，而附屬中學則尚在外，又該院及附中與國立濟南第六聯合中學係屬一事，因此此聯中教部指定收容濟市

私立學校逃出學生，公費名額已由一千五百加至兩千，但實際則能來者甚少，至於附中則就地招生，只成績優良者有獎學金，其餘自費，所收費用則用以彌補教職員生活之不足，無論文學院或附中學生之支公費者均須在聯中有名額，以便報銷，至於經費支用情形，照此看來自極其複雜，亦特殊學校也。晚，汽車站朱站長來訪，為其外甥兩名擬設法進六聯中上學，託余與王玉圃院長洽商，余因王明日赴長沙，允俟其回嶽時再行商量，朱君又談其過去參加抗戰經歷，頗有意致，蓋朱君為軍校七期畢業，曾在緬北一帶作戰，並受山澤地帶作戰之特殊訓練，復員後轉業云，朱君又談及湖南若干地方人士之傳統與遞嬗，如數家珍，乃一留心掌故之人也。

家事

　　紹南今日再到嶽雲中學投考初二下插班，據云答卷成績較之在國師附中應考者為佳，嶽雲中學據云有卅年以上之歷史，人才輩出，在湘省私立中學中，實為翹楚。在南嶽家事操作，皆德芳一人任之，余與衍訓、紹南二兒女不過有時從旁照料協助，補益不多，最繁瑣者為幼女紹寧方歲半，抱持為不可免，且常有其自由意志，欲使相安，殊煞費苦心也。

2 月 20 日　星期日　晴、有陣雨
游覽

　　下午，同衍訓、紹南到湖南省立南嶽中正圖書館游

覽，此地房屋為新建兩層樓房，甚為軒敞，左右兩面分別
為閱報室及普通閱覽室，閱報室只有湖南日報與中興日報
兩種，皆長沙刊行，別無他報，普通閱覽室有刊物若干
種，但多半為政令宣導品，亦有數種時事刊物，多已成明
日黃花，余詢館員庫藏情形，線裝書多在樓上，且未編
目，無法得知究有何書，據聞且有若干善本，至普通書庫
所藏則極凌亂而簡單，學術性書籍不甚多，殊嫌空虛也。

師友

　　晚，朱站長、洪主任聯袂來訪，承開給衍訓赴藍田
路線，極為詳細，凡兩百九十里，四日得達。

2月21日　星期一　陰、有陣雨

師友

　　上午，余所寓東南旅社對面室內有震華文學院教員
遷入居住，視之乃李班庭委員，據云今晨將由衡山來此，
渠於去年九月在津浦區鐵路黨部任內遭逢濟南失守間道南
下至京，最近津浦全路均入共軍之手，已失存在條件，故
應王玉圃院長之聘到該院任講師及國立第六聯中教員，計
由京來此凡住杭州、衡山各三天，途中則六、七天，浙贛
路道中則立於車中五晝夜，故健康頗受影響，同來者又有
孟廣鎔君，曾任安徽大學教授與江蘇學院經濟系主任，現
在應聘來此，孟君東阿人，十六年北伐時曾任黨務工作，
但不久即行退出云，晚余置酒為二人洗塵，孟君雖初識，
而李氏則他鄉遇故知，而又感懷於紛爭不已之政局，殊多

慨喟也。國立師範學院金倬民君來訪（同另一職員湘人周君）探詢震華文學院附屬中學情形，為其公子準備投考，余告以既為山東人，不妨將來俟其學校設備完成時以濟南私立學校學生資格請求入國立六聯中，可取得公費，二校實二而一也，金君又談師院通過一辦法准教職員子弟入校試讀，月考合格即取得正式生資格，但學生正在公開反對，未知是否不致變更云。

2月22日　星期二　陰雨
家事
上午，同紹南到私立南華中學為其報名明日投考插班，無證件，聲明註冊時補繳，即通融辦理，該校以前為女校，現在男女合校，但分為男生部、女生部，各據左右兩院之一，房屋甚為宏敞，不在嶽雲中學以下，但運動場則不若嶽雲之多，而歷史亦不若該校之長，聞近年辦理尚佳云。

瑣記
所住東南旅社房東之女老闆，今日持雞一隻來商售於德芳，照購後即殺之作食，今日之雞殆受無妄之災也，緣東南女老闆對過公路邊右鄰，曾為此雞發生爭執，雙方均據為己有，而近來此雞則屬於其鄰，今日女老闆有機會將此雞捉到，又恐發生糾紛，即必欲售之德芳，免將來發生糾紛，認為如其鄰知該雞易主，即無如之何也，德芳不欲開罪，又明知必有糾紛，故即照買而即殺之，余等食雞

之時猶聞鄰女喚雞之聲也。所住東南旅社樓上有若干間為
震華文學院教授室，李班庭氏即為其一，來已兩日，無燈
火茶具，只晚間用破碗一隻，翻轉底面朝上，略有燈油，
並燈芯數根，大約可燃半小時而已，此外則室內更無長
物，一床、一小桌、一長檠而已，凡來造訪者，須立而
談，聞事務員手無現款，總務長尚未到達，故如此怠慢
云。

2月23日　星期三　雨

師友

上午，同德芳到廖宅為廖友仁及毅宏兩兄之太夫人
請安，廖母係昨日由後山家內來南嶽，並將在嶽度其八十
生辰，廖母雖如許高齡，而頭髮不過斑白，望之不過六十
許人，即友仁兄亦五十餘，但髮全黑，形容亦似只有四十
餘歲，又據談，毅宏兄約廿五、六日來岳，刻已由青島到
達上海等候飛機云。

家事

衍訓轉學事決定赴藍田煙台聯合中學，正等候行
伴，今日覓一茶商回永豐鎮者，可以代擔行李，但恐天不
放晴不能成行云。紹南今日到私立南華中學考插班，歸
謂命題甚易，又謂已到嶽雲中學看考生揭曉，已經錄取
二年下期插班，謂投考者十三人，取九人，其本人列第
六名云。

2 月 24 日　星期四　陰
家事

上午同衍訓到市街買肥皂、鏡子等物，備其到藍田應用，下午又率同衍訓、紹南等到南嶽圖書館看報借書。教育子女，照料家事，為最不易為之事，如余在南嶽，一家六口，飲食起居，全由德芳一人任之，為節省開支，不另用人相助，每日飲食烹調，衣物洗滌，皆須眼到手到，而幼女紹寧方在學步之時，每日便溺不免污及衣褲鞋襪，污則即須換洗，雨天則烘乾，即床上被褥亦然，此等事在此階段幾於無有休止，較大兒女如衍訓十八歲、紹南十四歲，大體上亦未嘗不能協助，但每日照例之事亦必須任使始動，甚至能規避即規避，久之德芳即寧肯自任其勞，余因看不過去，或責令幫忙，或自行動手，每日如此應付，瑣碎繁雜，無以復加，兒女教育事則更令人感受困難，紹南頃已考取初中二下，不久當可入學，衍訓則考國師附中未取，其他亦無招三年上者，渠因年長多多，不甘永在較低年級，決定到煙台聯中入初三上期。

2 月 25 日　星期五　陰
瑣記

已一月未見上海報紙，殊為悶損，今日始在省立圖書館見有上海大公報十餘份，係在閱覽室保存，並不陳列閱報室，於是全部取來詳閱，計費時四小時，該報為自本月二日至十八日，中間缺三日至八日，雖多半明日黃花，

但較之長沙、衡陽報紙仍多可看之資料與消息，又見有十七日香港工商日報一份，館員云未訂該報，係無意中夾雜而來者，其中所採新聞多為外國通訊社所發，國內要聞只佔一面，其餘則以粵港地方消息居多，副刊則佔兩版，共計出報兩大張，蕪雜而少精彩也。

2月26日　星期六　陰

看書

　　讀長沙中央日報湘波載有楊雲史曲「如此天涯」，余於詞曲為門外漢，讀時極覺順口，鈔錄如下：

　　冷清清斜陽古道，打疊起琴書一擔挑，記當年他送過長亭，又攜手銷魂萬里橋。慘離情，金黃寒柳萬千條，一陣陣西風落葉打征袍。說聲去了，車輪兒搖，馬鞭兒敲，那時節魂靈兒都驚上雲霄。（右一）

　　一路的野花如容貌，遠山兒似眉梢，不容你淚珠不拋。這其間萬遍迴腸，描不盡的傷心稿。猛回頭，路程兒十里遙，看不見柳邊人歇影兒招，只見那寒鴉流水孤城小。（右二）

　　河梁過了，投荒村宿一宵，昨夜是畫樓人語紅燈笑，今夜是野店關山星月高。也不知鞍馬辛勞，只別恨攢心似剪刀，咳！這愁滋味沒法消。來一壺濁酒，細把腸兒慢慢澆。（右三）

　　問雲台百尺，有幾個圖容貌。悔當年投筆從軍意氣豪，說戎馬書生功業好，何曾見閨中少婦封侯婿，只看見

無定河邊戰骨高。到如今，鐵戟沈沙勳業銷，只贏得孤負香衾人已老，何況深深玉骨埋花草，已然是幽塚黃昏魂歸杳，這心頭長恨怎煎熬！（右四）

本來是錦簇花團珠圍又翠繞，我拋撇了溫柔鄉安樂窩，換了這破碎山河，馬背船梢。說什麼曉風殘月詩情悄，無非是右壘寒雲草木凋。問好光陰一寸金多少？為誰何作賤的不值半文鈔？恨當初雄心英氣一身包，誤入了邯鄲廟，這負人負己生離死別沒開交，枕頭邊淚盡羅巾誰知曉！（右五）

終年是獨在天涯自理料，更無人送登程慰寂寥，孤棲獨宿誰相弔，誰問我冷暖和飢飽。從前是楊柳風神張緒好，如今呵，糟塌得滿鬢添絲沈瘦腰。（右六）

最難堪風霜一路飄，水村山店關門早，展衾褥猶有餘香裊，沒奈何淺醉閒眠，胡亂和衣倒，長吁短嘆，咬牙兒挨過這殘宵，斷腸人夜夜何曾睡著覺，只天天開眼到明朝，唉！又到了千山落日雞聲叫。（右七）。亂世悲歡，殊令人不能勝情也。

2月27日　星期日　晴
交際

晚五時彭國棟氏片邀到絡絲潭其寓所便餐，余依時前往，見門外已有送客之情形，知已飯罷，蓋此地各學校所用鐘錶皆較曆時快半小時至一小時，余到時已六時而余之錶方五時也，乃重新備肴饌，臘肉臘魚之屬，飯後談至

黃昏始返，據云彼一、二日內將赴粵一行，因薛岳主席電
召也；今日赴宴極為進退兩難，余尚鎮靜處之，飲酒時余
有一滿盅，彭氏為半杯，余飲後重斟，見壺內將空，滴瀝
而出，即知無以為繼，乃亟辭壺用飯，然已使主人相當窘
迫，對鄉間赴宴，今日得若干經驗也。

師友

　　上午，國立師範學院服務同學鄧傑來訪，閒談，余
因紹南入南華中學不日註冊，聞有分期繳費之例，特託其
代為向該校周校長洽商通融辦理，以免款項籌措不及，並
免受時局影響學期不終。

2月28日　星期一　陰

看書

　　讀葉昌熾撰「語石」萬有文庫本上冊，第一至三卷，
此書共為十卷，第一卷以朝代分，自三代至明，各若干
則，第二卷以地區分，由各行省五嶽四瀆海外，亦各若干
則，第三卷專論碑之款與碑之所立與碑文之體例，均各有
獨到之見，如謂唐碑求之關中，漢魏尚乎齊魯，的是名
論，關中以唐太宗昭陵為最富，錄林同人昭陵石蹟考略所
記十六碑存字，可以抄備參考：虞恭公溫彥博碑，歐陽詢
書存三百餘字，申文獻公高士廉塋兆記，趙模書存百餘
字，梁文昭公房玄齡碑，褚遂良書存四百八十字，孤本唐
拓二千餘字，芮國公豆盧寬碑，存三百餘字，汾陰獻公薛
收碑，存百十字，固文昭公崔敦禮碑，于立政書存五百

餘字，禮部尚書張後允碑，存數字，衛景武公李靖碑，王知敬書存一千三百餘字，蘭陵長公主碑，竇懷哲書存七百五十字，中書令馬周碑，殷仲容書存三百餘字，薛公阿使那忠碑，五百字，英貞武碑李勣碑高宗御書一萬十餘字，散騎常侍褚亮碑，存五百餘字，右武衛大將軍乙速孤行儼碑，田羲旺書存二千餘字，冠軍大將軍許洛仁碑，存八百五十餘字。又記山東存碑，備極推崇，謂海內真秦碑僅二石，一在泰山絕頂，一在諸城，典午一朝，任城孫夫人碑在新泰，明威將軍郛休碑出歷下，漢隸以韓勒、史晨為第一，在曲阜，北書以鄭文公上下為第一，在掖縣，尋覽漢石，存曲阜、濟寧、嘉祥三道，磬宇內所有，未足以尚之，濟寧有景君魯峻，歷下、益都、寧陽、臨朐並多隋唐造象。又考訂碑之款制，碑額書體蟠螭蟠龍碑陰碑側制法，立碑之緣起等亦均要言不煩，可供參考。

交際

　　今日為廖毅宏兄太夫人八旬壽辰，其昆仲均來南嶽奉視，余事先送衣料一件及糕餅之屬，今晨並同德芳偕紹南、紹雄、紹寧三女前往拜壽，至時為九時先入席吃麵，洎欲拜壽，知尚有壽桃未到，乃候至中午，始布置妥當，於是親友在同一時間分組拜賀，由廖氏三昆仲竝三、友仁、毅宏在旁答謝，不久入席，凡三席，酒宴甚豐，飯後並在門前照全體像一幀，以存紀念，今日雖照鄉俗未能十分鋪張，但簡單嚴肅，頗有足稱，其中最細心照料者為其友仁二兄，條理密微，無不周至，今日參加者十之八九為

其戚誼，友朋關係而到者僅余等一、二人而已，在座有其老表吳君，稱余為「家先生」，稱毅宏為「滿老表」（毅宏排行最小），皆本省特有之稱呼，頗有意致。

職務

　　廖毅宏兄為其太夫人祝壽於昨日趕來南嶽，據談齊魯公司總經理畢天德與協理黎超海，係舊曆除夕青島緊張之時不辭而別，現在二人將公司重心移至台灣，將以貿易為主，各廠則各各獨立，前由畢、黎按插之上海辦事處將移廣州，結果公司與各廠間之關係將名存實亡，又渠經廣州見曾養甫董事長病體極重，對公司事已不能多談，董事會無人主持，將來公司逐漸飽入私囊之可能極大，余認為散居各地之董事似不應坐視不顧也。

3 月 1 日　星期二　晴

看書

　　讀萬有文庫本葉昌熾著「語石」中冊，卷四至卷六，卷四與卷五乃續自卷三，專敘石刻形體上之分類，如詩文、墓誌、塔銘、浮圖、經幢、刻經、造象、題名、摩厓、買地莂等，卷六以次則研究撰人之不同，書人之不同，行款題識之不同，鐫勒摹拓之不同，其中頗有可錄以資參考者，如總論撰書云：古碑不題撰書人，或曰造此碑而已，蔡中郎自云，平生作文，惟郭有道碑無媿辭，今林宗碑摹本尚在，未嘗署邕名也，惟鴻都石經，確為邕跡，然禮記公羊諸經，後皆有堂谿典馬匹碑諸臣名，則亦非一人手筆，西嶽華山碑，都元敬據徐季海古蹟記，定為蔡中郎書，夏承碑末有真書一行云，建寧三年蔡邕伯喈書，此後人據汝帖所增，諸家聚訟，但云非中郎不能作耳，亦無確證也，小歐陽集古目，又以華山碑為郭香察所書，蓋以碑末有都水掾杜遷市石，書佐廣豐郭香察書，刻者穎川邯鄲公修云云，明王弇洲屠赤水，皆沿其說，洪文惠隸釋云，東漢循王莽之禁，人無二名，郭香察書者，察涖他人之書爾，趙子函云，市石察書為二事，洪公言可據，按漢碑之有書人者，惟敦煌長史武班碑，小歐陽以為嚴祺字伯魯書，按嚴祺一行在末，下無書字，隸釋本有紀伯允書此碑六字，即在嚴祺一行前，翁氏兩漢金石記所據本，紀伯允三字尚未泐，則洪氏此本亦可據，李翕西狹頌後天井題名，有從史位下辨仇靖字漢德書文，隸釋所載析里橋郙閣

頌，較今本復溢出五行，第三行從史位××××字漢為此
頌，位下缺四字，第四行故吏下辨×××子長書此頌，辨
下缺三字，以天井題名證之，從史位下所缺者，為下辨仇
靖四字，前碑其所書，此碑其所撰也，顧南原云，故吏下
辨下三字，天下碑錄，以為仇子長名緋，按集古錄目，郙
閣頌漢仇緋隸書，以此證之，下辨之下，當是仇緋字子長
耳，撰書並列，漢隸只此一碑，此外石勛撰費鳳碑，邊韶
撰老子銘，亦皆具書於石，若孔廟百石卒史碑，張稚圭據
圖記以為鍾太尉書，又以黃初碑，為陳思王辭梁鵠書，皆
得自傳聞之說，南北朝之際，署姓名者尚無幾，焦山瘞鶴
銘，託於華陽真逸，上皇山樵，究未詳撰書姓氏，惟蕭憺
碑題徐勉撰，貝義淵書，齊之隴東王感孝頌，申嗣邕文，
梁恭之八分書，周之華嶽頌，萬紐于瑾文，趙文淵書，隨
之趙芬陳茂賀若誼皆豐碑，而撰書人亦闕如，龍藏寺碑至
精妙，但知為張公禮撰，而書人亦未詳也，或云，古人撰
碑，皆自書之，凡無書人名者，撰書即出一人之手，如陶
長史寇謙之，唐初顏師古之於等慈寺，朱子奢之於昭仁
寺，皆其類也，北朝造象，惟太和孫秋生一刻，孟廣達
文，蕭顯慶書，墓誌惟齊朱岱林一刻，其子敬修撰序，其
侄敬範撰銘，此外署姓名者絕少，唐時墓誌亦往往不署
名，其有署者，撰人多，書人少，篆蓋刻字愈少，會昌三
年張氏誌，沈櫓文，安子書，宜郎篆，潤郎刻，趙撝叔以
為異，特著之，咸通四年，榮王府長史程修已墓誌，溫憲
文，子進思書，再思篆蓋，如此類在唐石中誠不多見，宋

元以後撰書篆蓋，始皆大書特書於首，且繫結銜，至今以為通例云。又記刻字云：北海書碑多自鐫，蒼潤軒帖跋云，凡黃仙鶴，伏靈芝，元省己之類，皆託名也，魯公書亦然，故顏碑皆無刻字人，惟千福寺多寶塔碑，為史華刻，按大智禪師碑，史子華刻，玄元靈應頌，題河南史榮刻，頗疑榮字子華，或以字行，去子字作史華，如宋安文晟刻碑，亦作安晟，正其例也，前人鐫碑，必求能手，褚書多出萬文韶，信本於隨時書姚辯誌，已為文韶刻，則擅名兩朝久矣，柳書皆邵建初刻，元趙文敏書，惟茅紹之刻者，能得其筆意，碑之工拙，繫於刻手，其重如此，萬文韶同時有萬寶哲，曾刻杜君綽碑，建初有弟曰建和，往往碑末同署名，蓋以篆刻世其家者，宋安民不肯刻黨人碑，士大夫稱之……余按北宋一朝碑板，安氏刻者為多，其最先者為安宏安仁祚，蓋百餘年而其澤未艾也。

3月2日　星期三　陰晴不定

師友

　　下午，國立師範學院王碩如同學來訪，係欲在東南旅社為劉支藩同學覓居，據云劉已到粵漢路之昭陵站，將卜居於此，意在到國立師範授課，但似無如許經濟課程可供擔任，故有困難云。

看書

　　讀語石第七至九卷，卷七論自南北朝至元之書人，卷八則論帝王書，各特殊身份人書，又集書各體書等，卷

九論避諱及拓損碑厄等，摘錄數則於下：隋以前碑版有書人名可考者，南朝以陶貞白為第一，貝義淵次之，北朝以鄭道昭為第一，趙文潤次之，其餘南之徐勉，北之蕭顯慶、王長儒、穆洛、梁恭之皆能入品，鄭道昭雲峰山上下碑，及論經詩諸刻，上承分篆，化北方之喬野，如篳路藍縷，進於文明，其筆力之健，可以剸犀兕，搏龍蛇，而游刃於虛，全以神運，唐初歐、虞、褚、薛諸家皆在籠罩之內，不獨北朝書第一，自有真書以來，一人而已。余謂鄭道昭書中之聖也，陶貞白書中之仙也，焦山瘞鶴銘如天際真人，蟬蛻氛滓，句曲館壇碑，如仙童樂靜，不見可欲，皆不食人間煙火者。又云：周道賜仙壇山銘，永興之化身也，釋敬信金剛經，率更之勁敵也，梁師暕志，摩褚登善之壘，智城山碑，登薛少保之堂，宣州陶大舉碑，潤州魏法師碑，歐而兼虞者也，開業寺碑，平百濟碑，褚而兼歐者也，開業寺又有釋孝信舍利函銘，以為虞，亦似歐，以為歐，又似褚，奄有眾長，不可思議，此皆無上上品，徐、李、顏、柳，尚拜下風，況餘子乎。又論碑厄云：古碑之厄有七，而兵燹不與焉，韓退之詩云，雨淋日炙野火燎，又云，牧童敲火牛礪角，亦不與焉，高岸為谷，深谷為陵，地震崩摧，河流漂溺（華山碑，唐順陵碑，皆地震崩裂，熹平石經，周大象中，船壞沒溺），祇園片石，誤椎化度之碑（化度寺碑斷石砌關右南山佛寺），砥柱洪濤，久沒純陁之碣（謂薛純陁砥柱銘），此一厄也，匠石磨礱，耕犁發掘，或斷為柱礎（北

海李秀碑為一教官斷為柱礎六，四礎為王損仲攜汴，餘二猶在都中，漢石經亦成柱礎），或支作竈陘（郃陽魏十三字殘碑），或為耕場之蹠磑（齊魯間經幢多如此），或為廢寺之甗甀，通衢如砥，填江左之貞珉（傳六朝刻石明太祖時皆用以甃治街道，今金陵聚寶門內石道坦平如砥，聞背面皆有字也），架水為梁，支漢經之殘字（熹平石經周大象後破為橋基），荒墳蔓草，遍臥蟠螭，廢壘長楊，聊資列雉，此二厄也，唐宋題名，摩厓漫刻，後來居上，有如積薪，唐賢名跡，宋人從而磨刻之，宋賢名跡，明人迺更加甚焉，賀方回之題字，惆悵武邱（虎丘賀方回題字為傖父所損），史延福之刻經，模糊伊闕（龍門如意元年，史延福刻陀羅尼經，明提學趙岩刻伊闕兩大字於上），邠原攬古，空譚大佛因緣（邠州大佛寺吳憲齋為學使時列炬訪之，有唐刻一通，為宋人羃刻其上），岱頂勒崇，莫問從臣姓氏（唐玄宗泰山銘後附刻從臣姓氏，皆為後游者刻損），莫不屋中架屋，床上安床，此三厄也，武人俗吏，目不識丁，勼工選材，艱於伐石，或去前賢之姓字而改竄己名，或磨背面之文章，而更刊他作。甚或盡劃舊文，別鑴新製，改為改作，澌滅無遺，此四厄也，裴李爭功，熙豐鉤黨，李義山云，長繩百尺拽碑倒，麤沙大石相磨治，蘇子由云，北客若來休問訊，西湖雖好莫題詩，韓蘇之文，毀於謠諑，又若閏朝僭號，諱於納土之餘（吳越錢氏諸碑有建元者，宋初納土，後皆毀去，所毀經幢尤多），叛鎮紀年，削自收京以後（憫忠寺寶塔頌，史思明紀年皆

磨去，重刊唐號），或碎裂全文，或削除違字，後賢考
訂，聚訟轉滋，此五厄也，津要訪求，友朋持贈，輜車往
返，以代苞苴，官符視若催科，匠役疲於奔命，一紙之費
可以傾家，千里之遙不殊轉餉，里有名跡，重為閭閻之
累，拔本塞原，除之務盡，今昭陵諸碑無一瓦全，關隴鞏
洛之交，往往談虎色變，此六厄也，夫石刻者所以留一方
之掌故，非鎮庫之奇珍，海內藏家，敝帚自享，宦游所
至，不吝兼金，或裝廉吏之舟，亦入估人之橐，奪人所
好，遷地弗良，轉展貿遷，必至失所，此關中毛茂才，所
以有勿徙石刻之記，而言者諄諄，聽者充耳，化度寺碑，
宋范氏書樓本，已先作俑，畢秋帆中丞自關中攜四唐石
歸，置之靈岩山館，庚申之劫與平泉化石同付劫灰，此七
厄也，有此七厄，其幸存天壤者，皆碩果矣，可不寶諸。
（以上有若干註腳因看文自明，抄時並從省略。）

3月3日　星期四　晴
看書

　　續讀「語石」最後一卷，即卷十，此卷論古碑一刻
再刻、摹本、贗本、已佚復出、舊拓、孤本、精拓、裝
池、著錄、藏石、碑估、碑俗名等，最有趣味，其論古碑
一刻再刻云：古碑一刻再刻，如唐之聖教序有五本（懷仁
集右軍書，王行滿正書，褚登善書三，一序記，分刻二
碑，所謂雁塔本，一序記並為一碑，即刻於同州倅廳者，
蒼雲軒帖跋有褚公行書聖教序刻於咸亨三年，儲藏家罕著

於錄）。夢真容碑一在易州龍興寺一在終南樓觀，宋之黨
人碑五嶺以西即有兩刻，元之張留孫碑，京師一刻，貴溪
一刻，此金石家所共知也，吾吳郡學有淳祐元年張安國書
疏廣傳及唐盧坦對杜黃裳語，藝風拓寄當塗石刻，亦有此
兩本，後五年，陳塏刻蔡襄書，韓魏公祠堂記，安陽一
本，元豐七年，刻於畫錦堂記之陰，當塗亦有一本，年月
皆同，惟缺撰書人名耳，……此外表忠觀碑，東坡有大小
二本，醉翁亭記東坡有真草二本，蘇唐卿有篆書一本，坡
翁草書本世不經見，篆本則更難求矣，……又如陽冰城隍
廟記，原刻在縉雲，程浩夫子廟碑，原刻在三原，他郡邑
廟及學宮亦間有借刻者，大都明人不學者為之耳。宋真宗
登泰山謝天書，述二聖功德銘，今所傳拓本其碑在泰安府
城南門外五石合成，高九尺，額高二尺八寸，聶劍光言，
此碑有二，一勒山下，即城南之碑也，一勒山上，在唐摩
厓碑之東，字徑二寸，明嘉靖間，俗吏鄞人汪坦，又汝南
人翟濤，題名鑱改於上，每行毀三四十字不等，額十三字
尚完好，後人第知有城南之石，不復知岱頂尚有摩厓一刻
也。其論摹本云：醴泉皇甫諸碑，摹本充斥，家刻坊刻，
無一足觀，然前人名跡已損，後人得初拓精摹，不見中
郎，猶見虎賁，未為無益，虞伯施夫子廟堂碑，唐時已
泐，黃魯直所謂孔廟虞碑貞觀刻，千兩黃金那易得，宋時
即有兩翻本，肥本在長安，瘦本在城武，互有得失，臨川
李氏有唐拓殘本，以肥瘦兩本較之，天壤懸絕，始知原本
不可及，歐書化度醴泉，皆有宋翻宋拓本，覃溪見化度最

多，范氏書樓本皆只四百餘字，其多至八百餘字者，皆非
原刻，溫虞公碑，亦只存四百餘字，宋拓八百餘字，多不
過千字，覃溪嘗自至昭陵碑下精拓得一本，云可辨者有
二千餘字，其實筆畫皆損，不過匡廓尚存，約略以文義聯
屬之耳，今陝西有裴刻本，多至二千餘字，蓋即以新拓精
本仿其結構用筆，非真有多字祖本，其面目雖是，其精神
則非，醴泉惟無錫秦氏本能亂真，今亦僅存殘石，人重之
與舊拓原刻等，皇甫碑有三監二字者尚可觀，若得線斷本
則更為至寶矣，然三監本拓之先後亦不同，拓最早者僅降
線斷本一等，碑估之作偽者，往往以摹本三監二字裝入無
逸本，鑒別稍疏即為所罔，褚書惟孟法師碑有翻本（枯樹
賦哀冊文皆帖類），所見以嶺南葉氏本為最勝，今宋拓孤
本亦在臨川李氏，翻本大都皆從茲出，聖教未見重摹本，
而懷仁聖教化身最多亦最不易辨，孟津王覺斯及西安荀氏
兩摹本皆能亂真，北海之秦望山法華寺碑，娑羅樹碑，皆
石亡補刻，顏書八關齋記亦宋時毀而重刻。中興頌蜀中有
三本，干祿字書有一本，皆宋時摹刻，宋廣平碑，在沙河
宋氏家祠，後裔恐其剝損，不輕椎拓，碑估別刻一本以應
四方之求，然視原本遠遜，磚塔銘摹本最多，王蘭泉云，
長洲鄭廷暘嵎谷，吳縣錢湘思贊，兩本最善，鄭娟秀，錢
瘦勁，原刻破裂，則此二本皆可寶也，宋蘇文忠書因黨禁
磨損，重刻者過半，此外如漢之桐柏廟碑，郭有道碑，魏
之弔比干文，唐之曲江張氏兩碑，皆經後人重刻，孫吳天
發神讖碑，舊斷為三，在江寧府學尊經閣下，庚申之劫，

毀於兵燹，吾吳帖估張某精於摹勒，以木梳飿紙為質，仿
刻一本，鑒古家皆為所衒，六朝唐誌之佳者，其石或亡
佚，碑估得舊拓，往往摹刻以充孤本，如崔敬邕張黑女之
類，皆有贗品，好古而鑒別不精者，其慎旃。以上所論皆
有閱歷者之見，足供參證也。

3 月 4 日　星期五　晴、夜大風雨

師友

　　下午，同廖純一、廖毅宏兩兄到國立師範學院訪王
碩如、鄧杰（春鳴）兩兄，並在校門前等地攝影數幀，余
又到黃園樓上訪綦官秦同鄉，又到師院閱覽室看報，該院
所定各報極多，如香港星島日報，武昌武漢日報，上海大
公、新聞、中央及申報、大陸報等均有陳列，視圖書館則
大為完備也。

游覽

　　下午游師範學院山上之省府招待所，其地為抗戰期
間南嶽會議之所在，風景清幽，現歸師院所用，設有數個
試驗室，並有鋼琴室，山中聽琴韻，倍有意致。游白龍
潭，因冬春水小，不見大瀑布，然其地高崖水漲時定有奇
觀，潭題三字為孫琰書，極好，由此再下為黃庭觀，傳為
魏夫人修道處，外有禮斗壇，一名飛仙石，乃魏夫人升仙
處，今則觀內禮拜者似為佛象，而主之者又為比丘尼，不
知有何因革，至書記其中壁上刻有黃庭經，亦未之見，只
見屋宇甚湫隘而已。

3月5日　星期六　雨

交際

　　晚，廖毅宏兄在其二哥純一家請客，在座尚有同學王碩如兄夫婦、鄧春鳴主任，余便中告王兄，關於劉支藩同學來南嶽後如願到震華文學院教書，余已與王玉圃院長於今晨談過，望去信相告，到嶽後即可聯繫，據王玉圃院長今晨表示可聘為經濟系主任，但余與碩如兄未明言，因王玉圃兄所言未必無出入，至待遇為自三石至六石米，視招生收費情形而定，現在招生尚未考試云云。

看書

　　讀完「語石」卷十，今日所讀後半卷，至此全書已完，其論碑重舊拓云：碑以舊拓為重，歐、虞、褚、顏，一字增損，價踰千百，碑估相傳衣鉢，如聖教雁塔同州兩本，皆以治字避高宗諱開口者為舊拓，懷仁聖教舊拓，以高陽縣開國男一行未泐者為別，又以佛道崇虛，崇字山頭中間一直斷續，為摹本之證，皇甫碑以無逸本為稍舊，三監本為更舊，然同一三監本，相去先後亦在百年上下，至線斷本，則非宋拓不可矣，醴泉銘，以有雲霞蔽虧字為勝，衛景武公碑以有黿鼉字為勝，北海李思訓碑，張叔未云有並序二字及竇氏夫人四字者為宋本，余得一本碑末楚厚追刻四字尚未泐，則更在前矣，此皆言唐碑耳，漢碑如韓敕史晨亦皆有泐字據為先後之別，其實紙色墨色，精神氣韻，所見既多，自可望而知之，尋行數墨，猶非神於鑒別者，今世拓本元明已難能可貴，若得宋拓，歎觀止矣，

唐拓則天壤間惟有臨川李氏廟堂一本，其中亦羼入宋刻，
非完本也，余在京師見李子嘉太守所藏褚書房梁公碑踰
一千字，的真唐拓，可與廟堂競爽，余去年自隴上歸，得
北海李秀碑，世所稱北雲麾也，此碑在前明已斷為六柱
礎，朱椒堂侍郎得一本，以為宋拓，重開一石置之都門法
源寺，以校余所得全拓不差一字，泐紋亦處處吻合，始知
重摹本刻手頗不惡，然只能得其結構，其神韻終不能到，
余謂此石舊在良鄉，當宋之日，燕雲十六州先入於遼後歸
於金，此拓如在北宋則為遼拓，即在南宋亦為金拓，金石
家未嘗聞有金拓，有之自余此碑始。又云：收藏家重舊
拓，惟在烜赫巨碑，而不知小唐墓誌尤可貴，蓋醴泉聖教
原石具在，即非宋拓，歐褚面目略可彷彿，至墓誌宋元出
土者十亡八九，即乾嘉以前出土者，亦十僅存二三，幸而
僅存者，日見其少，唐以前崔敬邕常醜奴諸石，存於世者
殆無幾，即唐以後，如元之開趙張伯顏，藝風所藏一本之
外，不聞更有第二本，范氏書樓化度原石，傳流至今，千
金不易，即其龜鑑。其論孤本云云，原石已亡，海內又無
第二本，是謂孤本，較之歐虞宋拓，尤可矜貴，漢碑如婁
壽夏承兩刻，舊為何義門所藏，婁壽今歸虞山相國，夏承
藏藝海樓顧氏，潘文勤師奉諱歸里，以千金得之，文勤藏
漢石最富，小蓬萊閣五碑亦歸插架，一為成陽靈台碑，元
丕二，朱龜三，小黃門譙敏四，圉令趙君五，又得梁永陽
昭王蕭敷及其妻敬太妃墓誌，皆人間絕無之本，青浦王蘭
泉侍郎，藏四楊碑（統、著、震、□），烏程嚴鐵橋曾見

三費碑，皆僅存碩果，今不知尚在天壤否，四楊碑余曾得
上海徐紫珊雙鉤本，天津樊文卿所藏也，酸棗令劉熊碑與
唐茅山王先生碑皆歸毗陵費屺懷同年，王碑自何公邁，馮
已蒼，葉林宗，轉歸於鮮溪管氏，屺懷又得之中江李氏，
漢石經殘字有兩本，皆有覃溪跋，先後歸沈韻初孝廉，今
以重值售於楚北萬觀察航，魏崔敬邕墓誌，聞在陽羨任筱
沅中丞處，宋開趙埋銘，元張伯顏壙誌，亦自韻初沒後轉
歸謬筱珊，隋丁道護啟法寺碑，唐魏栖梧善才寺碑皆在臨
川李氏，薛舍人信行禪師碑，沈傳師羅池廟背，皆在道州
何氏，此皆海內烜赫名跡，藏弆源流，昭然在人耳目，此
外若泰山秦碑，華山漢碑，隋之常醜奴墓誌，唐之魯公大
字麻姑仙壇記，所見尚不止一本，麻姑仙壇記亡友姚鳳生
明經藏殘拓三四葉，精彩煜然，吾邑彭氏，道州何氏所藏
兩足本拓手皆在其後，張長史郎官石柱記，明王元美所
藏，董思翁據以刻入鴻堂帖者，亦為六丁收去。此外論觀
紙墨、裝架、裝池、碑估、護惜古碑、碑俗名，以及石、
瓷刻、木刻金文隸楷等，亦有致。

3月6日　星期日　陰

游覽

上午，同德芳偕紹南並抱紹寧登衡嶽，紹雄以糖果
為餌留廖毅宏太太處未往，出發時為上午九時，由南嶽市
街出聖廟過接龍橋，由曾文正公路登山，所過有絡絲潭山
谷水，因在雨後，視於前次游觀尤為湍急，再上為趙澗，

有華楞湖，水閘已圮，湖亦不存，過五四中學玉板橋等
地，到寶勝寺，殊狹隘，其右為忠烈祠，倚山為階，類中
山陵，前為碑亭，兩旁有政府要員題字，勒石懸壁，極高
處為享堂，全用石建，莊嚴美觀，乃南嶽第一新建築，堂
後仍接公路，不遠即為延壽亭，乃江西楊氏所建別業，有
比丘尼數人修行，屋宇雅潔，亭前花木扶疏，乃夏間避暑
勝地，再上即為半山亭，有玄都觀，亦極宏敞，殿前有異
花兩株方盛開，詢之名為雪花，蓋花簇既多而白，確如雪
也，行至此已十里，乃更上，二里至鄴候書院，傳為唐李
汝故宅，有端居室、煨芋處等石刻，置於屋前，室內為住
家者，故址已荒廢不堪矣，再上為鐵佛寺，寺前有玉蘭正
開，再上為湘南寺，門局未得入，寺後有泉，清澈見底，
下有文殊洞，並無曲折，登巔到南天門，凡已行十八里，
此地屋宇為前日大風所毀，而山高有雪，氣候寒冷，由此
下山至後山，下而後上，再上有南天門坊，由此而登南嶽
之最高峰，途中所過有獅子岩，極象形，有石屋，屋後有
泉，屋內住一苦行僧，據云前是軍人，澈悟修行云，再上
為高台寺，寺後有奇松，傳為明羅念庵所植，旁有觀音
岩，洞內略有曲折，更上到上封寺，係敕建，額四十方叢
林，規模極大，有鐵佛數尊，復有玉臥佛，僧眾數十人，
客房布置精雅，有賓至如歸之樂，寺內為備餚饌間，率紹
南登祝融峰極頂，過峰殿有後門，出後門有迴廊，圍以石
欄，風急天高，冰雪不融，均裹石欄為鵝毛形，下視則懸
崖千尺，周圍重山低頭，雲海詭譎，嘆為奇觀，折回上封

寺午飯，凡素菜六色，外有一湯，精美絕倫，茶葉糕點亦極好，知客僧招待周到，飯後三時下山，循原路到鐵佛寺後，即與紹南改由西路經過麻姑橋至另一公路南行，此橋之前為觀音橋，上有瀑布而不知名，下建游泳池、更衣室內，聞為湘人何鍵為其子女所建，其家即住於磨鏡台，相去甚近也，余等由此前行，到磨鏡台，內有惡犬，不能入，後有七祖塔，墓前有「最勝輪塔」四字，篆書，傳係唐裴休書，由此下山行數里到福嚴寺，由外望之，房舍宏大，但亦因內有惡犬，久吠無僧人外出，竟不得入，門前有銀杏，粗可四抱，傳為六朝時物，折回大路復前行，到三生塔院，建築不大，再下為南台寺，規模極大，曾有大僧住此，現在僧人亦多，且有「僧青年」壁報，可見係新派僧人，由此下山為八里，中間僅有兩亭題曰留霞、遇霞，別無勝蹟，且邱壑之勝，視磨鏡台以上亦有遜色也，歸寓已暮色蒼茫矣，今日登山，全係步行，凡九小時，未有大休息，累而不甚，此山公路直修至最高峰，汽車勉強可至峰巔，亦可見絕少懸崖絕壁之勝，所以吸引游人者，多因拜佛進香，且五嶽封禪之故，其實雄奇不若黃山，而莊嚴則不若泰山，至若瀑布亦不多見，亦為名山減色多多矣，山巔有望日台，僧云冬春之日，極不易見，山中除夏秋有晴天外，餘則全為霧雨所籠罩，山下現已桃柳迎春，山上尚冰雪不融，唯見松竹，故登山游客十分稀少，俗云南嶽不種田，八月吃一年，則此際若干寺院之不肯納客，亦無怪其然矣。

3 月 7 日　星期一　雨
師友

　　下午，王碩如同學來訪，面遞後日請客柬帖，明日廖毅宏兄將首途回滬，渠並託余挽留。

看書

　　今日再將「語石」卷十瀏覽一過，其所記碑塔名數則，記此以備省覽：碑存半截者多矣，惟唐興福寺殘碑世稱半截碑，顏家廟碑世稱四面碑，皇象天發神讖碑在晉即折為三段，世呼三段碑，或呼經幢，為八楞碑。又竹葉碑為漢殘碑陰，兩面隱有葉紋，字為所掩。漢隸字源受禪表，魏黃初元年立，在臨穎魏文帝廟，王朗文，梁鵠書，鍾繇刻字，謂之三絕碑，又金博州廟學記，王去非文，王庭筠書，黨懷英篆額，東昌人謂之三絕碑。隋栖巖道場舍利塔碑，石質斑駁，細點墳起，世謂魚子碑。泰山東南麓王母池，唐岱岳觀，土名老君堂，前有二碑合束，皆唐造象建醮之記，俗稱鴛鴦碑。松陽葉有道碑世傳為追魂碑。登泰山謝天書，述二聖功德銘，宋大中祥符元年上石，在泰安南門外，北向，明巡按吳從憲篆刻其陰曰泰陰碑，俗謂之陰字碑。吳禪國山碑，石圓八出如米廩，土人目為囷碑。李翕西狹頌在成縣，此碑後為五瑞圖，內有甘露黃龍字，官斯土者書帕餽遺，即題為黃龍碑，若問以西狹頌五瑞圖，不知也。又重修古定晉禪院千佛邑碑俗名透影碑，鎮州有李寶臣功德頌，俗名風動碑。茅山乾元觀碑，俗呼雷合碑。乾州有于闐國所進無字碑，在唐高宗陵，呼無字

碑，取名由來則未能詳悉，而李訓等造大道天尊象記，世稱碧落碑，命名由來亦不一其說也。

3月8日　星期二　曇
師友

廖毅宏兄於今日下午赴衡山轉搭火車去滬，行前余告以將於一週內前往，廖兄之長兄竑三為習中醫者，有意到震華文學院為校醫，託余為之介紹，余允俟詢明該院需延請中醫時必力為推薦云。廖友仁兄曾託余為師範學院一工友介紹轉至震華學院執役，余今日遇其代理總務長周君，據云前數日工役不敷支配，故添人較多，現在已將人數補齊，而各方介紹者反紛至杳來，故目前殊無辦法，只好俟將來有需要時再為補用，余即轉復廖兄。

3月9日　星期三　晴曇
游覽

上午，同德芳並紹雄、紹寧游水濂洞，同游者並有震華文學院孟廣鎔、李班庭二教授，由南嶽東北行沿公路凡八里，先到祖安中學即震華附中小憩，此八里全為平路，再上即為山澗之石路，約一里許到達，遙望瀑布濺如雪花，凡分兩段，響聲如雷，攀沿而上到雪浪亭路盡，見石上及瀑布左右題刻甚多，且多在險處，此瀑布之兩段銜接處聞有深洞，凡數十丈，水入後滿而復出，成為下簾，亦云奇矣，高共十餘丈，為衡山風景之最勝處，在該處逗

留半小時，即循原路回南嶽，因德芳攜紹寧不肯替換，故一路抱持，十分累重，歸後極倦云。

交際

　　晚，國立師範學院王碩如同學請客，在其白龍潭附近寓所，極遠，上下十里步行，在座者尚有該院訓導長周邦式、教授金兆均、總務長吳景賢、陳東原院長之夫人蔣女士、醫師劉寄塵夫婦、廖友仁教授等，今日主人尚有會計主任鄧傑兄，暢飲至薄暮始散。

3 月 10 日　星期四　陰

起居

　　家居生活之最需人事厥為看顧嬰兒，尤其學步以後之嬰兒，紹寧原則上全由德芳照料，但每日三餐及縫紉時間則須由余及紹南等任之，余往往利用此時間至門外散步或看報，但實際上等於不甚可能，因寧女特別活潑，終日雙手無時或息，稍不留心，即難免意外，特別是室內之水瓶茶具等類，既不能不放置外面應用，即無法防止其移動，又炊事用盆鍋之屬亦皆在易於移動之處，稍不注意即為取去損壞，又其大小便必須善為注意時間為之提醒解決，否則即將褲及鞋襪完全濕透，晴天不多，雨天即須火烘，種種意外事之繁雜瑣碎，超過處理任何有系統之事務，蓋一切事多不能預料或預防，完全須在被動地位臨時應付，其困難在此也。

3月11日　星期五　曇

師友

　　上午，到震華文學院訪王玉圃院長，詢其是否延請中醫為校醫，並將廖竝三君予以介紹，據云該校已與省立結核病院定合同，津貼一校醫之待遇，學生可至該院看病，每日以八人為限，但如另有中醫亦可斟酌延請，但只可津貼，下午余將此情向廖君之介弟友仁轉達，據云可以商量，請先詢肯與津貼若干，再作計議云。下午，震華文學院王玉圃院長來訪，並偕同其夫人，據謂已移至大街居住，最近尚須招生一次，並在南昌、武漢辦理一次，此地者則不公開再招云。汽車站站長朱榮康君留片辭行，余下午亟往訪，知已於下午到衡陽，余訪葛醒初站長，據云朱君此次之調衡陽係因第二運輸處處長劉哲民之表親，本在平江，因時局關係指定請調南嶽，初係對調，後因朱君不平，加以運用，復改為調衡陽，衡陽為較大之站，但應付人事較為困難，地方情形亦較複雜云。

3月12日　星期六　晴

交際

　　中午，震華文學院院長王玉圃在圖書館該院辦公室請客，計四席，多為南嶽地方官吏與各學校校長，此外則以仕紳身分息影家居之舊官僚如何鍵等，余同席者為國立師範學院陳東原院長、私立嶽雲中學何炳賢校長、三忠中學趙校長等，其中最堪注意之人物為何校長，渠已七十三

歲，而頭髮不過斑白，精神矍鑠，望之不過六十之年，彼創辦嶽雲中學已四十年，終生從事於此項事業，其學生已在學問事業上有成就者屈指難數，中國所最缺乏而最值得尊崇者即此種人物也。

3月13日　星期日　陰雨
師友

　　下午，同德芳到劉鴻發客棧答訪王玉圃院長夫婦，余詢其延請廖竝三氏為中醫事能否實現，據云暫時尚無必要，因已與省立醫院約定，學生就診已可應付云，又談其學院應領之山東教育廳補助費至今未到，希望余於赴滬時代為向徐軼千氏催索，又該校將在南昌、武昌繼續招生，詢余南昌有無熟人可託，余謂友人可託以協助者甚多，但主持則應由學院自行派教授前往，王意似將派一學生前往洽辦，而以地方其他人士為主試，余因其有假借名義及節省費用之嫌，不肯同意，只云如須協助辦理，仍可介紹友人為之云。又同到西街訪邵式鵬夫婦，僅邵君夫人、公子在寓，其女公子則已赴武昌上學云。下午，國立師範學院教授山東同鄉關友聲夫婦來訪，關君乃濟南畫家，家已全遷來南嶽，渠本在震華任課，最近恐須兩校兼任若干藝術課程云。

3月14日　星期一　晴

見聞

　　南嶽所見器物，頗多異於他處所見，記之頗有趣味，其一，南嶽有胡椒而無現成胡椒粉出售，但有一種木製器具用以碾粉，其形如一圓盅，有杵在中央，活動而不能取出，相連處約相當於胡椒大小之圓縫在周圍，胡椒置入以杵不住碾轉，久之成粉，此器乃用木旋成，此外木旋之器具甚多，如象棋、跳棋，皆有木旋者，與大都市所售無異，又余見有水舀係用竹筒製加木把，掛水舀於空中之法係用繩一木架，作山字形，可將木杓扣下兩把，水自然滴至地下之缸內，此法亦頗妙。

3月15日　星期二　曇、有陣雨

師友

　　因明日即將回滬，特向廖毅宏兄之太夫人及其二兄純一辭行，並轉達震華文學院對於余介紹其長兄為校醫又主緩議之經過。李班庭君向余說明其希望，為能請向宋志先兄轉達請其轉向交通部人事處楊粹一接洽，調至他路服務，渠即不再繼續任教於震華矣。

瑣記

　　上午，同德芳到市內趕場，買豆豉等物備帶至下江一帶送人，又明日由此至衡山轉株洲，均需金圓券買票，故特由德芳在街市購物，以便換出銀元，找進鈔券，亦今日之特殊現象也。

3 月 16 日　星期三　雨
師友

　　下午，廖友仁兄來訪，係表達送行之意，又昨晚其太夫人特由樓下到樓上探望，請遇事對毅宏兄有所關照，而特別致意於最近啤酒廠與公司當局對外營業權之爭執云。李班庭兄談日內即移住水濂洞震華文學院附屬中學，其功課凡十二小時已排好，又余所住樓上震華宿舍部分近有一山東參議員黃雲清在此寄居，渠與余在濟南曾謀面而不熟，據李班庭氏云，係在衡陽為王玉圃、靳鶴聲二人經營商業，最近前來接洽震華收費之運用，聞正在研擬條件中云。

3 月 17 日　星期四　雨
家事

　　今晨因雨又未能成行，終日只在寓攜帶幼女嬉戲並佐理家事，按住南嶽已一個半月有餘，對此種自己一切動手之生活已十分習慣，僅有時仍覺不能安心讀書寫字，如此荒廢為可慮耳；下午率紹雄、紹寧兩女到市街買糖果，寧女雖僅一周歲餘，但對於口腹之慾舉凡大人所告者，已盡能瞭解，而好惡之感即刻能有表示，惟說話能力略低，紹南從前之能力相距太遠，現僅知說爸爸、媽媽、走、掉、拿、牛、姊姊等字，另有對貓狗之一般稱呼為「阿烏」，且甚畏懼，亦特別有趣事也。

3月18日　星期五　晴
旅行

　　自昨晚天氣放晴，斷定今日為旅行長途之良好天氣，晨起大霧，到車站上車赴衡山，友人中往送者有同住之孟廣鎔、李班庭兩教授，家人則德芳率紹南、紹雄、紹寧均至，紹寧特願由余抱持，並頻呼爸爸不止，娛人心目，而其表現則又似知余將行者，八時半車到衡山，改乘人力車至江邊，其時長空一碧，江水則雨後漲黃，兩岸春草翠綠，極為美觀，過江更乘人力車到站，時為十一時，詢悉應在十二時半過衡山開出北行之十二次快車誤點，須下午三時後始到，如此候至下午三時，仍無消息，實際在六時始到，六時半開行，余因短程關係，只購三等票，不料此三等車只等於敞車加蓋，且無橈位，旅客皆坐地或墊以鋪蓋，粵漢路之如此不重視乘客福利，殊可駭怪，九時半到株洲，正雇夫挑行李至浙贛站，途中遇客棧接客者，謂係楊同發客棧，可以代買臥舖票，今夜三時後有一班東行車，平時並無一定班期，余即至該棧休息睡眠，並先到浙贛站詢明其所談票價與街市銀元市價無異，即以此事付託於旅棧代辦，余即洗足入睡，因有此種方式，行旅殊為方便不少，但頭等臥舖價合銀元卅二元未免太昂矣。

3月19日　星期六　雨
旅行

　　在株候車，住於楊同華旅社，尚不嘈雜，昨夜分後

有二次特快車東下，因銀元未能於深夜換成金圓券用以買票，致未成行，然亦因此昨晚有充分之睡眠，今日午飯後有一次車下午可到之消息，旅社即代為前往換錢買票，至五時辦妥，銀元合每元四千八百元，株杭全程臥車頭等十四萬，故共用去二十九元，若於昨夜動身則需卅三元，但入夜又聞銀元價更漲，只需二十四元矣，國家幣制至此可謂掃地無餘矣，今日一日之間上下如此，如按現在國營事業每旬調整價格之原則言之，十一日計需四十元，明日為最末一日，恐二十元即足矣，豈不更為荒唐，余今日所購臥舖為上舖，此際上舖有數優點，一為價低於下舖，全程合銀元二至三元，二為頭等臥車之窗門玻璃多有被乘客於秩序紊亂時打破者，如遇有不能關閉之窗時，遇夜風或陰雨，則不免受涼生病，但上舖在窗之上層，可無何影響，余今日所乘為津浦路所有之頭等臥車，舖最寬大，但無臥具，自備毛毯，勉可禦寒，幸電燈尚未全壞，照明尚佳，本次車於下午七時開出，較原規定時間遲二小時，車由杭抵株時旅客尚多，但東去者則平平，舖位尚有空餘，飲食起居尚便。

3 月 20 日　星期日　雨
旅行

　　昨夜車行不速，今晨起身始見到達分宜站，終日無大停頓，下午過樟樹，其地有贛江大橋完全用木所架，其旁則有新築橋墩，蓋按工程計畫係水漲季以前須取代木橋

之為用者，火車過江速度極慢，此一帶物價極低，如雞
蛋、米食皆不貴，最廉者為紅橘，僅合銀元五分一斤耳，
晚九時到南昌，停靠二小時尚未開行，余即於十時登舖就
寢，何時開行則不知矣。余之臥舖內共四舖，兩下舖亦株
洲上車者，乃安徽巢縣王姓一家，凡有祖母一、母親一，
其餘為男女小兒共五名，大者近成年，幼者則甫半月，據
云係去年冬到株投親，而時局密雲不雨，終覺不安久住，
遂又作東歸之想，此一老婦人寡居廿餘年，五三慘案前係
隨其夫在山東各縣服官，五三時喪夫，子女均只數齡，含
辛茹苦，今已撫養成人，且均子女成行矣，老婦人六十餘
歲而尚能勤於閒談，閱覽雜誌報章之類，常識極為豐富，
但於逃難已極厭倦云。

3月21日　星期一　陰

旅行

　　火車於今晨東行抵上饒，余於十時抵玉山時始獲早
點，中午經過江山，袋內已完全無金圓券，車上飯食則不
接受銀元，其時余只有十元金圓券，乃向飯車賒吃一餐，
旋於過衢縣時買廣柑找回鈔票始行付清，此地銀元價已至
七千元矣，下午三時過龍游到湖鎮站，云前方修橋至少三
時始竟，但至六時尚無開行模樣，今日所經為贛、浙兩省
交界處，沿途山水秀美，最鮮豔者為金黃菜花與作肥料用
之白蘿蔔花及紅花，加以青翠之麥苗，景色十分宜人。

3 月 22 日　星期二　雨

旅行

昨日火車七時自湖鎮續行，九時許到金華，此為余舊游之地，吃雞蛋、豆腐乾及素雞等，味均鮮美，停半小時續行，由此即入睡，但知火車途中不斷有較長時間之停頓，今晨起床始知僅到臨浦，在臨浦停時頗長，又前進至蕭山靜江，又停兩小時候車道，至十時始過錢江大橋到南星橋車站，因城站無軌道可靠。隨即由此改為一次車，不久西行，途客乃由此下車，其時正大雨，由第二月台停車之地因第一月台另有他車故無法由站內外出，皆順路軌北行以至中山南路之南端，雇人力車入市，一路雨極大，故車錢較貴，至湖濱西湖飯店居住，下午雨始稍歇，得以外出。

娛樂

下午，觀電影「12 小時的奇蹟」，童芷苓、朱莎、周伯勳、束荑等主演，不近情理，且簡陋不堪。

3 月 23 日　星期三　晴

師友

上午，到膺白路訪王少民兄，據談有意返青島一行，照料其在青所經營之醫院，又恐時局不許其久留，致躊躇不決，余則認為無論和談成敗，一兩月之內穩定尚可把握云，余贈王君豆豉兩斤，並另以二斤請轉許東籬君。到勞動路訪許東籬君，不遇留字謂下午四時離杭，後許君

到車站在車上訪談，謂曾復余信，但余並未見及。途遇王
慕曾兄於膺白路，據談政大同學多數在杭，南京名義開
學，顧校長毓琇則在上海，其實別有企圖，又談財委會秘
書已由虞克裕兄接充，朱國材君有出國之說，據謂朱君個
人之積蓄實即有出國之力量，故現在校友之作風實已不可
捉摸，又當前局勢對於陳果夫、立夫二氏極為不利，亦無
術可以改善，實極悲哀也。

旅行

　　下午四時乘滬杭路廿二次西湖號列車赴滬，所購為
二等對號票，乘客殊不多，頭等車尤少，因現在行旅者
少，且票價較昂之故，車行極速，但因軍車關係，誤點一
小時，至九時始到上海北站，齊魯公司事務方面王為坊君
在站接候，即同到所訂大東旅社第三二四號房間，謂金門
飯店已無房間可定，其實大東亦佳，僅比較嘈雜，且無洗
澡間耳。

3月24日　星期四　晴

職務

　　上午，到公司與畢天德、黎超海、蘇雲章諸總協理
及褚保三處長晤面，畢係昨日由台灣來滬，餘均在滬辦
公，據畢云去年除夕彼等倉促隻身來滬係奉財委會徐可亭
副主委之通知，至公司應變係曾董事長所核定，總公司移
滬，青島成立分公司，各廠在青業務獨立，外埠仍由公司
統籌，又市黨部主委殷君采在青指導各處成立聯合辦事

處，對公司殊無利，現決定由蘇雲章兼分公司經理，即行回青照料一切云，中午應約與四人在老正興吃飯，僅閒談，彼等皆以為余在京之時已復任山東省銀行總經理，余皆將經過詳情如實說明，以免傳聞失實。

師友

下午到江西南路吉安里訪吳增祥弟，探詢青島方面情形，及詢有無來信。下午同畢天德、黎超海、蘇雲章同至飛機場接虞克裕兄自台北來，未能接到。晚飯與廖毅宏兄同在王人和紹酒棧吃酒，並談公司情形，各廠目前之原則為獨善其身，對公司不理，敷衍市黨部，應付外界，啤酒廠且將設法籌措職員福利金，準備將來一旦廠不為我所有時之後步。下午，孟廣鎔兄之舅婿子諫及其表弟繼堂來取去託帶銀圓廿六元。晚，于錫川君來談山東省銀行情形甚詳。

3 月 25 日　星期五　雨

師友

下午，到禮查大樓訪崔唯吾先生，其世兄云已於前數日赴京，余留贈臘肉及湖南辣椒各一包並開明住地而返。到中國飯店、中國紙廠訪任象杓兄，承留晚飯，飯後並同到楊樹浦路403弄訪高希正兄，高兄面交以前趙少文君來滬託其轉交余之私章，高兄又約余下星期二到其寓所晚飯。晚，廖毅宏兄與已疏散之齊魯公司專員段念祖來訪，段君談董事會人員趙少文與金若珊被疏散之經過，又

談及去年舊曆年終，畢天德、黎超海總協理二人不告而別之情形，及所留於在青同人之印象為如何，關於董事會疏散人員事，聞蘇雲章協理有表示謂余曾電其相機處理，實則余係請其協助遷滬，彼竟飾詞如彼云，廖兄談青島方面各廠之聯合辦事處正在進行，並電渠與徐副主委及虞克裕兄解釋一切，此事畢等頗感棘手云。

感想

上海乃聲色之場所，余雖能不受誘惑，但心情有時難免不能寧靜，今日在永安公司文具部見某君篆刻潤例處有印樣一方曰「須知諸相皆非相，若任無餘卻有餘」，此兩語佛門意味甚濃，但在情緒騷動時大可為修養之助，熱鬧中不可無一劑清涼散，此二語可當之也。

3月26日　星期六　微雨

師友

晨，畢天德總經理來訪，談蘇雲章協理日昨回青島，愚園路招待所已有空位，為飲食起居之便利，希望余能移往居住，余允俟明日以後遷往，在此期間將留中區訪問友人，並籌借鋪蓋。上午，廖毅宏兄來訪，即同出到長樂路九五八號訪楊志瑩兄，楊兄已脫離大中銀行，據談經過甚複雜，涉及時間及人事頗廣，主要者為該行原主持人孫仲山在勝利時以漢奸嫌疑遭訟累，以大數股份移贈現財政部長即中央委員會副主委徐堪，並立有手續為孫所執，可以推定為侵佔，現在孫已宣告無罪，銀行在此期間得財

委會之增資合作，已經恢復基礎，乃要挾財委會徐堪氏將會股退出，因而楊兄等亦均離職，聞財委會投資時有價值二百條黃金，退出只約十之一云。

娛樂

下午，到麗都看電影，片為李麗華、孫景路、嚴化合演之「春雷」，故事為一有婦之夫受另一女性之挾制生子後有所要挾，經其妻以大義將此女性說退，以社會眼光將所生之子留養教育，題材甚佳，而故事則顯然架空，攝製技術尚佳，配音亦清晰，勉可一觀。

體質

在大東樓下試磅體重並取得紀錄片，為一百四十九市斤，但著棉大衣、皮鞋、內衣等應除去。

3月27日　星期日　晴

師友

上午，到大上海飯店訪劉健夫兄，不值，其夫人云劉太夫人亦由京遷來上海，昨日到其寓所居住，至午始返，余贈以豆豉兩斤，略談即辭出。下午，劉健夫兄夫婦來訪，談因中央銀行青島分行經理奚勉之就蘇財廳長已半年，不當久懸，將運用地方力量謀接該行經理，但聞崔唯吾氏曾亦有此議，詢余對此事看法如何，余謂此刻赴青最好，崔氏曾有此說，但數月未實現，不知是否已成過去，容其由京回滬，余當探詢，或大家可以坦白商量進行云，劉兄對於中央銀行當局此刻之變本加厲的依附地方勢力深

惡痛絕，但又不干寂寞，以示本身並非無奧援之輩，不可
長此投閒置散云，余因不久移居而無鋪蓋可用，劉兄允借
被褥各一床，日內即洗就。中午廖毅宏兄來，同玉祥弟共
出進午餐，午飯後在會賓樓門首遇裴鳴宇議長，據云青島
于仲崑等特工勢力，謀在此青黃不接之交，攫取齊魯公司
利益，余將此意告之廖兄，廖兄對此事之基本立場為認為
青島各廠既不甘服畢天德、黎超海等之遙制，即需運用地
方力量，但仍不可違背財委會之立場，此言大致妥貼，將
俟虞克裕兄由台北來滬再行交換意見，虞兄乃財委會秘書
切身負責者也；晚與廖兄共餐，飯後並同到其所住之南京
飯店閒談，值青島有長途電話來此，謂蘇雲章協理代表
畢、黎回青，引起內外反響均不見佳，外間則報紙更攻擊
甚烈，可見此事乃極複雜化云，又啤酒廠由廖兄在此銷
酒，係委託店鋪承辦，銷出後貨款將買成美鈔帶回青島換
成金圓券發放工資，計在貨幣兌換上即須兩次，此中之出
入殊不在少也。在南京飯店訪畢圃仙兄，不遇，留字詢其
余以前託轉交之私章是否收到，又出席證在身邊，便中請
來大東一談並取去云，余之知畢君在此，係聞廖兄無意中
言之，余因訪尋渠之下落，尚正在函青島探問，不料今
晚於無意中得之，都市中之遇合有時未可預料也。劉光
普君來訪，留字，余竟忘其所告地址，欲答訪而一時有
所未能矣。

家事

上午，玉祥弟來談近況，渠因國防醫學院已全部遷

台，故提前分發到上海總醫院實習，現在先至外科為助手，工作極忙碌，對先輩醫師須小心翼翼，但認為係不可或缺之階段，余詢其有何需要，云生活上無何缺乏，只需再買蚊帳及臨時用之鋼筆即可，當給款照辦，又問其尚有其他需補助者，答謂均無，余所交款尚準備用後有餘再送還，余力阻之始止。

3 月 28 日　星期一　晴

師友

　　上午，到山東省銀行訪于錫川副理，託詢匯南嶽匯款匯水，據云須千分之二百六十，未免太昂，本擬交匯之款將俟有免費機會匯出時再行辦理，又在該行將所存余之小箱一隻打開檢視，全係紹南書籍，另有棕櫚皂三塊，余取出另存。晚，廖毅宏、段念祖兩兄來訪，悉虞克裕兄今晨由台到滬，齊魯事有須研討之處，余與虞克裕兄通電話約定明午晤談；同廖兄到慈昌里訪張志智兄不遇，聞已赴京開會云。畢圃仙兄來訪兩次，晚始相晤，據云明日即須赴京開會，余將代保存之立法委員出席證面交，私章則聞業已由馮有辰兄代為保存後轉交云。

交際

　　中午，劉健夫兄在大上海飯店請吃飯，在座尚有程子銘醫師，劉縵卿副理等。

娛樂

　　下午，到大光明戲院看「生死恨」，乃中國第一部

五彩影片，梅蘭芳、姜妙香演，唱白做全用平劇舞台之舊法，布景則採電影中之天然裝置，可謂別開生面，一小時半始畢，大致尚好。

意外

在二馬路一保定館晚飯，出門時不知其門係用繩拴牽，張開幅度不滿九十度，推之過猛，立遭反擊，右手中指破皮，服消發代安淨一片，防其發炎，因時晏未獲用紅汞塗抹。

3月29日　星期二　晴

師友

中午，廖毅宏兄來訪，並同出進餐，飯後到長樂路楊志瑩兄處訪虞克裕兄，彼方由台北來滬，對於齊魯青島各廠成立聯合辦事處一節，表示大為不滿，並堅持財委會之立場不能容許此等組織之存在，因財委會所屬公司極多，如此即可分崩離析也，余意此等機構之組織，應限制其所應過問之事，設能加以運用，其中所援引外力亦未嘗不可為財委會所用也，此則視乎如何因勢利導耳，虞兄對於各廠經營業務一節，亦因公司仍有在外埠者統籌之規定，故渠運酒六百箱在滬銷售一節，經畢天德、黎超海等向陳果夫氏報告，頗引起不滿，此事希望廖兄能赴台中解釋云，余對於公司當前之一貫看法為加強財務控制，營業如何經營均有可以管制之法，否則無論公司統營、各廠分營均不免顧此失彼也，虞兄對於余之不赴青島似有微詞，

但余有自知之明，因財委會從未付余以特殊使命，在青島過去情形已足使人啼笑皆非，此刻縱赴青亦不起作用，虞兄特說風涼話耳。晚，廖兄來談台中之行仍將等候回青後再往云。

交際

晚，應高希正兄之約到楊樹浦路吃飯，在座尚有任象杓君，飲酒頗多，八時半始返。

3 月 30 日　星期三　陰、晚微雨

師友

上午，到外灘廿四號中央銀行訪崔唯吾先生，並於談話間同到禮查大樓其寓所午飯，所談範圍甚廣，關於青島中央銀行經理問題，余告以劉健夫兄有意調任，但如崔氏仍有此意，即將打消，如無此意請發動協助，據云，此事已經由青市地方當局電中央銀行劉攻芸總裁力保，獲復謂如囑辦理，且劉氏已與崔氏談過，惟未言實現時期，可見事屬內定，望劉兄不必再進行，關於山東省銀行問題，代總經理石中峯任用新人全屬外行，曾力加勸阻，始稍有顧忌，副總經理一席，馮有辰兄未能擢升，而新人誰何至今未有確定，此行將來亦未敢料其前途；關於山東民生實業公司問題，據云推出叢芳山為總經理，意在請其將以前弊竇查清，以保股東權益，現在畢天德、黎超海時期之舞弊情形已為一般所知云；關於齊魯公司問題，崔氏並不贊成地方所成立之聯合辦事處，但認中央當局應知曾養甫氏

之不能再支持與畢、黎二人之不能再用，根本改善，並將
地方當局之力量納入，始為釜底抽薪之辦法云，此意在當
前非可容易實現者，恐結果仍以拖延之可能為最大耳，談
話間石光鉅兄亦至，即改談閒話，於三時辭出。

交際

　　晚，齊魯公司畢天德、黎超海在豐澤樓請客，在座
尚有中央財委會虞克裕秘書與樊中天組長，又有駐青憲兵
十一團楊、李兩正副團長，虞兄明日赴台灣，樊君明日赴
青島。

3月31日　星期四　晴

師友

　　上午，到大上海飯店訪劉健夫兄，談日昨與崔唯吾
氏所談中央銀行青島分行經理事，劉兄因崔氏已經內定而
只待發表，故不復積極矣，談頃同出訪友，先到愚園新村
二十三號訪裴鳴宇議長及馬伯聲經理，據談濟南二廠全歸
共黨政府管理，絕不取其產權，利潤捐獻，租稅自負，即
住宅亦然，實際為名存實亡，裴氏前數日尋余，託余洽詢
齊魯公司能否借用辦公房屋，余謂此事恐不可能云，午飯
在馬寓便飯，飯後同到中實新村訪孫光宇兄，留字，又到
辣斐德路訪張戟門、李公藩兩兄，均不遇，只與其夫人閒
談，張太太最為悲觀，認為山東最好能回，但聞已有惡霸
名單開出，故情形不佳，而長久留滬又不濟事云，李太太
則謂其濟南銀號已復業，反覺不堪拖累，聞此事出於號內

同仁維持生活之請求，亦屬無法可想，聞濰縣已經不准遷
出，似乎有準備鬥爭之模樣云。晚，到南京飯店訪廖毅宏
兄，不遇，即提早回寓就寢。

4月1日　星期五　晴

師友

今日領到上月下半月薪，往訪中央合作金庫汪茂慶兄，將託其優待匯衡陽轉南嶽濟家用，不料汪兄又赴南京，須明後日回滬，余改訪該庫信託部經理黃密兄，託以電話詢分庫匯水情形，謂須千分之二百，仍嫌太昂，乃辭出到山東省銀行，託于錫川副理詢其他銀行，亦同此規定，商量結果仍以等待汪兄回滬為宜，假定為下星期一一定回滬，則可將款拆出，日息可得千分之六、七十，亦可等待前日所拍致衡陽朱站長之電獲復，知該地洋價，談話間已十二時，據云下午票據即作次日價格，再遲即無本日之利息，而利息之高亦可駭人，完全由通貨膨脹而起。在省行遇其新主任徐其佑，博山人，談吐尚可。

看書

讀陳布雷回憶錄，係陳夫人影印陳氏遺著，分前後兩部，為自出生至卅二歲間之經歷，自求學至商報館止，所述多學校教育在清末民初之故實，又則家庭瑣細，而寫來婉轉動人，陳氏筆墨條暢，平實中有不平凡處，是其特長，書法亦遒麗悅目。

4月2日　星期六　雨

師友

終日降雨，無事在室內看書寫信，並至附近永安、先施、新新等公司看減價貨物，而南京路水流如小河，行

走極不方便，故稍稍軏延即返，傍晚，廖毅宏兄來訪，約同至會賓樓吃飯，飯後並回大東旅社二樓訪黃密同學，不遇留字，廖兄告云，青島傳來消息，蘇雲章協理到青成立分公司，所遇阻力甚大，據云各廠不承認其合法，地方當局亦竭力破壞之，事態正發展中云。

體質

下午忽腹痛，如廁，直腸覺下贅，有類痢疾而未排泄黏液，但至晚未再發，早睡休息。

4 月 3 日　星期日　晴

看書

續讀完陳布雷回憶錄，今日所讀為第二部分，係自其卅二歲至五十歲，此一階段所涉及者，家庭瑣事較少，而國家要事居多，惜乎有時似乎有所保留，如西安事變僅輕描淡寫而過，對於當時中央之處理與蔣夫人間之距離，文中曾約略提及，而內容則不詳也，又關於抗戰起後蔣委員長領導意志之堅強，卒能克服若干失敗主義人士之謬見，陳氏於此書中抒寫較多，此為中國抗戰勝利之要素之一，饒有歷史價值，總之此後半部殊多歷史價值之文獻也，又陳氏對人少有批評，但於侍從室錢大鈞與若干學人則不無微詞，可見乃切身所感觸者，又陳氏書法甚秀美，此書影印，初看似不甚清楚，但細看則纖毫畢露，較活字排印為親切有味。

4月4日　星期一　晴

師友

　　上午，接劉健夫兄電話，謂張戟門兄中午將到彼處，詢余能否亦往一談，至時即往，並留午飯，張兄談其在滬生涯為每天觀看市場風色略作股票等買賣，亦未必一定賺錢，且不能有一定方向，實等於投機與賭博云，即如今日之市場，即甚特殊，聞中央銀行拋出黃金五千餘條，以打擊萬元大鈔開始發行之物價漲風，故今日黃金不漲，銀元不漲，美鈔亦然，於是星期六做多者大吃其虧，反之因頭寸大緊，利息高至日息百分之十三，放利錢則大為上算，多數人在市場上翻來翻去，暴富暴貧所在多有也。下午，到南京飯店訪廖毅宏兄，並同到會賓樓共進晚餐，據廖兄云，在滬所見中央合作金庫職員風氣殊為欠佳，彼親見一組長身份者與舞女徵逐一天，用去五十餘萬元（相當半兩黃金）而無吝色，相當於兩個月之大學教授待遇，社會分配之不公平，殊為駭人，廖兄又云將向代銷啤酒之店息借款項到廈門買美鈔回滬銷售，聞有大利云。

娛樂

　　晚到天宮書場聽大鼓書，有墜子，單弦學京劇笙管，八角鼓，又山藥旦何硯樵、章翠鳳等之京韻大鼓，均甚好，最後為反串評劇，王寶蘭、高元均等主演，唱做亦佳。

4月5日　星期二　晴
居住
上午，畢天德總經理來電話，謂愚園路中實新村卅九號招待所已有鋪位騰出，余即告以下午二時移入，至時由庶務王為坊君牽車前來，即先到大上海飯店將借到劉健夫兄之鋪蓋取來，即行移入新址，住三樓，與彭用儀主任同室，二樓則畢與黎居之，晚飯及早飯由公司供給，尚便利。
娛樂
晚，同畢、黎、彭三君到杜美觀影，為伊漱蕙蓮斯所演「芙蓉春色」，演技甚佳，但游泳鏡頭不若在水蓮公主之多而精彩，配音則極精妙，范強生之歌唱亦極宏亮生色。

4月6日　星期三　晴
師友
上午，到塘沽路市府民政局訪李學訓同學，據云政局動盪，尚難逆料。到塘沽路及溧陽路訪徐軼千廳長，不遇，晚間通電話互相致意。到山陰路訪朱興良兄不遇。到南京飯店訪廖毅宏兄不遇。晚，孫光宇兄來訪，談山東來滬諸友人情形甚多，余贈以臘肉等。
娛樂
到皇后看電影焦鴻英演「美艷親王」，寫伶界故事，極入情理，演來亦尚有致。

參觀

　　看三毛畫展，有張樂平三毛流浪記原稿三百餘，又彩繪三毛數十幅，在場義賣，極有價值。

4月7日　星期四　晴

師友

　　晨，到大上海飯店訪劉健夫兄，道謝其借用被褥，因余前日前往取來時，彼不在家也。上午，到中國飯店訪任象杓兄，又到別發大樓訪董成器兄，均不遇。以電話與裴鳴宇議長聯繫，告以渠以前託余詢齊魯公司有無餘屋可以借用辦公事屬不可能，渠對於青島公司各廠醞釀不受公司節制一事之看法，認為係于仲崑等暗中策動，別有用心，事實或不如此簡單云。

瑣記

　　金圓券加速貶值，利息按本逐日加一成左右，複利計算，每週即對本一次，而公司待遇每月半及月底始發，較之待遇於月初發放者相差太多，故昨日到公司先借五十萬元，但上海現鈔恐慌，本票須向銀行換開，絕非一兩小時可以取回，支票則因空頭太多市面不能當日抵用，扣去利息一成，無異價值只值九折，本票與現鈔亦差一成，故此款昨晚始將本票取回，開支一部分後，今晨欲買銀元以保存價值，銀元比昨日即漲三成，太不上算，乃託于錫川君先行拆放，俟銀元價穩定後並換成現鈔再買，今日付修理鐘錶款係用本票，但雙龍表行無本票找零，開給支票，

持用到先施公司吃飯，又不照收，乃作為預付明日飯資，如此始行照收，但如明日物價漲高，此差額實即仍由余負擔矣，此種瑣碎事實說明今日通貨膨脹中，上海人在何等動盪情形下討生活，人人在金圓券數目上希望不被貶值，但掙扎之結果仍舊無人可以倖免也。

4 月 8 日　星期五　晴
師友
　　下午，到愚園路六六八弄博愛新村三號訪吳松生兄，值未外出，據云自離濟後即在中央銀行工作，刻擔任花紗布聯營處等機關之工作，晚間吳兄前來答訪，其夫人亦同來，孫光宇兄陪同前來。
游覽
　　下午，游兆豐公園，此為初次，園內西端有動物園，豢養禽獸有鴛鴦、雁、鸚鵡、家兔、雉雞、熊、猴等，有空籠者，想係動物已死亡，但無標籤者則應補加，此外則只有草地假山與人造池塘數處，花木亦尚不少，游人甚多，上海居民見此青翠之境已差可舒展也，盤桓至四時返。
瑣記
　　余所居為三樓，二樓則畢、黎兩經、協理居之，日常有若干事頗堪玩味者，如勤工之做事是否注意，均有輕重之別，例如早餐每人食荷包蛋二，蛋有包成滾圓者必較新鮮，反之必扁，大約圓者必屬於畢、黎，扁者則屬於彭

君與余，由此等處見勢力之見之不可免，至於室內陳設則
簡單與複雜相去甚遠，此等小事殊不堪置喙，但冷眼觀察
亦極足令人生感也。

4月9日　星期六　晴
師友

　　上午，到長樂路訪楊志瑩兄，據談財委會各事業機
構將在粵舉行檢討會議，聞中常會對財委會頗多不滿之
處，日昨虞克裕兄赴奉化，渠係前日由台北來滬，正分知
各公司準備資料，據云昨日曾由齊魯公司代為函達各單
位，但畢天德君昨日並未提及，亦可怪矣。上午，同楊志
瑩兄到匯中飯店四〇二號訪壽勉成氏，不遇，留片。又同
到交通銀行新廈訪趙棣華氏，趙氏對於齊魯各廠在青籌備
聯合辦事處事極為注意，余告以各廠意在對人，而財委會
則重在維持系統，此二事如何能接近而不兩傷，殊屬不易
云。又同到中國農民銀行訪趙葆全兄，所談亦青島各廠
事，余作較詳盡之說明，趙兄亦係本公司常務董事，相與
喟嘆而已。下午，到江西中路訪高成海君，昨日于錫川君
曾將余之上月與本月初薪水一部分原意為購成現鈔再買銀
元者，至昨因現鈔無著而銀元步漲，始交高君代買美鈔，
高君係以五萬四千買進者，較今日下午六萬行市已較上
算，但前數日極低，此數日雖有利息，但已瞠乎後矣，現
係以八十一萬元買到十五元，計可損失五元左右，惟前昨
兩日銀元之漲風亦屬特殊情形，今日投機性之風險太大，

在此情形下無論是否願意，均不能不或多或少的在投機生活中打轉也。晚，朱興良兄前來答訪，據云自脫離大中銀行後即就安徽農業公司總經理職，但以前經營不善，只餘黃金數十兩，如須再加整頓，即須增資，此事至今尚未有解決云。

娛樂

下午，到金城戲院看電影，為新片「影城奇談」，將若干影片剪接湊成，類似京戲十八扯，無聊之極，中國電影界此種偷工減料欺騙觀眾之行徑，殊應大加糾正也。

4 月 10 日　星期日　陰、晚雨

參觀

下午，到福州路上海市立圖書館參觀，卡片櫃以西文書較多，而閱覽室所陳列者亦以西文書為多，但均極舊，蓋租界工部局時期之舊症也，中文書則列於散架者為古今圖書集成一部，洋裝四部叢刊一部，雜誌報章不多，中西文者參半，而新到者尤罕，報紙有三月底之紐約時報，本日報紙只有上海、大陸報、申報、新聞報、中央日報、大公報等，觀者多而不敷分配，此外另有兒童閱覽室一間焉。

交際

晚，朱興良在山陰路寓所請吃飯，在座尚有大中銀行北平行副理李君，不日仍將回平，又有高希正兄，此外為劉世璞與孫霈崑兩君，皆已多年未見矣，談話極多而暢

快，九時始散。

4月11日　星期一　晴

師友

　　上午，到中國飯店訪任象杓兄，並與中國紙廠金總經理晤面，金君寧波人，多年從事於造紙業，中國紙廠現設於宜賓，業務部分在上海，而會計處長與研究處長亦在申，總務、工廠兩部均在川，余訪任兄在探詢王慕曾之消息，因上週在大東旅社居住時曾來訪未遇，余詢知其赴京尚未回云。

娛樂

　　到麗都電影院看電影，沈浮編導「希望在人間」，由上官雲珠、藍馬等合演，寫一抗戰時上海淪陷後若干愛國分子前赴內地之景象，尚入情入理而不悖謬誇張，不失為一佳片。

4月12日　星期二　晴

師友

　　日昨虞克裕兄約於今日下午在楊志瑩兄家晤面，余於四時前往，楊兄云渠正有他事，須五時後始來，五時餘通電話，余改至霞飛路思南路口泰山公寓四號訪談，其時有中央財委會朱秘書國材及興台公司籌備主任祝麟在座，旋又有該公司業務經理向實忠及香港亞東銀行余建寅同學亦至，相約共進晚餐，結果只余與虞兄到附近小館吃麵

食，至九時始分袂，今日與虞兄所談者為齊魯公司事，現在青島各廠一致反對公司由畢天德、黎超海兩人主持，並認為移出物資為二人之不光明行為，必要時將公布數目，此舉雖為對畢、黎二人，但結果必將使財委會蒙受影響，又廖毅宏兄數日前得虞兄同意回青島，到青後致函畢天德，希勿以市儈或官僚手段處理公司事務，畢曾以此信示虞兄，此舉廖為洩憤，不知是貽人以口實，極欠考慮也，至於公司情形嚴重至此，虞兄亦認為非釜底抽薪不可，故一面電約青島各廠廖毅宏、劉鑑、孫毅富副廠長等來滬面談，一面即將到粵與曾養甫董事長詳述利害，畢、黎二人必去其一，余認為焦點在黎，去畢不如去黎，同時更重要者為重新補派會計處長及總稽核，以超然立場控制其財務，其人選以楊志瑩兄為最適當，此點余與虞兄意見甚同，即朱國材君亦無異議，所不能預料者為曾養甫氏之是否一意孤行耳，余又表示余在公司毫無成就，已函果公辭職，倘有新命，亦絕不就，以使其他第三者以超然立場來主公司事務，虞兄等對譚嶽泉兄之富有正義感與曾養甫氏之不顧友誼均致喟嘆，此乃齊魯一重要插曲也。

娛樂

　　到大華戲院觀影，片為考爾門與葛利亞嘉蓀合演之「鴛夢重溫」（Random Harvest），美高美出品，此片寫一夫婦間之戀愛故事極為逼真，演來火候極適宜，配音亦清晰至極。

4月13日　星期三　晴

師友

　　下午到大上海飯店訪劉健夫兄不遇，據其夫人云，其姑母即財政部張國正會計長之太夫人在京病逝，將於明後日前往協治喪事云。晚，楊志瑩兄在長樂路寓所約宴，在座尚有汪茂慶、董成器、虞克裕、朱國材、余建寅、祝麟諸君，談笑甚歡，虞君將於日內赴粵，或先候齊魯各廠之廠長應約來滬晤談後再行動身，飯後同至惠中旅舍訪問陳克武算八字，十一時始返。

命相

　　虞克裕、朱國材等堅約請陳克武為余談命理，卻之不歡，亦即隨喜，陳謂余八字內土為特多，己酉重見，俱為食神，月支為辰，兩鳳夾一龍，恐有色星，日時兩支，卯酉相沖，於子嗣有剋，故最多有兩子，至於流年，則廿五歲時為魔窟運，極不佳，卅五歲交甲，漸有轉機，四十一歲子運，此後財運特佳，凡二十餘年富貴，為人節約而有財，無悖入悖出，而心地窄狹，遇事認真，故於仕途無緣云云，其所述大體相符，又為汪、朱、虞諸兄所談亦不甚離，可異也。

參觀

　　到大新公司四樓參觀上海美術作家協會聯展，作品凡數百件，琳瑯滿目，余所認為滿意者有郁風之油畫，龐薰琴之水彩及油畫，劉開渠之雕塑，麥桿等之木刻，均有極富意義之表現，又有張乃鶴作大幅油畫，寫一母親滿含

富有自信之目光向前眺望，其子女則繞膝，一犬隨側，題
為「真理的保衛者」，意味深長，木刻中亦多力作。

4 月 14 日　星期四　晴

交際

劉健夫兄之姑母，財政部張國正會計長之母在京治
喪，余通知齊魯公司庶務代送輓帳，即派人交至大上海飯
店劉健夫兄處，準備其赴京帶往，晚黎超海協理告余業已
照辦云。

家事

振祥弟由山東省銀行來電話，謂押運貨物搭通安輪
來滬，在佘山海面遇擱淺，其眷屬及役欒廷仕均在內，正
設法拖駁中，渠今日與另一同事設他法先行來滬，因數日
焦勞，業已疲憊不堪，故今日先充分休息，余約其明日到
愚園路住處相晤，渠今晚住於何處尚未定云。

娛樂

晚，應彭用儀主任之約同畢天德、黎超海諸君到滄
洲書場聽說書，亦即彈詞，有「三國」、「十美圖」、
「玉蜻蜓」等，因全用滬語，幾於完全不懂，彼三人亦
然，未終場即相偕而返。

瑣記

金圓券之貶值，早晚已市價不同，昨日銀元曾高至
十萬元，今日回至八萬五千元，故現在用錢須先將銀元換
出，即以所得之鈔券完全用出，否則續貶，因而腰中有時

不名一文，反有窘迫之感焉。

4月15日　星期五　晴
家事

　　晚，振祥弟來談此次由青到滬之經過，其所乘為第十一綏區所包用之輪船，裝載廢鐵來滬出售，另有麵粉一宗將運台灣出售，彼本人調滬服務，現在待遇尚可維持，船到佘山後擱淺，渠與另外十餘人乘救生艇轉登陸艇來滬，該輪尚待去船拖出，聞日內即可到滬，此次來滬係包船，故將余全部書籍衣物均行帶來，並無運費負擔，刻父親在青，昆祥弟亦在，生活已略加安排，或可支持半年，又欒役廷仕隨來，如能在購銷處安插，或亦可維持云。

娛樂

　　下午到新光戲院觀新片「喜迎春」，由張伐、黃宗英、威莉等主演，寫光明與黑暗勢力之奮鬥，雖當時未必勝利，但促成群眾力量之生長，最後終必成功，主題尚佳。

4月16日　星期六　晴
游覽

　　下午，到復興公園游覽，其地界於復興路環龍路之間，舊名法國公園，余曾游一次，地面不若兆豐公園之大，而花木扶疏，假山水石，亦饒情趣，其東偏為動物園，買票入內，有熊、豹、兔、鹿之屬，又有大雞、雉鴿

之類，種類亦不若兆豐公園之多，但養豢情形似較該園為有條理，在園盤桓一小時，南門進而北門出。

娛樂

下午到九星戲院觀新越劇「鳳求凰」，沈群導演，袁雪芬主演，取材於司馬相如與卓文君之戀愛故事，凡七幕，第一幕為文君新寡，寫在翁姑約束下之幽怨，第二幕為宴晤，寫卓王孫宴客，與相如隔簾彈琴，第三幕月下琴挑，相如與文君初次幽敘，第四幕相如燕居文君來奔，第五幕生計維艱，鬻衣以活，第六幕開臨邛酒家，文君當爐，第七幕紡紗自給，恩斷義絕，全部用話劇手法，唱白亦多採紹興官話，大致可以聽懂，演出成績極為美滿，綜其特點，約有以下數端：一為燈光極優美，且能隨劇中主角移動變化，較之話劇誠不多讓，或且過之，二為伴奏樂器有二胡、月琴、梵亞鈴等，尤其短笛最佳，唱時固佳，而做時亦能配音增加效果，三為服裝新潔，有若干水袖功夫與身段台步極為美化，余所坐在中排，感覺尤佳，將畢之時在前排得見演員化妝較清晰之面目，唱白亦較清晰，但對燈光之鑑賞尚不若後排，全劇三小時始終。

瑣記

都市中生活可極費亦可極省，宿舍無中飯，今日本應換出銀元外出用餐，但余試以最低廉之方式果腹且游觀，居然左右逢源，余今日只有金圓券一萬四千元，市價一客飯即需一萬五，或銀元一角，余午食麵包四隻於公園，費五千元，越劇美而廉，費六千元，另三千元為往返

電車，竟將週末打發矣。

4月17日　星期日　雨
師友
　　下午，趙葆全兄來訪，所談多農民銀行事，趙兄因該行李總經理出國療病，須代理農行職務三個月，認為在時局極其嚴重之當前情狀下，任重道遠，並謂現在正規的銀行業務，全無可為，乃金融上最大之危機，蓋存款由於幣制步跌無人上門，放款無力承做且不上算，匯兌亦由於幣值關係多由商界做銀元套匯，銀行匯水既高，稍有遲誤即使顧客蒙受損失，亦無人敢於交匯，又通貨膨脹至今日之階段已經山窮水盡，現鈔恐慌至銀行發薪亦須用票據，殊為駭人聽聞，又云農民銀行待遇較低，一協理不能用兩公役，此情形為他行所無云。
職務
　　晚，畢天德總經理來談公司當前與各廠之問題，謂中央財委會派樊中天君到青調查，已於日昨歸來，並偕同廖毅宏、富良澐、劉鑑、孫毅四廠長同來，青島各廠聯合辦事處已於動身來滬前取消名義，但對公司仍要求業務獨立及籌給周轉資金，虞克裕兄明晨赴粵，將與曾養甫董事長商量解決辦法，行前約畢君與俱，畢將於三、四日後動身，謂在公司勞而無功，反引起各廠長之反對，深為灰心，此次赴粵將請求引退云，余謂到此步田地何能脫身，望勿再談，余意即謂公司已至末路，殊無人願為此打掃垃

坆之工作，且渠之是否幹下去，實與余說不著也，畢君又談各廠攻擊其本人之資料尚有貪污一點，此則應請財委會澈查，畢今日所以有此表示，或係由虞克裕兄之態度上窺知，因此次虞兄赴粵，對公司前途必大有一番建白，渠亦遂有追蹤而往之意也，又談及董事會開會問題，謂去年決算表冊已由台灣逕行運粵，曾董事長意開會應擇董事人數較多之地，則此地點應為上海，惟余則認為半年來未曾開會，設開會而董事長不到，當無何等作用可言，故主張應在粵舉行，即改為常董會亦無不可，畢謂渠亦同此見解，並謂希望譚嶽泉兄亦能參加，則實為一番鬼話矣，畢君又談及公司內一小事，即于可長君升為營業處副處長後，在台灣負責聯繫貿易工作，最近各廠醞釀業務獨立，渠由台函橡膠廠介紹上海方面之代理商，廠方即以此為理由攻擊公司本身人員之無行，畢君亦對此表示不滿，因于君身為畢等之部屬而向廠方送秋波，無論動機是否純正均屬不當也，據謂已與虞克裕兄等商量，將予以處分云云，齊魯公司事在畢等領導下往往有匪夷所思如此類者。

4月18日　星期一　雨

職務

下午，到大東旅社訪廖毅宏兄不遇，晤其同室居住之橡膠廠副廠長富良澐君，據談廠方生產已感困難，但成品銷售不能將資金迅即調回，遂益覺不易支持，故感覺由公司統銷之不妥，現準備銷貨求現云，余未表示意見，僅

謂在不致受外力影響之原則下，將公司與廠間之關係澈底
加以檢討並改善，事屬必須云，此外所談皆為閒話。晚飯
前忽接公司送來公函一件，係用董事長名義加蓋官章通知
各董事，明日下午四時舉行董事常會，此事突如其來，旋
畢天德總經理即來說明，謂昨日所談尚希望在粵開會，今
日接廣州褚保三處長來電，謂曾董事長意，望即在滬舉行
常務董事會，將去年決算通過，送粵提出財委會檢討會，
此次常會可請孔董事士諤主持，畢已與孔及趙葆全兩人接
洽，將時間規定如上，下午因余外出未得先行交換意見
云。余未表示任何意見，蓋此等舉措無異將各常董視為傀
儡，迄今尚無人見此決算書，明日即將在數小時予以合法
承認，後日即由畢到粵報告，實為兒戲之至，至於開會尚
有不在滬之常董根本不予通知，亦不妥善，又核定決算乃
董事會之職權，常董會何能擅專，凡此皆不思之甚者。

瑣記

　　因通貨膨脹造成之物價高漲與現鈔缺乏，愈演愈
烈，余前日領到之上半月待遇，除買美鈔十元外，尚餘
二十餘萬元，皆為票據，其中有支票十六萬元，持向先施
公司購物，謂銀行本票可收，支票則恐有退票情形，虛耗
利息，且手續麻煩，商量通融則請出示身分證，值余未
帶，乃決定用送貨辦法，取款時支票收取將來可以對證，
余乃將地點開出為四川中路齊魯公司，晚間即將此事託黎
超海協理屆時代為收貨取款，但貨款只十一萬餘而所持支
票為十六萬，故又須先行拆開，其麻煩可知；又於回寓時

身邊無現鈔，勢不能乘坐電車，無已乃將本票五萬元向永安公司買糖三磅，適找回四千餘元，以之作為車錢，以本票購物自然較為便利，但仍須將地址寫於背面，市場情形真可慨也。余今日在先施購物時，標價與第一次往看時，相距不過半小時即加為百分之二十，至於一面購物一面即行改碼，更數見不鮮，至於現在一般人取得現鈔之方法為以銀元換進，此項現鈔皆為新印，皆財政軍費發行云。

師友

　　下午，到九江路交通銀行儲蓄部訪吳柏芳兄，閒談，彼眷屬均在滬住交通宿舍云。

4月19日　星期二　晴

師友

　　上午，高希正兄來訪，余將所贈豆豉兩斤交其帶回，高兄談及中央合作金庫方面本有意調其為上海信託部副理，後又改變辦法，為使信託部可以機動進退，將不直接經營業務，而在滬成立辦事處，即使共產軍攻至上海亦不退去，此辦事處將以渠為主任，詢余能否接受，余謂如渠決定不再離滬，自無不可接受之理，惟信託業務最易滋生流弊，用人之監督最關重要，聞合作在滬服務人員花天酒地揮金如土者，實繁有徒，此點決不可不慎之於始云。

職務

　　下午，四時在四川中路六六八號八樓舉行常務董事會議，此會議為一急就章，昨日臨時通知，各常董等於出

席扮演，而代曾養甫董事長為主席之孔士諤君亦在事先一無所知，臨時在會議上勉強作成各種決議而已，故會議之無聲無色，自在意中，出席者除孔君外惟余與趙葆全、畢天德二君，列席者協理蘇雲章、黎超海，首由公司方面報告業務財務，與年初春間舉行應變之經過，又由新近由青島回滬之兼青島分公司經理蘇雲章報告在青與各廠發生糾葛之原因經過，與各廠不遵公司規章，自行處理事務之種種情形，對於各廠長抨擊極甚，討論時有一議案為各廠請求外埠業務自行經營，與請公司撥給資金應如何辦理一案，余發言較多，認為此中有一根本矛盾，即公司對各廠將來是一是二，不但各廠對此不能瞭解，即公司亦無基本態度可言，當初公司統籌財務之重要性，曾經董事長再三言之，今日如二者皆予放鬆，則公司尚有何業務，況業務與財務相輔而行，今勉強分為本外埠，財務亦因之割裂，宜其糾紛不已也，最後畢表示目前欲再管理各廠，自承已不可能，故亦只能委曲求全，孔君謂外埠業務仍應由公司辦理，資金要求由公司與各廠洽商辦理云，此外要案為關於去年底之決算一案，畢表示曾董事長希望能由畢明天帶粵，余聞言大為不懌，認為時間不許可審核，只可原件轉監察人會，但孔君又堅主應照例加以審核，作為三人均核過，但由余稍微持重一點，且不限明日帶往，余遂未言其他，散會時畢表示辭職，咸予以辭令上之挽留，七時散。
交際
　　中午，汪茂慶兄在錦江請客，在座尚有任象杓兄及

上海法政學院吳、曹兩小姐，二人均態度自然，落落大方，飯後約定晚在逸園餐舞，余卻之不果，至時亦往，此地完全為交際場面，舞池極大，參加者皆有身分，余所習之舞步早已忘卻，經堅促後請吳跳慢四步兩次，並承告以缺點，甚扼要，十時散。

4 月 20 日　星期三　晴

家事

上午，因到飛機場送畢天德君赴粵，轉道至瞿真人路探望振祥弟婦，又到其同一弄堂內探望玉祥弟婦於其母家，並拜訪翟香圃太太，先據振弟婦云，翟家表示余及振弟均已先後來滬，則玉弟婦母子不能長久倚翟氏過活，故余訪翟家時曾道謝意並表示以後當共謀辦法，此項措辭甚為不易，因翟香圃乃玉弟婦之胞兄，若論親屬關係，玉弟夫婦二人雙方均無親疏，故言語上深淺頗有不易也。

參觀

下午到南昌路中法協會看上海市春季美術展覽會，其中西畫只佔小部分，餘多為國畫，間有少數書法作品，大致言之實無傑出貢獻，而仕女畫則尤劣，非妖姬如月份牌，即屬牛鬼神蛇，對視覺極不愉快，但又有一部分象牙雕刻，字極纖小，寸幅見方可容金剛經，非用火鏡不能細辨，亦屬奇技，此外都冰如之豔料中國風的圖案畫亦別創一格也。

師友

　　到南昌路訪孫家祺兄，不遇。晚應汪茂慶兄之約在泰山公寓便飯，余腹脹食少。

4月21日　星期四　晴

師友

　　前在山東省銀行之濟南辦事處主任張鵬萬昨晚來訪，值余外出，今日乃通電話約其到大東旅社廖毅宏兄處借地一談，據云，濟南共軍種種表現已不若初到時之為一般所贊成，最重要者為心口不一，且有若干措施使人仍不免於恐怖，彼因不願在其範圍內工作，故輾轉至青島並來滬一游，日內仍將返青謀一職務，余允函張會計長景文設法，又云，德光弟參加銀行後，已奉調青州擔任城內辦事處會計員，其總行亦在青州，至濟南余之住宅已託趙季澄副理代為保管居住云。下午到大東旅社訪樊中天兄，不遇留字，又訪廖毅宏兄，閒談此次公司董事常會之經過情形，廖兄因大戰復起，南嶽未必能保持秩序，有意移眷至台灣居住，余亦頗贊成，但此刻交通不易暢達，同時將來接濟未必甚易，故尚費考慮云。

交際

　　晚應汪茂慶兄約在逸園餐舞，余仍從吳玉珍女士習初步步法，並試慢華爾滋舞，在座又有劉德明女士，亦法政同學，請舞慢狐步一次，劉初次晤見，人極活潑，儀態頗佳，但較之吳女士之雍容華貴，談笑自然，切合都市閨

秀身分，又遜一籌，與此等女性為普通交際極有意義也。

4 月 22 日　星期五　雨
體質

　　余自此次抵滬以來，因飲食上種種不能十分調和，致腸胃時感不舒，昨日覺腹內微有脹痛，乃服瀉鹽一劑，一小時後即生效，水瀉兩三次，除第一次外，幾乎全係水分，今晨如廁所排泄者亦同，而腹內僅略覺輕鬆，似乎根本問題尚未解決；此外與飲食另有一事所關極重者，即自去春洗牙一次後，漸覺牙之病象日露，近數月來右方臼齒有一絕對畏懼較硬食物者，最近即咀嚼米飯或麵包亦感力有未逮，故實際負擔已全部加諸左方臼齒，此外全部牙齒俱不能接受稍熱或稍涼之水漱口，必須微溫者始可，否則立感痛楚，凡此皆足為後患也。

4 月 23 日　星期六　陰
師友

　　上午，到大東旅社約同廖毅宏兄到朱葆三路湖南省銀行，訪彭先河經理與朱步雲副理，二人均知余為以前皖、魯兩省行主管人，極表親切，關於湖南匯款事以前曾由程度君代為託匯數次，均蒙優待，余並當面道謝，現在金圓券匯款絕不上算，因據報長沙銀元價格超出上海甚遠，又以前廖兄曾託其轉介紹湘省商人承辦銀元（孫頭）匯款，曾以美鈔八十元折成小頭銀元百元，在長沙解付，

今日請兩經理再行聯絡，謂亦因長沙銀元價報高，又因湘省銀元不分大頭小頭，故只能匯銀元一種，今日若以美鈔交匯，須百元美鈔在湘解付七十元銀元，因太過吃虧，故決定稍後再辦，同時將來如有赴粵機會，能由粵前往亦可也。

交際

中午約汪茂慶兄及吳玉珍、劉德明兩女士便飯，飯後同至汪兄處閒談，晚飯俞銓君在仙路易約吃西餐，飯後至逸園茶舞，余之慢狐步已較熟，正續習慢華爾滋，尚不能完全正確。

瑣記

國共和談破裂後，局面急變，今日下午所聞消息極不佳，故亦影響市面，因市民多準備現款購物存備恐慌，故銀根奇緊，拆息高昂，銀元、美鈔之價亦不能上漲，尤其美鈔本應高於銀元至少五成，現在最多只能平掉，余自抵滬後所領待遇皆為票據，以之購買銀元極為吃虧，故均買成美鈔，以待善價，不料事與願違，美鈔只跌不漲，於是仍設法等待，同時零用不繼時，則將僅存之數元銀元於必要時賣出，至現在只已僅餘兩元矣，又此種以銀元保存價值之方法必須採突擊式之消費始可不致吃虧，即於換開時即刻用完，但有時囊空又感覺十分為難，殊無善法可以兩全，此即通貨膨脹之威力，使任何人均只可以避不可以免也。

4 月 24 日　星期日　陰、夜雨

職務

　　中午，公司黎超海協理與余及彭用儀主任談時局嚴重下之應變問題，謂曾董事長曾來電指示公司重心移台北，但未取出原電，黎意殆即謂彼將赴台北也，繼討論各項措施，決定在滬之物資與文卷剋日向台、粵疏散，能盡量減少最佳，公司職員現不滿廿人，有自願疏散者即發遣散費三個月，其計算方法因本月份按銀元計算之實際待遇不若年初第一次疏散時之多，故准予通融改照當時之銀元數，合現在之金圓券發給，將來在滬之寫字間留專門委員徐培英，準備始終不離，率同一部分職員工作至最後一日，高級人員則即刻登記分赴粵、台，余對兩地均有前往之必要，故已由公司向兩方之交通工具分頭接洽，因台灣手續較繁，或即先行赴粵港，再做進一步之打算，又黎君談公司有外幣萬餘元，非十分安慎之人員不敢令帶，余即主張可由三數人分帶，為避免內外誤解，應訂立共同手續，藉昭公開云。

家事

　　下午，玉祥弟來談上海總醫院奉令遷桂，但院方不作此項打算，現僅在百老匯路覓定房舍，以便由江灣移入，下午振祥弟亦來晤面，談其購銷機構因局勢不佳，上海單位恐已不能成立，仍將調往台灣，其本人因內部人事複雜，有脫離之意，余則認為仍以赴台較佳，蓋此項機會至為不易也，若眷屬不能同去，即居滬亦無不可，郊外治

安欠佳，不妨將重要物件移至市內存放，玉弟亦是此意，二人並勸余愈能早走愈佳，余亦同意，余自內戰再起，雖感不宜再行居滬，但亦覺不必慌張，故非今晨黎君提及他往之話，竟未作任何準備也。欒役廷仕到滬後本將由振弟介紹入其服務機關工作，現因計畫變更，故今晚來談仍願赴湘隨余眷屬進退，余即令其準備一切，並先往北站查觀交通情形，以便決定攜帶若干物件，並準備銀元帶往應用，包括由滬抵湘之旅費，

師友

高希正兄來電話，謂中央合作金庫信託成立辦事處以彼為主任，決定明日交接，彼恐大局急變在三數日內，又覺不必多此一舉，有意改為月底，詢余意見，余意上海在月底以前諒尚不至被陷，能至彼時觀望再說自然亦好，但實際上恐仍將不免於接收也。

職務（二）

十九日董事會通過審查之齊魯公司去年度決算，會後仍先送余處，余於今日略看一過，並將重要數字抄錄，在封面上寫一「核」字，即交公司另轉孔、趙兩董事會同蓋章。

4月25日　星期一　雨

師友

今日終日大雨，未能外出，僅以電話詢問友人消息，計通話者有劉健夫兄，昨日移居大方飯店與其濟南同仁在一處居住，便於聯絡，並謂此刻實已無處可去，故只好在滬靜住而已，又與崔唯吾先生通話，據云中央行支配若干人赴台，崔氏在內，行期未定，行時準備舉家前往；又高希正兄來電話謂今日開始接中央合作金庫信託部之交代，人員照舊，支持危局，頗不易易。

家事

欒廷仕役來談今日赴北火車站看交通情形，認為上車不易，聞杭州更擠，故如赴湘，物件不能攜帶太多，振祥弟謂如該購銷處有船赴台，可以由台轉往，其意亦在便中照料眷屬，余認為稍延數日亦不妨，因大局之影響於浙江者是否嚴重，一二日內必有分曉，設能稍穩，則再行不遲，否則恐已不及，又赴湘須帶款，現在美鈔換銀元須打七折，美鈔甚於跌去一倍，如此兌換，太過吃緊，稍候或能上算，又欒役云，振弟之眷屬原則上必須隨行，因在滬無自營生活之能力，郊外居住尤覺困難，故振弟如能受有職務居滬，最為理想，余亦同意此項看法，即囑轉告，余昨日主張單人亦可前往者，係未思索細瑣問題之故也。

4月26日　星期二　晴

師友

上午，到中央合作金庫訪高希正兄，渠已接任信託部留滬辦事處主任，事務紛繁，家居楊樹浦，在變亂時期不甚安全，故將重要物品遷至大東旅社，其本人亦在大東居住，將來無論如何變化，決定不再離申，高兄之看法為如遷居，除台灣外則他地全同，不必多此一舉，實際自海軍相繼叛變後，已經無法控制海權，則台灣亦與內地何殊，故根本不移，等候局勢之轉變，或尚係一勞永逸之計，所須設法防止者，則砲火與搶劫耳；合庫友人甚多，今日晤遇有黃密、閻鴻聲、馬懷璋等，均已買船票將行，汪茂慶兄未遇，但聞亦定好船票云。在合庫用午飯，並託希正兄代為注意設法買船票赴粵，因余在此無任務，不願久留也。

家事

上午，玉祥弟來，昨日曾至瞿真人路晤振弟，主其去台，今日係為余送卡斯卡拉藥片一瓶。

娛樂

下午看電影「哀樂中年」，桑弧編導，石揮、朱嘉琛、韓非、李浣青主演，故事在著重寫中年人之心境，極輕鬆平凡，但深刻而有回味，若干小情節之穿插自然，亦見作者頗費心思。

攝影

下午，在漢口路寶芳照相館拍壹寸半身照片，定印

六張，準備為乘船搭機之用。

4 月 27 日　星期三　晴
雜記

　　午睡時公司職員張延齡君來，謂今晨黎超海協理臨時有飛機票已啟程飛穗，明晨尚有一機會，詢余與彭用儀主任何人先行，余謂請回公司先詢彭君，設不能詢到時，即決定余先行亦可，至晚張君將機票送來，並約定明晨五時半動身。余於下午值巒廷仕役來時，將物件整理就緒，余只留較輕便者，其餘較重者交巒役帶回振祥弟處存置，計為冬大衣與毛毯各一件，又舊鞋之類，此外新置交德芳、紹南用品，則亦交巒役剋日由鐵路送南嶽，並付以美鈔四十元做為旅費及買物之用，余復外出取德芳手錶，尚未修好，即託隔壁孫光宇太太明晨交巒役，又振弟今日來電話余適外出，接往時又謂不在，但應告事余已寫交巒役帶回矣，晚間訪孫光宇兄託存瓷器一全箱，乃一百卅五件全席所用，殷師葛君所贈，余尚未啟看內容者。

4 月 28 日　星期四　晴
飛行

　　五時起床，叫祥生汽車一部，五時半由愚園路出發，過福履路約同張延齡君，前往龍華飛機場中央航空公司等候飛穗之客機，直候至九時許始將手續辦完，登五三七號飛機，於九時半起飛，機中有沙發座位，共

二十一乘客，有咖啡、紅茶等飲料備客自行取飲，但無食品，在離亂中如此已大不易矣，十二時半到廈門，下機中餐，食物供不應求，僅買得土司白搭兩片而已，廈門氣候甚燠熱，幾乎不耐，午後一時半續飛，三時三刻到廣州機場降落，氣候之熱與廈門相似，在機場欲以電話與公司聯絡，始終不通，乘航空公司交通車進城，因其問訊處職員能操國語，攀談後得公司之大略方位，即雇人力車前往，幸不甚遠，而車夫用粵語，不能對談，到後由公司公役酌量路程付以車資，並囑到航空公司將起票之行李一件取來，在太平南路白宮酒店三一四號下榻，晚飯與畢天德總經理在附近飯店吃飯，並由何君參加，因能操粵語也。

采風

余初次到廣州，為生平接觸華南風物之始，第一特徵為春季即開始過夏，街頭完全夏裝，比上海約差一至兩個月，廣州街市甚繁榮，且有若干現代建築，市房有一特點即人行道上之二樓多有頂蓋，必係雨多所以便利行人，入市時有一大街，金店接連數十家，又有一街，所謂女子美容院亦接連數十家，皆為在他處所未見者，而國語不能通行，似又非大都市所應有，至金融紊亂則更可觀，交易用港幣，於是銀洋、金圓券與港幣之折合極為複雜，極光怪陸離之能事。

4 月 29 日　星期五　晴

師友

　　上午，到中央合作金庫訪謝哲聲、楊善楨兩同學，均已十年以上未見，楊兄未獲暢談，謝兄則僅發洩其數年來對中央財委會貢獻意見未蒙採納之牢騷，對朱國材秘書極不滿，謂其發財出國，對虞克裕兄之接任其職則尚不知之，其實虞兄久已在粵，其隔閡也如此。在中央合作金庫樓上訪尹樹生兄，據談已隨總庫移來兩月餘，刻眷屬一部分在桂林，一部分在此地，談頃適遇衡陽該庫分理處謝源龢主任字原禾正在該處接洽公務，因談及湘省情形，據云湘西問題已緩和，惟將來恐大戰波及湘省時，則衡陽、桂林均為軍事要衝，故心目中頗以為南嶽乃一適當之避難所，其眷屬或由衡陽送至南嶽居住云，亦可供參考。

職務

　　本擬今日往東山見曾董事長，下午往公司詢之畢天德總經理，謂今日已赴九龍，但昨日尚未聞悉，只好將來到九龍相晤矣，下午彭用儀主任與姚士茂副處長亦聯袂由上海來穗，晚與畢君及廣州辦事處褚保三處長同在新四川飯店吃飯，閒談上海當前情形。

瑣記

　　今日在謝哲聲兄處遇以前同班同學邱有珍君，說話大聲大氣，儼然一舊官僚，聞現在母校服務，身懸立法院證章，蓋一流亡立委，以上國人身分來粵者也，余猛憶五年前在界首相晤，彼偕其夫人陳祖箴女士由葉縣到界游

玩，陳與德芳乃同學，陳入社會後頗負豔名，廿年前在濟曾相遇，甚為動人，在界時所見則已殘花敗柳，為之低徊矣，甚矣青春之難再也，反顧自身今日侷處嶺南，前路茫茫，回首廿年光陰付之流水，只贏得兩鬢斑白，每逢花辰月夕，徒增老大之怨，遇有青春活躍之女郎時，輒覺已成過去一代，廿年矣，恍如一夢，人生真朝露也。

4月30日　星期六　雨、下午陰
師友

下午，到財務委員會訪虞右民兄，據談齊魯公司事已於回穗後與曾養甫氏交換意見，曾對畢天德同意更動，對黎超海則袒護仍甚，即畢之繼任人選亦無適當者，故談話並無結論，惟對於會計處應派處長一事曾氏認為切要，但虞兄向徐副主任可亨提出楊志瑩兄時，徐以大中銀行不歡而散時對楊兄成見甚深，不予同意，因而擱淺，結果對公司如何改善，仍屬一無成就，僅於如何應變已電曾氏送計畫，又虞兄認為余與曾談話應極慎。訪姚大海委員不遇。

娛樂

晚在樂善戲院觀袁非非舞劇團表演，凡十餘人，袁舞技極高，其餘則不足觀，劇本亦劣。

5 月 1 日　星期日　陰

交際

　　下午六時，到新亞酒店八重天參加齊魯公司同事蘇曾覺與劉南君女士之結婚禮，執事人等以公司同人為多，新人則同在公司服務，一政大畢業，一齊魯畢業，皆學經濟，以論婚配，自然相當也，今日到來賓七十人左右，入席凡七座，菜餚豐盛，聞為每席港幣二百元，合銀元廿餘元云。

采風

　　今日星期無事，閒步於長堤大馬路一帶，並涉獵若干店肆，見此間洋貨之價均較上海低廉多多，且多只及其半，尤其化妝品與尼龍絲襪、鐘錶等為然，而現成新西裝有五、六十元港幣即可購買一襲，合美鈔不過十元，不及在滬製衣手工之半數，至於若干西洋花色旗袍料，均不過合銀元一兩元，聞因皆係香港走私而來，而香港則自由港也，又余見店家所用貨品名稱，有若干皆由英文譯音而來，如領帶稱呔，又有謂車胎亦稱呔者，商標稱嘜，出租汽車稱的士，襯衫稱恤皆是，但有用粵音譯成漢字與國語大相逕庭者，則往往不解，至於普通常用字之發音，余所知尚少，今日只知讀「萬」為慢，讀「元」為門，因交易中皆如此說也。

5月2日　星期一　晴
居住

中午，公司派李君協同來移居於東山竹絲崗橫路二號三樓所賃之宿舍，甚軒敞，但距市區甚遠，交通不便，且聞入晚行人稀少，輒有路劫，非有汽車不敢出門，同住者尚有畢天德、黎超海、褚保三、彭用儀、趙士茂諸君，晚飯後同出散步到東山廟前街壘崗另一職員宿舍晤及孫、曾諸君，並啖新上市之荔枝，因採取尚早，皮未全紅，頗帶酸味，據云十餘日後當更佳美，余於新鮮荔枝向未嘗過，覺甚鮮美，但聞多食有火不相宜云。

5月3日　星期二　晴
種痘

因赴香港須有黏附相片之牛痘證，乃於上午到中國旅行社內海港檢疫所種痘，並取得證書。
旅行

余此次到粵後曾董事長已經赴九龍，在禮節上應前往一談，昨日定船票赴港，今晨將船票取來，為民生實業公司之石門輪特等艙，下午九時上船，同行者彭用儀主任，送行者畢天德總經理與褚保三處長，登船在入口處有海關檢查，查後上船，余所居為特等艙三號B床位，共計兩舖，設備有床係彈簧，床頭有閱書用燈，另有洗面台，有水瓶裝紅茶，有電風扇，有掛衣櫃，有寫字桌，十分完備，船於十時開行，係先上水至白鵝潭而後下水。

5 月 4 日　星期三　晴

旅行

　　石門輪晨三時許即入港埠，七時醫務人員檢查牛痘證，八時靠三角碼頭，並無任何其他檢查手續，即行登岸，黎超海協理來碼頭迎接，即至尖沙咀輪渡碼頭（Star Ferry）過海到九龍漢口道德鄰公寓居住，余住於二樓二百十六號，設備尚可，入夜外有機器聲，固定而間歇，時時不能酣睡，又九龍雖無蚊蟲，但公寓床上似有臭蟲，夜間擾人亦甚。

職務

　　上午，同黎超海、彭用儀二君到界限街140號見曾董事長養甫，曾氏病又有轉機，但大體言，已不如去年秋季在申之時，談公司情形，對青島各廠及財委會均多牢騷，謂彼未支用公司錢財，未得何好處，而各方如此不諒，殊為痛心，並謂畢、黎二人任勞任怨，代其負責，今日焦頭爛額，深覺對二人不起，彭君謂畢君大可從此卸卻仔肩，曾氏謂須其本人辭董事長始可連帶辭去，蓋表示共進退也，余謂此刻內部應以息事寧人為第一著，不宜再出問題，至於財委會向所屬各公司提款，蓋亦出於無奈，未必是故出難題也，余詢曾氏以現在公司董事到穗者多，半年未開之董事會是否有召集一次之必要，渠謂無事不必開會，開會徒然引起各方之注意，云云，綜合曾氏之意見，完全先入為主，而且剛愎到底，其偏執之深亦猶其身體之陷入病態也，談共一小時許即聯袂辭出，余表示意見甚

少，而聽渠所談為多，蓋亦意料中者也。

游覽

下午，同彭用儀君到亞東銀行訪余建寅兄，又同到上山電車搭乘至山頂散步，山頂海拔一千二百呎，故甚涼爽，而山側路徑平坦，游散最為相宜，約一小時下山。

5月5日　星期四　晴

家事

晨，到上海街三一六號四樓探望姑母、姑丈與姜慧光表妹，所居之地甚狹，為月租為港幣五十元，姜姑丈每日外出代人買賣花邊，故余往訪時並未相遇，與姑母及表妹談約兩小時即告辭，晚間姑丈來德鄰公寓，談在港九勉可支持，每月收入港幣二、三百元，一家三口，可以維持生活，且此地不虞兵燹，故生活雖極簡單而頗安定，至表妹親事近來未有議及云。

師友

在南嶽所識友人劉維漢教授刻在港任教，下午到利園街嶺英中學相訪，僅晤及其長女公子，謂其父在培正任教，嶺英方面無功課，當承開給地址，並詳告所在，應對甚得體。

5月6日　星期五　晴

家事

姑丈約於今晨吃早飯，余到時已九點，見尚未準備

就緒，故就近至他處一行，歸時即已十一時，故早飯又改成午飯矣，飯菜簡單而適口，係由姑母與表妹合作，飯後辭返。

游覽

下午，乘街車（Taxi，港粵譯為的士）游淺水灣，其地風景極佳，山林與海天相映，恍如世外桃源，沙灘上有帆布蓬若干，供作海水浴者使用，設備簡陋，比青島相去過遠矣，余本欲下海一試，因客中無泳衣，且亦未見有以衣出租者而罷，但炎熱中未能滿足所欲，歸途不勝失望，回港後游虎豹別墅，乃富商胡文虎、文豹之港宅，倚山為築，點綴以假山塔閣之類，且有若干塑繪而成之風景、動物、人像、俠客壁畫之類，鱗次櫛比，直無空隙可言，用費極多而絕尠山林之勝，較之蘇州留園、獅子林等私家花園，不可同日而語也。

娛樂

下午，到娛樂戲院看電影，片為雷電華出品七彩音樂片「肉陣迷龍」（A Song is born）由男主角Danny Kaye與女主角Virginia Mayo 聯合主演，片內爵士音樂特多且極悅耳，男主角頗滑稽，女主角則美而豔，體態表情亦無不臻佳妙之處焉。

5月7日　星期六　晴

師友

昨日上午曾到窩打老道何文田道培正中學訪劉維漢

君，劉君為在南嶽相識，昨日由其女公子處探知地點者，
劉君經濟狀況已較在南嶽時為佳，據云此地私立中學收費
均極高昂，每學期約港幣六、七百元，因而教師生活亦比
較優渥，余與劉君談話時，彼正由國文課下堂，以其為北
方人，國文課自極適宜，而以大學教授改業中學教員以求
生活之安定，亦可見當前國內問題之如何嚴重矣，劉君引
導校內參觀一週，校舍建築極為宏敞，中學、小學、幼
稚園共有一千八百餘人，而餐廳整潔，尤為特色，聞此
為廣州培正之分校，其實重心固在此云（以上補充昨日
日記）。

　　晚，到上海街訪雲峯吳芷君夫婦與江漢青吳玉珍夫
婦，雲君為海南島人，其夫人亦同，現均在鴻星公司服
務，江君廣東人，自幼僑暹羅，抗戰期間回祖國參加軍
旅，日漸灰心，華僑回國報效者，往往抱滿腔熱血，及見
國內政治腐敗，不免即頹唐消極，江君即其一也，談半小
時返，余見粵人大都活潑熱情，對人亦復誠懇，而男女間
盛行高尚之交際，不拘束不避嫌，結果反無礙於風化，此
為北方所無而大應補偏救失也。

5月8日　星期日　晴
家事
　　上午，到雲咸街春記行訪楊政春君詢問玉祥弟之內
兄翟香圃住址，當遇其同人欒君，引導同往，地點為贊善
里十一號二樓震寰，余與翟兄係初次見面，承接待甚周，

並留午飯。

旅行

下午二時搭廣九路江南號直通車回廣州，此車沿途完全不停，凡三小時五十五分準時到達，此車又不分等次，比普通頭等票價且略低，設備極佳，車上出賣食品飲料，皆由男女侍為之，並不叫賣，寧靜無譁，在九龍開出不久有大山洞一須行約三分鐘，此外又有小山洞兩處，則數十秒鐘即過耳，沿途景色完全華南景象，各站皆有大榕樹，距九龍較近之各站，如大埔等地近海灣，均傍海水且有柏油路，不類普通內地，此種景象非其他都市附郭可見也。

見聞

在港九居留四天，頗多感觸，兩地尤其九龍市街清潔，車輛雖多而不亂叫，公共汽車之座位舒適，港九間輪渡之有次序，具見市政之佳，夏無蚊蚋，又可見衛生工程與下水道之完備通暢，至於物價穩定，不聞有大漲落，則與我國戰前相似，十年間事，恍如隔世矣，最使人悚目驚心者則香港居民以中國籍貫者為多，無論男女服飾，絕不見有國貨之蹤影，英美各種新織物，價格低廉，過於國產之粗布，而又美觀華麗，絕不褪色，其他用品，率亦稱是，又有為我國人之奇恥者，則為無論車船等公共交通工具，皆到處掛有Do not spit 不准吐痰之牌示，復因警察機關訂有罰則，吐痰者果甚罕見，此外交通上有一更大特色，即沿街皆有出租汽車，隨時可乘，照車上自動計算

表，按距離計值，但最低為一元五，較小之車則最低一元，照表所示付給，絕無爭執，亦不要小帳，至於此種不要小帳之習慣則極為普遍，酒樓餐館均照定價收款，概不另加，亦無需索，給則照收，否則亦無關係也；下午六時到廣州後即覺四日之隔已如踏入另一世界，余赴港前一日，穗市約需金圓券十萬元左右換港幣一元，今日出火車站後，見有「剃刀門楣」（即兌換商）以二百廿萬之價格買進港幣，其實市價已近三百萬元，市上香港報每份已到五十至一百萬元（若湖南用銀元定價者則每份已到二百萬元矣），四天前萬元券尚為大券，今則亦成粵語所謂「溫柴」，街市常見有千元以下之券被撕成碎片擲之街頭，在人民心目中之金圓券可見已成何許籌碼，而官營事業則又改收銀元，無論郵電車船皆按大頭計算，其值超過香港，廣九路往返竟不同價，凡此種種，真集光怪陸離之大成也。

5月9日　星期一　晴

職務

上午，到財務委員會訪虞克裕兄，閒談此次在九龍與曾養甫氏晤面情形，所有經過均為二人所想像得到，惟關於財委會對齊魯公司攤繳八萬元美金一節，虞兄謂昔日曾氏表示十分贊成，現在口調又已不同，足見又接受公司內部人員之意見，虞兄又談及青島各廠來函電要求接濟周轉金，此係齊魯公司事，但又將責任轉至財委會，可見財

委會一度調處之結果，引起此等副作用矣，關於攤繳美金八萬元事，畢、黎等人以董事會名義上財委會代電一件，謂公司無力籌繳，如鈞會能將存粵大麥介紹出售，可值四萬元，當解半數，否則可否即以其他貨品抵繳，請核示等情，虞兄對此公文極為不滿，認為匪夷所思，將呈請副主任委員核批云，余又細按此文以董事會名義辦出，但余絕不知情，蓋曾養甫氏將印信均囑由公司黎、畢等保管，同時於年底前即已將董事會職員裁完，雖非曾氏主動，但畢、黎所為曾氏一概負責，故手續問題已不容再有何等研究餘地。

師友

　　傍晚散步遇蘇景泉兄於中山路二號其同學林君家，談來粵已半年，生活頗困難。

5 月 10 日　星期二　晴

師友

　　上午，江漢青夫人吳玉珍女士來訪，謂因來穗探親，特來拜訪，今日即行回港，余因知其車次，故屆時到車站相送，車站為廣州東站，距余所寓之東山固甚近也；在車站又遇魏北鯤兄，魏兄乃由屯溪逃出，十分狼狽，因事赴港一行，日內即回，其所乘為三等車，可見情況甚窘，凡吾等知交，往往如此，甚矣貧困之如影隨形也，然余知有若干友人則因派令之便，上下其手，今日已家私累累，方因共軍之節節進逼而懼無地以自容者，時代之洗

鍊，涇渭固瞭如指掌也。

見聞

　　在粵漢路車站充分得見今日國家經濟之窘相，粵漢廣九均收銀元，但票價未必全為整數，乃又有種種補充規定，其重要者為半元以上必須用全數之銀元，車站找出，半元以下則可用金圓券，今日牌價為每角二百零四萬（市價不及此），此外有可以作為票款收用者為湖南省銀行之輔幣券（銀元本位），又有廣東造十一年前之雙毫打折收用，法幣政策後之硬輔幣則照價收用，銅幣每七十文為一角，此外並不掛牌而事實上由售票員照收者為港幣，大約每銀元合八元餘，亦將銀價抬高，總之各種貨幣紛然雜陳，恐自民國以來未有如此之光怪陸離也。

5月11日　星期三　晴、上午大雨

看書

　　讀梁啟超飲冰室專集內之佛學研究十八篇，今日凡讀三篇，一為中國佛法興衰沿革說略，認為兩晉南北朝為輸入期，隋唐為建設期，唐以後則可謂無佛教矣，又以為佛教發達南北並進，而性質不同，南方尚理解，北方重迷信，南方為社會思潮，北方為帝王勢力，故結果南方自由研究，北方專制盲從，南方深造，北方普及，唐後有中國之佛學，天台、華嚴、法相三宗皆極盛於唐，稱「教下三家」，禪宗則傳最廣而流最長，雖稱來自印度，其實中國自創也；第二篇為佛教之初輸入，認為二千年來公認之漢

明帝時始有佛法一語，根本不能成立，斷為其初創在漢末
桓靈以後，並說明漢明求法說、四十二章經及牟子理惑論
等作，皆出虛構；第三篇印度佛教概觀，闡述佛教在印度
發展之跡象與政治社會之連帶關係，並說明外道與佛教之
抗衡，自古已然，附有表格，最稱賅博。

5月12日　星期四　晴、有陣雨
游覽

　　所住東山竹絲崗在鐵道北，隔鐵道南為東山鎮，相
距匪遙，今晨漫步至此，即週游一過，其地略有商肆，且
有郵局，一如鄉村中之一小鎮，此外則住宅為多，其東部
則為教育區，有培正中學、女學與小學，女學稱培道，建
築宏敞，周圍環境衛生亦差勝，與其他城市所見相類，又
東山鎮與市內實相連，且有公共汽車貫穿東西，惟若由鐵
路北之竹絲崗與馬棚崗一帶言之，則中隔曠野，其情形又
與由街市到竹絲崗一帶之空曠無異也。

5月13日　星期五　晴、晚有陣雨
瑣記

　　細小事往往最能表現人與人間之親疏冷暖，余雖不
以此等事為意，然有時則體察十分敏感，而在人與人間之
相處時又只能佯為不知，余之態度固似乎不以為意，而心
理則有時不能堪也，譬如余所住竹絲崗二橫街二號齊魯公
司宿舍，同住者有總經理畢天德、協理黎超海等，又有廣

州辦事處處長褚保三，彼等之間無分軒輊，公私糾集，形同一人，而實權均操之彼等之手，於是所雇之女傭亦即趨奉唯恐不及，對余則較為冷淡，加以汽車一部只彼等三人接送用之，余因不到公司辦公，且有車出門而全為私事亦非所願，故亦不肯表示用車，因之無形中似低彼等一等，凡此皆由於執掌與權勢，而喧赫隨之，余亦過來人，初未以可貴，然細參之，亦有味也。

5月14日　星期六　晴
家事

戰事已綿延至浙贛路，湖南已入戰時狀態，數日來方以在南嶽居住之眷屬為念，日昨接信知已赴衡陽，候車參加煙台聯中之陣線赴桂林，蓋校長張敏之兄非泛泛，而學生中又有七弟瑤祥與兒子衍訓也，德芳於處理此等事往往敏捷果決，而行動時復有條理，余恆自愧不如，此次亦然，但目前問題為湘桂路無煤不能行車，公路需價又太貴，乃滯留衡市，今晨接衡友人宓汝祥兄電，謂西行不能，是否來粵，余即復電，如日內無車，盼即來穗，但瑤祥、衍訓則仍隨校，因此刻來粵亦無學可上也，此情並於下午去快函詳告，余意來粵後當轉至香港九龍暫住短時期，俟北方交通恢復，德芳可以為返里之計，大局到此地步，逃難已至逃不勝逃之地步矣，港九食住皆貴，且大局果極端惡化，亦非樂土，故不能做久居之計，此次計畫余以之商諸尹合三兄，彼認為回鄉並不如此簡單，仍以為赴

台灣為宜，此則見仁見智，未可從同，即如近來頗有感於兩粵亦不安全，而認為川黔為佳者，亦只見目前共軍尚未攻略秦嶺，其實亦只時間問題而已，處茲亂世，真覺走投無路也。

師友

上午，到交通銀行訪漢口行該行副理楊書家兄，承轉來宓汝祥兄之電報。上午，到中央合作金庫訪尹合三兄，託代發電一件致衡陽宓汝祥兄，復謂眷屬可南來。

看書

讀梁啟超佛學研究十八篇之第四篇「佛陀時代及原始佛教教理綱要」，此篇為在清華代授印度史，因講授對象為大學生，故深入淺出，最饒興味，首敘佛生滅前後思想界之形勢大概，次述佛之基本精神為中庸實踐，最後講因緣觀，詳解十二因緣觀，即「無明緣行，行緣識，識緣名色，名色緣亦入，亦入緣觸，觸緣受，受緣愛，愛緣取，取緣有，有緣生，生緣老死。」析言之，即老死因有生命，生命之存在因「三界有」，指器世界及有情世界，因何而「有」，實因有所執著，即取之意，所以有所執著，則因有愛即慾望，慾望為生命活動之發源，慾望之發生因領「受」外界現象而生愛憎，而其所以能領受，則又由於接觸，接觸則為感覺器官之本，即眼耳口鼻舌身意，其所依存則為五蘊，即色受想行識，色為色受想行識為「名」，但識又為認識之主觀要素，此種認識活動之由來實為意志所使然，佛謂之「行」，行則由無意識之本能活

動而來，佛稱「無明」，此段解說最為清楚而引人入勝。

5月15日　星期日　雨、下午陰

師友

　　前數日本相約與虞克裕兄同到中山大學訪彭塵舜兄，但今晨候虞兄至午不至，余正欲午餐而彼忽至，謂臨時有事他往，事畢即近午，午飯為合作金庫謝哲聲兄約宴，余之請柬由虞兄帶來，因此中大不果往矣，乃相率而出，先至新亞酒店訪朱國材、余建寅兩君，均不遇，留字而出。

交際

　　中午，應合作金庫謝哲聲兄之約在留法同學會吃飯，在座三十餘人，皆政校校友，有數年未晤而今日一旦相聚者，其快慰可知，席間有目前在母校服務之三同學楊希震、邱有珍、張今建諸君，報告此次由京帶出同學五百餘人，留京投解放軍者百餘人，顧校長一樵抱病滬上，在此地之五百餘人正候設法到台灣，原則上已接陳誠主席之復電並未拒絕，此時即錢與船兩問題，希望校友協助，劉振東先生發言主張有機即往，不必躊躇卻顧，尚有其他校友發言，自願出而奔走者甚多，具見滿腔熱忱，但此事恐終無成就者，即楊君等三人表示均將先行赴台布置，此間事將託付在學校無何職務之校友，如此即無人可以接受矣，又邱有珍乃顧校長之秘書，報告顧氏堅決求去之意，席間乃又有校長人選問題之討論，實際此事當取決於教育

部，校友中之討論不過表示對人選問題之關心，故旋即停止，宴會至下午四時始散。

師友（二）

午飯時遇牟尚齋兄，乃於飯後同至其所住之愛國酒店詳談，據云此次來出席立法院院會，由福州邵武動身時，交通尚暢，現在則共軍已入閩，返邵武之路已斷，其太夫人及眷屬均尚在邵，惟事先商定決不再遷，因大局如此，實已無地可遷，即如台灣，若共軍攻下福州，海軍、空軍有變，登陸亦甚易易，在台北反成甕中之鱉矣，現在所應考慮者僅為個人之將來，彼認為不外二途，一為等候共軍到來接受其統治，此法以平津前例觀之，恐最後下場仍將不免於一死，與其束手待斃，反不若行第二途，即組織民眾武力負嵎待機，蓋由大局觀察，國民黨非失敗不可，共產黨亦不類成功之象，未來數年恐是大混亂一場也，彼以前有潛勢力，故此說亦言之成理，聞青島國軍即撤，目的地為台灣一帶島嶼，彼可借以入閩云云，談間約其晚飯後返。

游覽

傍晚，游觀音山下之中山紀念堂，建築甚莊嚴，門前草坪甚大，一片開闊氣象，惜堂內之學生、公務員借住者太多，不能入內瞻仰，又游市府前之中央公園，內有大象，余初次見，有榕樹大者參天，一片綠茵，極清幽，情侶坐椅抱持者，觸目皆是，他處所無，又游漢民公園，規模不大。

5月16日　星期一　晴

師友

今日在寓無事，下午到東山大街看報，遇蘇景泉兄及其同學林沖二人，旋余回寓時彼等曾來訪，因余回寓前彼等以為余已返也，余與蘇君係數日前在其門前相遇，今日又於市中相值，可謂特殊之遇合，憶與蘇兄相識，係在立煌省立醫院，其時紹立亡兒住院，蘇兄與仲崇祐兄均在院服務，頗承關垂並施治療，雖立兒終於不起，但溫情籠罩，當時因獲得不少安慰也。

游覽

由東山大街經農林下路登竹絲崗中部游覽，崗頂為珠海中學，兩邊亦其房舍焉。

5月17日　星期二　晴、有陣雨

師友

上午，到太平南路一一〇號三樓建昌商行即永業公司訪魏壽永兄，魏兄現即居於其經理家，有一沙發入夜拉開即為一獨睡小床，以魏兄之體胖，嵌入必甚滿也，據談在皖已將一切公職辭去，專心辦理建國中學，蕪、屯各有數班，現在皖境全為共軍所踞，其學校亦不存在矣，渠本人明日即赴台灣，以安徽農業公司常務董事資格與朱興良兄保管及運用該公司所存之數十兩黃金，至於眷屬則又折回屯溪，不遑顧及矣，談一小時辭返。

5 月 18 日　星期三　晴

師友

　　上午，到惠愛中路建華酒店拜謁劉振東先生，劉氏家居台南，因立法院會議來穗出席者，余與相晤係在上星期日謝哲聲同學之宴會席上，今日詢以劉氏政局真相，謂政府內部意旨並不集中，但現在狀況實極危險，危險之中，既不能降復不能和，勢必須認真求一生路也。晚，趙葆全兄來訪，詢公司是否將舉行常董會，余對此全無所知，其時協理黎超海在座，謂係因財務委員會表示關於公司在青島各廠之安排問題，最好能有董事會之決議，實際曾養甫董事長並不主張開會，現既必須開會，即將由曾氏託孔士諤君來粵代為召集常董會一次，趙兄主張不必開會，一切由董事長辦理即可，余亦同此見解，蓋當前之董事會已名存實亡也，平時任何常董對公司要務均昧然不知，有須完成手續之件，則臨時開會以傀儡方式將各董事搬演一場，實無謂之至也。

藝事

　　在穗已半月，雖兵荒馬亂，但獲小休，乃重理半年來停擱之舊業，繼續臨摹魏敬使君碑，惟此間無元書紙，代以橫江毛邊，覺太潤滑，須滯筆處無所措手耳。

5 月 19 日　星期四　晴

師友

　　上午，到愛國酒店訪牟尚齋、張志智兄，並遇有溫

士源、吳鑄人等，閒談，午飯與牟、張兩兄同到聚豐園吃
點心，牟兄談其去年赴美之見聞，頗饒興趣，並謂劉道元
君出國時幾於英文字母已不復識，經數月苦練，已經談話
流利，左右逢源，現在某大學正式攻讀，決定長期研究學
問，國內無承平之象時絕不回國矣，言下均為讚嘆，誠有
志之士也，余夙昔已有暴棄之念，認為年已四十，記憶衰
退，竟無法可以再圖深造，見劉君之事，是知大謬不然
也。晚，同牟尚齋兄到東山梅花村見秦紹文主席，牟兄將
進行其至閩北從事游擊之計畫，頗得秦氏贊助，繼漫談大
局與山東有關各事，秦氏對軍事方面之內外相欺而又不能
痛改，認為不治之症，對整個局勢十分悲觀，青島是否放
棄則尚在舉棋不定之中，又山東臨中在湘學生不容於土共
而撤至衡陽，秦氏與台灣省陳誠主席接洽，將送至澎湖歸
李振清部訓練，年幼者與女生則或繼續上課，或送他校借
讀，學校名義繼續保留，聞各校長均來穗，日內即行回衡
進行遷移，該校經費斷絕，此亦無辦法中之辦法也。

5月20日　星期五　晴、有陣雨
集會

下午四時，由廣州校友在哥倫布餐廳召集舉行校慶
紀念茶會，到校友一百餘人，鍾志鵬主席，教職員被邀出
席致詞者有程天放、陳立夫二氏，程氏認為十餘年後國際
野心家必受最後裁判，吾人今日不可氣餒，陳氏則謂中國
革命運動因環境太過複雜，凡任何勢力投靠於列強之一使

成獨占者，結果無不失敗，至於革命工作則成功於信仰之
堅，不視力量大小而定，只須不自餒，必可由低潮而轉至
高潮，其詞甚長，而頗婉轉，後由楊希震校友報告遷校來
粵經過與留京部分投降共軍情形，在粵仍在土共威脅中，
遷台、遷渝未定，希望校友均能以實力援助，勿徒託空
言，吳望伋校友請陳氏明白表示吾人今後之具體行動為
何，國民黨是否尚須要革命分子，一時空氣極為緊張，陳
氏起立顧左右言他，謂校慶多應尋快樂題目，人人均有牢
騷，其本人亦然，如所謂CC，實際全無其事，但受侮辱
中傷，至今不已，至於學校問題，彼當盡其個人之力云，
言畢先去，時已七時半，亦即散會，今日廿二週年校慶使
余憶及十週年紀念時之狂歡氣象，午夜後笙歌不息，余歸
寓幾已天明，紹南早已熟睡，翌日乃其周歲也，今已十二
年矣。

5月21日　星期六　晴

職務

　　今日舉行第二次（本年）常務董事會於竹絲崗宿舍，
事前先在新亞酒店八重天共用午餐，出席常董孔士諤、畢
天德及余，另有代理出席者，曾養甫由孔代，趙葆全由畢
代，列席董事有張清源，公司協理黎超海，此次舉行會議
乃由於財委會飭開常董會解決青島各廠問題，其實並不願
舉行，故會議中對此亦無何決定，只空洞的通知兼青島分
公司經理蘇雲章來穗籌商而已，此外例案有總公司奉董事

長命移台灣，准予追認，財委會飭籌繳美金八萬元，有物
資而無現款無法遵辦，乃照公司所提辦法即六月五日前先
籌繳港幣二萬元，其餘則請會方接洽以物資向銀行押款籌
繳，有台灣建廠一節亦請財委會接洽，請台灣省政府設法
借款以便賡續進行，又公司業務方針短期內為從速推銷存
貨，並設法開展台灣、香港、日本間之貿易，香港將設立
臨時之小規模單位，以便聯繫，會議歷一小時餘即畢，孔
君代曾氏來此主持，事先均已有所接洽，故此會實等於
孔、畢二人一唱一和，黎則以列席身份從旁幫腔，故會之
開與不開無何區別也。

5月22日　星期日　晴、有陣雨
讀書

　　讀田邊尚雄著、豐子愷譯「孩子們的音樂」，此書包
括音樂家故事十篇，乃在供給母性以西洋音樂家之生平生
活，啟發兒童對音樂之興趣者，第一回寫貝多芬作月光奏
鳴曲之經過（Sonata），第二回以貝多芬作英雄交響曲之
經過介紹交響曲之內容（Symphony），此二者大都用四
部組成，惟奏鳴曲多用小提琴、鋼琴演奏，而交響樂則由
交響樂隊（Orchestra）任之，第三回寫貝多芬愛好音樂之
一重要事蹟，第四回介紹合唱（Chorus）、獨唱（Solo）
與合唱六部音之名稱（soprano, mezzosoprano, alto, tenor,
baritone, bass），大抵男為低音、上低音、次中音，女為
中音、次高音、高音（以上英文係由高而低之順序），兼

及各種管弦樂器，第五回介紹華格納之生平，第六回藉羅
安格林介紹歌劇（Opera），第七回寫柏格尼尼之小提琴
聖手，第八回介紹巴哈，第九回介紹亨代爾，第十回提出
家庭音樂教育之要點。讀黃裳著「舊戲新談」，為報紙發
表戲劇小品文之合集，故有若干見解不能免於重複，其寫
京戲之微妙處，有時頗能曲曲傳出，但夾敘夾議，有時摻
入現代社會事象之對照，渲染賣弄，則蛇足也。

5 月 23 日　星期一　陰雨

師友

　　上午，到立法院訪韓華斑兄，探詢張敏之兄住處，
據云已遇其他山東聯中校長，詢及張兄，因彼知張兄亦正
尋訪余之地址，故僅將余之住址抄去，匆忙間竟未詢彼之
地址，但韓兄知此另一校長係居住於萬福路福東旅店，乃
導余往訪，至則由客牌上得知張兄固亦同住於此，惟不在
寓，乃留片而返；至晚，公司褚保三處長告余，張兄曾至
公司來訪，留字謂亟望一晤，其學校問題明後日可望有所
決定云，因其所住旅社並無電話，以致除互相拜訪外竟無
法聯絡，深感不便，好在渠在其學校問題未能解決以前並
不即離廣州，已知地點當易相見也。

看書

　　讀「香港間諜戰」，仇章著，係長篇小說，類似報
告文學，因內容所寫為中國特工人員在日本進攻香港期
間，配合英軍作戰周間之經過，時間地點人物，均不累虛

構，惟所穿插之戀愛故事，乃至與日本女間諜間亦情絲難
斷，則描寫似嫌過火，惟所寫英軍之以傲慢致敗及其對於
中國特工無論如何立功而終於不能重視，則確為其特點與
缺點，作者文筆流暢，且此等姊妹篇尚有數種，在戰爭文
學中可謂別樹一幟也。

5月24日　星期二　陰雨

見聞

　　廣州為當前中央政府所在地，但現在已無合法流通
之貨幣，而財政部長劉攻芸到台北發表談話，仍謂財政金
融定有挽救辦法，殊可稱奇，按金圓券已膨脹至一日數
貶，一般市面久已改用港幣，金圓券僅在港幣輔幣較缺，
找零不便之夾縫中勉強存在而已，現在國營事業如郵電鐵
路早已改收銀元，金圓券只用於找零，其流通亦早已十分
有限，近數日則郵局郵費掛牌已按銀元折合港幣，公共汽
車亦規定改收港幣，從此金圓券之輔幣資格亦已不復存在
矣，反之政府機關方規定公務員薪俸按關元（即美金四
角）折合金圓券發給，其折合數聞在前數日前尚能買到銀
元數枚，現在則只能買銀元數角矣，又各省紛紛以銀元為
準備發行銀元輔幣券，中央機關亦從而事實承認之，例如
粵漢路規定找零籌碼之一即為湘省行銀元券，於是本已流
通困難之金圓券更無用武之地，而其值更貶，其使用區域
愈狹，浸成今日之廢紙狀態，按十餘日前千元券已成粵語
所謂「溫柴」，上週萬元券繼之，日昨十萬元券又蹈同一

命運，馬路邊被撕成片片作蝴蝶舞者亦比比皆是矣，法幣
十年間未至此程度，金圓券則九個月即有過之，理財者尚
只知大言，可怪也。

5 月 25 日　星期三　晴、有陣雨

師友

　　與張敏之兄互訪不能相遇，又無電話可以聯絡，乃
於昨日下午備函一件由公司庶務李仕鋈君帶至公司飭役送
張兄，約其於今日中午在旅館守候，屆時往訪並共進午
餐，今日按時前往，見其門又上鎖，昨日之信係今日於其
外出後始行送到，乃至隔壁山東三聯中王校長處探詢，據
云張兄之學校學生今晨由衡陽上火車，明日或可到穗，彼
已向教育機關接洽借用學校以供暫時居住，何時可返，殊
不一定云，王校長又謂三聯中日昨已有一部分學生到此，
有停靠東站者，有停靠南站者，因係加掛車廂，須隨其列
車進應進之站也，談竟余即辭返，

看書

　　讀陳邦賢「自勉齋隨筆」，為筆記體之小段記事，
內容極其蕪雜，據自序云為在渝時每晨就所見所感而形諸
楮墨者，故無一定體例，作者為江蘇一有歷史之教育界中
人，但文筆殊不見佳，所記地名、人名亦間有錯誤，不知
何以如此疏忽也。讀仇章著「第三號情報員續集」第一
冊，不過五十餘頁，為接續「香港間諜戰」而作，自承故
事多屬虛構，但亦有若干片段特工史料為據，此冊所寫不

若前書之精彩，難免粗製濫造之譏也。

5月26日　星期四　晴
家事

　　昨日知煙台聯中在衡陽學生已動身來穗，大約今日下午可以到達，德芳可能參加同來，乃於下午二時到福東旅館再訪張敏之兄，仍不遇，即三聯中王校長亦不在，另有二人在其室內，詢之完全不得要領，乃廢然而出，意者火車站方面或有消息，乃步至廣州東站，見月台極為冷清，向車站問詢處詢問今日有無來到之南行列車，謂有兩班，上午即到，下午不復有車，而特快車則尚無消息，再詢以上午所到列車有無大批學生，謂其時未上班，不知其詳矣云。

5月27日　星期五　晴、下午雷雨
家事

　　余預料煙台聯中學生今日必可到達，乃於上午到福東旅館訪張敏之兄，不遇，三聯中王校長云，學生係今晨二時到達，張兄黎明即赴車站，其暫住地點為漢民路小學，余乃至漢民路第五十三小學詢問，謂此處只有三聯中之學生，不知有煙中，附近有無其他小學，亦不知之，此處既不得要領，乃至黃沙粵漢路南站，見站上無人，此地本非常用之車站，故情形不佳，無非一片塵土與荒涼之狀而已，由此再到公司探詢，亦無動靜，由此斷定德芳未隨

該校來粵，惟係何原因，殊納悶也。

5 月 28 日　星期六　晴

師友

　　數日來未能與張敏之兄晤面，無非因時間不適，輒致相左，今晨天明即赴福東旅館，張兄房間已退，但三聯中王校長仍在，探知張兄在漢民路禺山路漢民區第一中心國民學校，乃按地址往訪，至是始相遇，據云該校由衡陽出發時，因不知德芳之住址，欲令在三分校之瑤祥弟回家通知，又遺忘其姓名，遂至延誤，殊為歉疚，適三分校徐承烈校長亦至，余詢其瑤祥、衍訓來否，彼亦不知，乃同至漢民路第二中心國民學校探詢，晤及同族之吳伯實，據云二人久未到校，彼以為早已來穗云，足見此次之誤完全由於二人聯絡工作欠缺所至也，據張、徐兩兄云，該校學生將於日內移台灣，目前原則上為受軍訓，但將來必將成立一國立中學，且年幼者仍授課如常，故二人隨往為宜，余招待二人早點後辭出。到中國農民銀行訪趙葆全兄，託拍電衡陽宓汝祥兄請轉德芳偕瑤祥、衍訓速來。到金龍酒店訪徐軼千廳長，不遇，因聞其曾兩度訪余，不知有何事云。到交通銀行訪楊書家兄，因恐有衡陽來電託彼轉余者，但櫃台方面云於昨日赴港，則昨日以前不致有電，所難斷定者為三數日內或有電來余不獲接也。

看書

　　讀陸丹林著「當代人物誌」，計十五篇，為康有為

與李提摩太、吳佩孚與楊圻、林語堂與周樹人、陳三立、徐世昌、馬君武、徐謙、許地山、張一麐、葉恭綽、張大千、劉開渠、趙祖康、陳孝威、張竹君，除有一兩篇為捧場性質者無甚意思外，其餘寫來均能有聲有色，且有若干事蹟頗為感人者，尤其馬君武篇所錄馬氏思慈母弟妹詩云：「旅館夜夢醒，心寒呼慈母，萬里別家愁，念年育兒苦，荒村隱茅居，雪深今幾許，家貧耽遠游，兒罪不可數，他鄉知交稀，乞米恐無處，含淚別母去，出門何茫茫，國仇未能報，母恩未敢忘，九歲阿爺死，教養賴阿娘，同胞凡五人，追憶惻肝腦，三弟命最短，七日葬北邙，次妹頗敏慧，得病亦尋常，家貧無醫藥，坐視為兒號，長妹有暗疾，其命遂不長，次弟生九歲，讀書盈半床，夜深不肯睡，一燈聲琅琅，一夕得喉疾，哀哉醫不良，倏忽為異物，早慧竟不祥，弟死後五年，阿兄適四方，弟墓無碑碣，踐踏恐牛羊。」徐謙一篇所錄沈儀彬夫人四十初度示季龍詩云：「……東鄰竇人子，良田連陌阡，西鄰游俠兒，廣慶方連延，同學諸少年，肥馬薦花韉，君仕二十載，四壁仍蕭然……」，均為至情之文字，又葉恭綽篇寫葉氏在敵偽時期被敵偽在港滬所制，詩以言志，惜文字深奧，多有不解，深以為憾也。

5月29日　星期日　晴

師友

　　上午，到愛國酒店訪牟尚齋兄，據云月底立法院休

會後即將赴廈門、台北及馬公島等地云。

心情

　　數日來德芳未能到穗，且無信來，日昨去電尚不知能否於今日到達，下午無車到站，故今日又斷定不能到達矣，此事使余十分納悶且懸繫，下午苦悶無聊，至東山廟前街飲冰，見有培正學生多在店用點，亦有父母攜子女在用飲料者，見童大小類紹南、紹雄、紹寧者甚多，使余益增對子女之惦念，雖明知在此動亂時代，不應時時從如意方面著想，亦不應只知一己之私，但兒女情長，未能自已，蓋愈經離亂，愈覺團聚之不易，殆人情之常也。

5 月 30 日　星期一　晴

職務

　　上午，到財委會訪虞右民兄，據談齊魯公司董事長曾養甫氏近曾辭職，業已慰留，又前星期六舉行常董會議決案並未報會，但只另報告四項要點，不知係何種形式云，又總、協理畢天德、黎超海兩人一已赴台，一即前往，會方意為兩人須留一在粵以便接洽云，以上諸事余由畢、黎等口中完全未聞，可謂諱莫如深云，又虞兄堅詢余何時赴台，余謂余完全不得已時始行，惟目前之齊魯公司對青島已失控制力，畢、黎諸人甚至唯恐其不易手，則只靠台、穗物資吃盡當光為止，至所謂台灣建廠等類計畫，亦不過為彼等避居台灣之一種計畫與解嘲之辭而已，實際上仍將籌款之責推之會方以圖卸責。

家事

上午，到東車站兩次，問詢處均謂南下車無消息，余回寓見煙台聯中學生族人吳伯實在候，乃留其午飯，飯後著其回校經過車站再行探詢，如有消息當即回告，至晚未回，想係亦無眉目也，吳在此談校況甚詳，欲借港幣十元買衣，囁嚅十數分鐘始開口，足見甚知分寸，余即慨與之。

5月31日　星期二　晴

家事

上午，仍到東車站探詢南下火車之消息，知今日有十一次快車於下午六時到廣州，但第一次車特快車則尚無消息，晚飯後再到車站，則十一次車又須於十一時始能到達，乃又廢然而返，今日德芳等又無來穗可能矣。

見聞

金圓券數日來已成廢紙，即公用事業亦不收之，各銀行因無本位幣，紛紛縮小業務，裁減人員，市面已由港幣取而代之，即政府機關亦不例外，此真為曠古之奇聞，今日又發生市面拒用五分、十分港紙之事，於是港幣之輔幣只餘中國之鎳幣與銅元矣，鎳幣表面上等價流通，銅幣則日有上下云。

6月1日　星期三　晴

家事

余上午方自火車站詢問南下火車回寓，即接紹南由桂林來信，謂係廿二日到達桂林，未提及何日由衡陽動身，但昨日尚接到衍訓廿一日由衡來信，並未確定赴桂或來粵，則至早亦應為廿一日後始動身，然則路上並無若何耽擱也，如此即不復作接來廣州轉港滬之準備矣，赴桂之優點為上中學者可以繼續入正式學校，缺點為不久或仍有戰火逼近之危險，丁茲亂世，殊無萬全之道也。

師友

傍晚，同褚保三處長到執信南路卅三號之三訪方青儒兄，不遇留片，又到該路十號訪楊德榮兄探詢姚大海委員之消息，並遇苗培成委員，閒談往年在皖任監使事，頗多追憶。

6月2日　星期四　晴

師友

上午到合作金庫訪尹合三兄，詢知尚未動身赴桂林，約一週內由香港前往，余面託其帶銀元交德芳。到合庫並與李耀西、周承緒、蘇夷士諸兄閒談，又候汪茂慶兄不遇，後辭出後在路上相遇，又同到沙面勝利大廈訪壽勉成氏，並同到高都飯店午飯，飯後又同汪兄到財委會訪虞克裕兄，業已於前日赴衡陽，僅與胡希汾兄談台北興台公司情況，因汪兄甫由台北來此也。晚，方青儒、陳粵人兩

兄來訪，渠等居住於附近之執信南路，方兄談其眷屬子女均尚在杭州與上海，故其本人於此次立法院會結束後將暫住於廣州，以觀望時局之變化，旋又閒談此次立法院未同意居正任行政院長之原因，與引起整個局勢之不良影響，大約明日再度投票，或仍勉強同意，但居氏未必能就云。

6月3日　星期五　晴

采風

余住廣州已月餘，於廣東土話仍不能通，除少數由英文譯音之名詞可較易領會外，其餘多無從知其意思，但連日又續知若干土語，記之以供參考：粵人謂「什麼」為乜嘢，讀米野，此兩字用最多，「不」謂「唔」，「是」謂「係」，「無」謂「冇」讀「毛」，美好曰靚，箱曰唅，洗澡曰沖涼，小曰細，諸如此類，尚多不復記憶者，大抵廣東人說話時神態及語尾有種種獨特表現，不能謂與其用此等特別文字無關也，此與京滬一帶情形不同，滬蘇土話極多，亦有若干可以在小報上寫出，但似乎其字皆為一般所用，土語借用其音，或竟無其字，寫文章者本於好事者之心裡，為其按排若干字或詞，而並無特別製作之文字也，又粵人用「仔」字之處更特多，凡一物事表示其為小一點者皆加仔字，此情形在香港亦復相同，如香港仔、灣仔等處皆是，此字讀音為「宰」。

6月4日　星期六　陰、有陣雨

家事

上午，到中央合作金庫訪尹樹生兄，凡兩次，第一次將所備大頭壹百圓面交帶至桂林做為家用，即至楊巷路下九甫一帶買應用物品，一併託帶，先在楊巷路一布店買香雲紗兩件，據云係最好者，索價每尺三元二，往返還價至二元四角成交（港幣），粵尺較大，每件短袖只需六尺，由此再到下九甫買尼龍襪、童襪及牙膏、肥皂、牙刷等物，歸交尹兄一併帶往，又交港幣十元，託於過香港時代買克寧奶粉二聽帶往，因香港價較廉，且免穗港間攜帶之煩也。

師友

在中央合作金庫訪朱曾賞兄，渠由衡陽來甫三數日，據云火車秩序太壞，渠乘坐臥舖但未買票，惟因有武人保護上車搶他人已佔之位，並負責護送至廣州，代價為銀元三十元，比頭等加臥舖為高，此種怪現象即當前路局所受致命傷之「霸王」是也，聞後為之咋舌。

6月5日　星期日　晴

游覽

上午，同褚保三處長夫婦及其友人熊君夫婦乘車到中山大學為星期日之郊游，其地在東郊石牌，沿廣九路線之旁，校門為極大之石坊，入內先至教授住宅區訪彭塵舜兄，渠現任經濟系主任，但未遇，云至廣州矣，又同訪熊

君之友人文學院教授朱延豐夫婦，由朱氏同到校內各處游
覽，先至文學院、理學院，理學院有樓兩座，惜內部關
鎖，未能參觀，再至農學院、工學院，工學院前有山水園
林之勝，其對面為女生宿舍，西偏有狹長之湖，名為洞庭
湖，由此再由原路東行上嶺至法學院，建築亦宏敞，全部
建築皆宮殿式，校內道路亦平直而利於行，此皆鄒海濱氏
為校長時擘劃經營之力也，余等在工學院前及法學院前各
照彩照一兩次，在校內盤桓一小時餘始返。

6月6日　星期一　晴

師友

晨，到中山大學附中平山堂訪李華泰教授，不遇。
到愛國酒店訪牟尚齋兄，渠定明日赴台。到西湖路新粵酒
店訪王敬南兄，詢國大代表待遇情形及秘書處地點，下午
即到朝天路國民學校登記，據云須待第四批備文請發，候
若干日始有之云，按余到穗後未與國大方面聯繫，昨日
閱香港報知有補助費，既屬應得，即不放棄，但不特別
爭取，登記時見內部甚紊亂，談話亦不著邊際，一片敗
落之象。

游覽

游六榕寺，殿雖甚大，而塔則極新，因天熱未登，
其內有賣素食者。游此間蠭起之健康游樂園，除木馬及冰
場外，其餘十數部門皆為變相賭博，但名曰游戲，政府熟
視無覩，聞皆有背景云。

6 月 7 日　星期二　晴
所思

　　來粵後因值離亂，時局動盪，人事靡定，復以余所居住在較荒涼之住宅區，故友朋來往，頓覺稀少，有時終日不外出，亦無客來，余雖好靜，然一種離群索居之感，輒不能已，於以知紛紜中難以自處，固人情之常，而甘於寂寞，實尤為不易也；況近一月來，友人函札稀少，而滬、青兩地相繼易手，若干家人與摯友，皆陷身其中，無從溝通消息，不惟近況不明，或且生死難卜，余雖孤獨，亦尚能臨池讀書以自遣，於人固不勝其懸繫，於己則旦夕尚可苟安，亦苦趣也。

6 月 8 日　星期三　陰、有陣雨
參觀

　　下午，到中山圖書館參觀文化大學古物書畫展覽會，古物部分為某氏所藏湖南出土古楚器及該校在黃花崗附近發掘古墓所獲器物，皆土質，最特色者為崑崙奴俑，約高尺許，考訂為當時西方到東土買賣之黑奴，此俑之面型極為相似也，書畫部分頗鮮古人之作，現代人出品尤以文化大學教授佘雪曼之出品為多，此人頗有天才，書畫雙擅，最特色者為書法，書為瘦金體，筆力不弱，所臨宋徽宗詔書全碑，與原拓排比張掛，得其神似，可謂功夫深矣，又有一手卷，臨宣示表曹娥碑東方贊以及二王褚河南米南宮宋徽宗等凡十一體，雖功力有深淺，然均得幾分神

氣，條幡有臨孫過庭書譜一件，亦有意致，此外作品有商承祚之章草與鐵線篆，黃季剛之大字，高劍父之行書等，均頗名貴，又有章太炎行書橫榜一件，亦頗稀少，但近人粗製濫造以充數者亦居不少，或因作品參加不多之故，實則應寧缺勿濫耳。

師友

　　途遇彭塵舜兄，係星期日到中大訪問不遇者，據云在大學任教已十年以上，既入此途，即不欲復出，但國立學校待遇有限，而在文化、廣州等私立大學兼課，反獲較豐之收入。

6月9日　星期四　陰雨

職務

　　上午同褚保三處長到合作金庫訪楊善楨副理，請其介紹轉賣本公司所持有之外匯移轉證三千美元，此證乃上海所結，中央銀行不久即可在粵收購，聞其價格為打六折付給原幣，惟公司需款孔殷，頗願售諸進口客商，略微吃虧亦無關係云。公司廣州辦事處只做出賣存貨等工作，褚君云將於廿日左右結束，以省房租，其本人將赴台，自本月初青島失陷後，公司工廠全無，上海失守後存貨亦成空，如廣州再結束，則只餘台北一處，難免坐吃山空矣。

6 月 10 日　星期五　晴、有細雨

師友

　　下午，到沙面外交部護照科訪宋昇平同學，持朱建民同學之介紹片，探詢關於工商界赴美國經商請求發護照之手續，據云須先得經濟部之核准，外交部據以發給護照，最難者為美國領事館大都不准簽證，近來駁回者極多，故此時請求殊非易易也，此事係代翟香圃兄探詢，彼意為使小費包辦，但余不知其途徑，且在外交部亦不能公然提及也。下午，到德安路十一號訪關子高行長，渠詳談離皖省行由皖北稅管局至漢口貨物稅局被控撤職查扣之經過，謂本身絕無缺點，彼固長於文飾者，恐實際不如此簡單，渠現任粵漢路局顧問，在穗辦公，所居亦公舍，余日昨在東山署前與其夫人無意中相遇，互道契闊，蓋離皖後今已四載，嗣談在皖友人近來變化情形，良久始返。

6 月 11 日　星期六　陰雨

師友

　　上午，到西關十六甫北街訪尹樹生兄，據談明日中航公司之飛機經柳州而不經過桂林，故可能又改為後日乘民航空運隊飛機赴桂，余又託其帶信一件，附金一兩，帶交桂林德芳收，以為用度，尹兄此次赴桂安眷，係將其父母送至成都，其岳母接至此間，準備將來赴台居住，據云合作金庫有基金與合作事業協會運用，在台、港兩地均有基礎，庫方所留人員即可依附於此兩地之機構，維持一年

或一年以上云，在尹家午飯後始辭出。途遇段啟山君，即到楊巷路其岳家訪問，正躊躇不決是否隨中央警校赴渝云。昨日余外出時，有陸君來送德芳託轉由桂來信一件，未留地點姓名而去，余以前接德芳信曾謂陸冠裳太太在穗，信內開有地點為越秀北路或北橫道二號定園，今日往訪，此兩路之二號皆為極小之肆店，詢以定園何在亦不知之，尋找附近亦無此房，乃廢然而返。

6月12日　星期日　晴
看書

　　長夏讀小說以消永晝，連日來重讀水滸傳，初讀時在民國十七、八年，其故事有耳熟能詳者，有不復可憶者，而一百零八人中姓名變為陌生者更過其半矣，全書除楔子外，凡七十回，有若干場面描寫及口語運用，確有獨到之處，論故事乃一百零八人各各上山之經過，或被迫或被賺，殆不出數類型，然大致尚能無甚重複，其最精彩者與林沖、石秀、盧俊義有關之各回，尤以武松落草前各回為最，乃全書之高潮也，至於人物描寫，則十數要角個性十分明顯，其餘多模糊，殆事實限制也。

6月13日　星期一　晴
娛樂

　　余到粵月餘，尚未獲觀粵語電影，下午到中山電影院看粵片「火燒蜘蛛洞」，即西遊記盤絲洞一段，完全粵

語，主演蜘蛛精者為陳倩如，情節簡單，根本無演技可
言，中間且插有廣東歌曲一段，不倫不類，攝影模糊，配
音不清，無一可取之處，較之上海國產片，大有天壤之
別。晚，到天星戲院觀跳舞表演，宣傳為西班牙人，其實
全為中國少女，今日凡四節，一為單人舞春之夢，背景作
輕雲飄盪，幕前有薄紗相隔，確如夢境，二為單人舞向自
然去，亦係慢步，且有若干彎曲身段，右臂套草帽，舞姿
頗美好，三為檀島雙人舞，布景為檀香山之夜，水上月光
蕩漾，棕梠椰子下一雙男女作快拍舞蹈，動作音樂，兩皆
曼妙，第四節為沙樂美，取材於王爾德著作中獻頭之一
段，抱頭狂吻之女郎，初出幾場均著玻璃長裙，及見獻
頭，即去其裙，內有薄紗，後少前多，隱約中見腰下全
裸，身段極富曲線之美，由階下將頭抱至殿上之王前，凡
跪拜時皆為舞蹈姿勢，甚見和諧，至此終場，此項舞蹈表
演燈光配合極佳，布景亦美，音樂則只用留聲機片擴音，
故換片有時中斷，殊嫌未佳耳。

6 月 14 日　星期二　晴

職務

　　余在齊魯公司等於無事可言，故一向之居青、居滬
乃至居京，均無關宏旨，近來自滬、青相繼失陷，所餘已
只有穗、台兩部分，其實總公司在台灣，余照理亦不應在
穗久住，所以因循至今者，中央政府在此，財委會在此，
政治中心所在地於公於私均較便利，且東山房屋寬舒，環

境空曠涼爽，日以讀書寫字為樂，亦即不須遷離矣。東山招待所本有公司總協理畢天德、黎超海及廣州辦事處褚保三處長合住，余與彼等日夕相共，尚為初次，畢、黎二人最小氣，其公司事務除已在辦公室終日接洽者外，晚間如有談商，往往相偕入私室密談，絕不當余之面而有所研討，其實彼固未必有如許祕密，僅如此作法，徒示人以不廣耳，近來畢、黎等均去，褚君尚在，有時晚間對公司問題均坦白提出討論，此人氣度反在畢、黎之上也。褚君云，台北本公司會計處認為在穗人員待遇太高，頃來電將以前所定基俸加三成之數取消，各同仁正在要求停止取消，此加三成本係以前臆定，並無計算根據，故去取唯視乎好惡，其焉得不發生爭執乎？目前公允之方法應照物價為根據，非必穗高於台抑台高於穗也。

6月15日　星期三　陰雨
師友

　　下午，段啟山君來訪，談其以前在濟南警察局及青島社會局與膠縣縣長任事之經過情形，渠現在中央警校任課，其岳家為廣東，故暫時攜眷寄住，但以為不可長久，故極躊躇應隨政府遷渝抑留此，將來設法回上海乃至北方，考慮結果因西上後不能攜眷，復有斷絕聯繫之虞，故決定不走，必要時或赴港九暫避，託余介紹親友，余即寫片介紹姑丈姜仁山先生，並託其於友人中注意為姜慧光表妹介紹婚事，晚飯後談至黃昏始於雨中辭去。

6 月 16 日　星期四　陰雨
家事

　　接尹合三由桂林來電，謂德芳即日動身經梧州來穗，週內可到云云，按尹兄行前余造訪時曾詳細研究安頓家眷之地點，余認為頗可回濟南或青州，庶為一勞永逸之計，尹兄認為曠日持久不能生活，仍以為赴台灣最宜，當時並無結論，蓋大勢至此，殊無萬全之策也，惟當時尹兄認為桂林將來仍有遷移可能，余即託其到桂後與德芳詳商，尹兄謂如欲來粵，是否可行，余謂可行，因余本準備如此辦理，前次之赴桂殆因交通關係只得西行也，現來電已動身來穗，當由此也。

6 月 17 日　星期五　晴、有陣雨
藝事

　　近日臨魏敬使君剎前銘，每日百五至二百字，又已三遍，除極少數之字略能得其形似外，大多不能稱意，最感困難者，用筆因藏鋒關係，起筆與回筆常有不自然之稜角顯露於外，殆類用筆八病中之所謂牛頭柴擔之屬，一也，縱畫不善運毫，因懸腕之故，直筆表現無力，以提手豎心為最，而左撇亦有相似之感覺，二也，臨前未摹，有若干字間架特美，臨成後即完全不類，尤以戈旁之字為甚，三也，若干字偏旁篆意獨多，如絞絲即為特多，下筆僅能學其筆畫，寫成後非篆非正，為之掃興，四也，但學書者未有可以急就，故雖有如許難題，絕不為之氣沮，矧

余臨池之目的，一為學習書法，一為陶冶性情，雖無所成，亦何憾乎？敬使君碑全文二千餘字，在魏碑中字數殆為比較最多者，且損泐不多，大都每字均能鋒芒畢露，便於臨摹，余先後臨寫在十遍以上，初看此碑之結體，不過渾穆而已，並無矯健之姿，但寫之數過，復經參詳揣摩，久而彌知其端重婉麗，兼而有之，字字謹嚴，唐宋以後之以平整直筆為謹嚴者，則又差一毫釐，謬以千里，蓋此碑可謂無一直筆也，藝舟雙楫列為逸品，乃品評書法者至當之論也。

6月18日　星期六　晴、有陣雨

家事

前接尹合三兄由桂林發十五日電，謂德芳經梧州來穗，週內可到，則計時明後日即有到達可能，為顧慮明後日到達時忙亂中無暇添置物品，乃擇意料中應需準備者於今日下午先到市上採購，為求用品之當意，計在長堤及下九甫一帶涉獵凡三數小時，計在鶴鳴商店買白皮鞋一雙，半高跟方圓大口，圓頭，前後不空，簡單大方，余今春在滬始初見此式，又網狀尼龍襪一雙，咖啡色，此種絲襪在穗僅有一兩家出售，極為新穎，又美製透花文胸一件，花式亦佳，余自信購物甚有眼力也。

6月19日　星期日　晴、晚雨

看書

　　以臨池之餘，讀包世臣藝舟雙楫論書部分，包括述書上中下，歷下筆談，與金壇段鶴台明經論書，論書十二絕句，國朝書品，答熙載九問，答三子問，書譜辨誤，跋榮郡王臨快雪內景二帖，書臨平原祭姪稿後，題隋誌拓本，自跋刪擬書譜，自跋草書答十二問，十七帖疏證，與吳熙載書，書黃修存藏宋拓廟堂碑後，書劉文清四智頌後，自跋真草錄右軍廿六帖，書陳雲乃集其先公寫慶壽幛字為四言詩卷後，跋重刻王夫人墓誌，記兩筆工語，記兩棒師語，完白山人傳，刪定吳郡書譜序等篇，文字樸茂，引人入勝，但所論書法極抽象渾凝，固以見包氏功力之深，而非此似又不足以藏其有餘不盡之意，蓋書學乃視覺美術中之最上乘，究極言之，實無具體語言可以描繪其堂奧之微妙處也，故讀此書者之能否領會與領會而有深淺者，與其書法之造詣殊有極深切之關係，如所謂唐以前書皆始艮終乾，南宋以後書皆始巽終坤兩語，見於述書上，以次復再及之，但余於其精義終似模糊影響，坐於學力之不足也，故此書讀後雖大體可以領會，有時舊葉重翻，又覺陌生，或其意似曾相識，而細加玩索，復別有啟發，作者之不可及，全在此等地處，包氏於近代書家特別推崇鄧石如，鄧傳所記學書之經過，既有夙慧，復經專精，而其出身乃一石匠，可見學書之雖難而終能有成，可不勉旃。

體質

年前右頰顴骨處生一贅物，俗名猴子，初起不過米粒（小米）大，逐漸衍生，近則已有高粱米大，余以不痛不癢，僅理髮修面時略有不便，故亦不以為意，前數日其上面半個漸向下張，而皮屑隨以剝落，所餘半個則膠著如故，用手撫摸，與昔無異，今晚無意中由其側面用指甲略掀，居然整個脫落，當時略有微血滲出，亦不覺痛，俄即為血清所凝，未知不致續發否？

6月20日　星期一　雨、下午晴

娛樂

下午到中國戲院看電影，李麗華、石揮、路珊等所演「假鳳虛凰」，桑弧編劇，此片去年曾因理髮匠掀起風潮而有刪改，當致轟動一時，但余尚無機會看過，故乘此往觀，全劇穿插若干不近實情之笑料，實際上之主要故事即描寫理髮匠與徵婚之寡婦弄假成真之經過，根本上即漏洞百出，較有意義者為由石揮口中說出理髮匠閱人多矣，大人先生衣冠楚楚者實在並無什麼了不起之處，於是即假戲真作，於是大為成功，此點對於上海社會乃至一切都市社會只認衣衫不認人之習尚實一至大之諷刺也，此片放映時見右邊另有字幕出現，初不甚解，後始知必係廣州演國語片之習慣，無怪乎此間粵語片之佔如許地位也。晚，同褚保三處長到天星戲院觀舞，凡五節，一二兩節為單人舞，一無布景，一為雪景，均平平。第三節為日光浴舞，

台上有台，兩端簇擁數女不動，中間一人作迎接日光欣舞之狀，此一人胸及下腰均係透明尼龍，罩以輕紗，人體美完全顯露。第四節為檀島豔娘，布景最好，兩人對舞亦節拍和諧。最後一節為沙樂美，為書中獻頭一段，此舞女裝來似日光浴一節，但兩乳所貼尼龍略有圖飾，燈光表現瀧瀧天明，效果亦佳，一小時散。

6 月 21 日　星期二　晴、曇
看書

　　讀陳海量講述「知己知彼」，大法輪書局出版，為一種通俗佛學讀物，其所謂「己」者，係指佛教而言，所謂「彼」者則指耶、回兩教而言，其中談佛所占篇幅雖半，但余認為反不若解釋耶、回兩教部之簡單而賅備，說佛部分多注重居士信佛之諸種教條，以及弘法之重要，對佛法之內容反少談及，此為近年佛教推行在家信佛之一貫宗旨，蓋鑒於全世界佛教徒人數日減，而佛教區域亦日縮，非此無以挽其式微也，但誠如作者所云，在家學佛比之僧尼學佛尤難數倍，因在家學佛要在世事煩惱中修習，須掃除厭煩怕鬧貪靜等偏執習氣，要不怕逆境，經過洪爐才成法器，書中又有兩段論佛學重要名詞，凡提出十八名詞，而只釋三福、五戒、五明等三個，餘為三寶、三皈依、四諦、四攝法、五蘊、六脈、六塵、六道、六度、六通、八識、八苦、十善、十法界、十二因緣等，皆略而未詳，其實如五蘊及十二因緣等，並皆重要也，一段論佛、菩薩和

阿羅漢形象之認識，則極富常識意味為不可少，釋尊手上
有缽或不持缽，阿彌陀佛右手下垂作接引眾生狀，左手當
胸持蓮花或金台，面貌則同，六大菩薩留髮戴天冠赤足作
在家人狀，羅漢剃髮無冠僧衣赤足云。

6月22日　星期三　晴

家事

　　日昨接尹合三兄來函通知，謂彼日前由桂林回穗，
德芳亦日內可到，望便中過往一談，下午即到合作金庫相
訪，謂其岳母與德芳等昨日已由梧州動身，小輪今晚或明
晨可到，頃已派人前往探詢，移時往探者回庫，謂該輪已
到達，余即乘其所備卡車到長堤省梧碼頭永安輪接歸，先
送老太太到寶華路寓所，然後開車來東山，同來者為七弟
瑤祥，子女等衍訓、紹南、紹雄、紹寧，據謂自桂林動身
係乘民船，途經梧州，行四天多，但甚爽通，由梧至穗時
間較短，但小輪人多而雜，不甚安適，且此段水路照例各
輪係結隊而行，有若干地方須熄燈下至底艙以避岸上土匪
之槍擊，其實行此路者早已均付買路錢，只因匪有時不講
信義，故仍須自衛云。

6月23日　星期四　晴、曇

家事

　　德芳率子女等昨日來穗後，因沿途勞瘁，顯露風塵
之色，昨夜復初初談及將來問題，不得要領，益為之困

頓，蓋最合宜之一勞永逸辦法為先行回濟南、青州，可以
照料濟南房屋，且免於在外長久奔波，但共軍情形究竟如
何，傳說不一，多屬模糊印象之談，故在尚未能先行設法
通消息以前，不能貿然前往，況將來最大問題為無法接濟
費用，而數日來上海受國軍轟炸封鎖，無船前往，亦為現
實問題，余在數日前曾分函香港、台北兩方詢問房屋情
形，回信極為簡單，恐非自行前往，不能有最善之解決，
凡此種種均須加以縝密考慮者也。下午同德芳偕紹南、紹
中同到上下九甫一帶買零星用物，費時四小時，並定換白
鞋等，七時回。

6月24日　星期五　陰雨
家事

　　與德芳詳細研究將來去處，謂由此有三途，一為赴
台，二為赴港，三為回里，赴台之困難為房屋頂費太高，
無力負擔，台北非有十餘兩黃金不辦，台中、台南或較
低，恐非余先往洽辦不可，德芳謂最好公司能有宿舍，此
則為事實上較難辦到者，赴港未必需若干房屋頂費，但月
租及日用費太昂，暫居一兩月尚可，稍長即無力以赴也，
回里之困難一為不知現在濟南、青州之具體情況究竟如
何，二為戰爭有曠日持久之勢，將來隔斷無法接濟，德芳
意縱為照料房屋回北方一行，亦只欲其本人隻身往返，並
不能長住也，又廣州斷不能久居，一為房屋困難，二為生
活太高，三為戰事發展至此之時秩序將亂，如臨時由此赴

港九暫避，恐更無地立足，且代價益高也。

6月25日　星期六　陰雨

師友

下午，到中央財務委員會訪虞克裕、胡希汾兩兄，均不遇，到金龍酒店訪徐軼千廳長，云已赴台。

家事

關於安頓眷屬問題，赴台、赴港兩途均有利弊，前者為比較安定，但不能隨時返里，後者交通較便，但長住非經濟力量所許，故最難得有一合宜之決定也；此外為七弟瑤祥與衍訓兩人之上學問題，彼等名為初中修習期滿，其實至少差一學期之課程，不唯轉學無法考取，即有法考取，目前亦不能斷定秋季在何地可以有安定局面可以上學，故大原則仍以隨其所肄業之煙台聯中同往為宜，因該校現在台灣，環境比較安定，煙中能開學固佳，否則即轉學亦無不可，所成問題者仍為其學力無法可以考取較好學校，則甚為可慮耳，此一問題又不易立獲結論，焦灼不已。

6月26日　星期日　雨

師友

上午，尹樹生兄來訪，據談其所服務之合作金庫對於高級同仁之今後安排甚為週至，處長一階層可以發安家費美鈔六百元，無論在港、在台，均可維持一年左右，惟

其夫人頗主張在粵等候局面變化，即行回魯居住，不欲為久住他鄉之計，迄今亦尚無成議，此種舉棋不定之苦悶乃人人所有，而因局勢混沌，動定兩難者，幾乎觸目皆是也，又尹兄本欲安眷於台灣，及聞香港九龍未必更貴於台北，似又不欲遠行云。下午，到珠海中學內震華文學院訪王玉圃院長，遇其一訓導田君云，下午三時可來，余即留字，寫明地點，歡迎來談，並謂下午再來，但下午著人往探，謂下午根本未至，故余所留字並未能交其本人，渠現住於北平酒店內云。

6 月 27 日　星期一　晴
師友

　　下午，到交通銀行見陳立夫氏，面遞張中寧兄由紐約來信託轉之長函，到該行時將余名刺及函交傳達，傳達即入問，余由窗見陳氏正在會客，俄傳達引余至樓上，由其秘書沈君代見，謂張兄回湘計畫已有數次來函，迄未決定辦法，容往再詢，即去，良久歸謂陳氏客人去後即須外出開會，不及與余面談，謂此事尚難決定，須俟陳氏日內回台灣與陳果夫氏商洽後始能作復云，余即退出。到北平酒店訪震華文學院王玉圃院長，不遇，其夫人謂已到珠海中學該院臨時地址辦公，余詢悉該院將移台南、高雄附近之屏東市，余即面託屆時請允瑤祥、衍訓二人參加其團體同行，到台南後即轉至馬公島尋其煙台聯中之所在，因如單獨前往須先辦入境證，太多周折云。

6月28日　星期二　晴、有陣雨

師友

下午，同德芳到十六甫北街訪尹樹生兄夫婦，僅其夫人在寓，據云日內仍將赴台灣，行期在下月初云。

瑣記

余所用手錶乃卅四年秋所置，四年來未搽油，多因鐘錶店值疏散人員或因氣候潮霉恐發條折損，或因余行止無定，時間不足候取，以至遷延至今，月前發條忽斷，余擬至市上修理，時值天雨，黎超海協理謂何妨託其帶至公司交同人之通粵語者送大店為之，余以如此甚好，即交其帶往，轉由李仕鎣君送修，半月取回，彈簧忽斷，且奇緊，不能行滿廿四小時，乃又交李君送往，據云曾將第一家所收之費索回半數，另交一家修理，日前又送來，試用與半月前無異，每日須開發條兩次，始行走不停，且每日快將十分鐘，余因此事已煩躁不堪，如再度取去，恐仍然如故，徒生若干閑氣，故亦只好任其半身不遂矣。余由此事知商人道德之完全不能欠缺，與夫凡事假手於人之後患，有較諸自己動手尚加重十倍者。

6月29日　星期三　晴、有陣雨

師友

下午到執信南路訪方青儒兄，據談其眷屬在滬甚安，並不準備早有遷動，但溫子瑞兄由基隆來信，勸早日接出，其方向或為台灣或為港澳，或為南洋，渠對此事正

在躊躇未決之中云。

家事

　　抽暇為七弟瑤祥及衍訓、紹南補習英文，瑤祥、衍訓用開明第三讀本，紹南用開明第二讀本，照其程度約為上學年應讀過者，但紹南對講解均能領會，且背誦流利，可見程度與應有之學力相符，衍訓與瑤祥則費時兩日始勉強誦習，發音亦差，程度不夠，滋可慮也。

6月30日　星期四　晴、有陣雨

師友

　　上午到新亞酒店訪廖毅宏兄，不遇，旋彼來訪，並於下午同到越秀北路橫路二號訪陸冠裳夫人，並同出，到太平南路一飯店共用晚餐，並約定到澳門察看情形能否安眷云。

瑣記

　　昨在東山前街購物，因皮包鑰匙夾於鈔票內，不慎遺失，今晨在一店內尋回，即至市街購物，特將該鑰置另一口袋內，後因購到皮箱一隻，有鑰匙兩支，匆促間亦置之此口袋內，此後買零星物品，以攜帶不易，乃開箱隨時置入，凡前後數次，旋突發現原有之皮包鑰匙又已不見，在購物之街上往返尋找，終未獲見，在兩小時內得而復失，懊喪達於極點，又覺無論如何用心，意外之事終不能避免，此等瑣事尚然，其他可知，凡事不能由人，其奈之何哉。

7月1日　星期五　晴

師友

日昨廖毅宏兄約於今午吃飯，余與德芳按時到新亞酒店廖兄處，先到者有陸冠裳太太及其長公子，又有財政部視察萬賡年君，安徽懷遠人，談部內人事變動情形甚詳，中飯在陪都飯店四樓，尚佳，但有一意外之事，即有一茶役將茶壺內開水打翻，余右手適放在桌上，手背及四指相連處竟澆滿，當時不十分疼痛，用醬油及萬金油塗搽，即未甚痛，回寓洗澡後將萬金油洗去，始覺紅痛，乃又再塗搽數次始漸漸停止。今日午飯後並同到公司辦公室訪褚保三處長，渠今晨由竹絲崗到公司時曾謂今日即外宿，明日赴港，下午詢其行期似又將在下星期一，又關於明日赴澳門事，與廖兄約定，明日下午成行，即在新亞會齊云。

7月2日　星期六　雨

旅行

午後三時在雨中由東山乘公共汽車赴太平路新亞酒店廖毅宏兄處，其時陸冠裳兄之長公子建鄴已先在，云已將票買好，四時乘新鶴山小輪赴澳門，乃按時前往，由郵局前碼頭登輪，所買之票謂為餐房，其實簡陋不堪，位於所謂餐樓之前端，在船頭部分，因船之兩端較中部尤狹，房間為對稱兩面，故床長更不足用，夜須捲伏而睡，床分兩層，床前之空地與床之大相等，兩人不能同時進出，夜

間且臭蟲極多，不能安枕，輪船至如此偪仄者，殊為少見
也，此船用電發動，因所用之馬達搖動太甚，行時覺如火
車之顫動，全船之大不過百噸左右，乘客約二百人之譜，
使乘客絕無安適之感，僅晚飯所點之菜數色，尚能勉強下
嚥，夜早睡，以充分休息。

7月3日　星期日　晴

旅行

　　新鶴山小輪於晨間繼續前進，所過為中山縣境，兩
岸水位極高，民居頗有淹入者，但風景佳絕，八時許到澳
門之附近，先靠拱北關由中國海關驗關，然後於九時攏澳
門碼頭，住國際酒店。

師友

　　上午同陸建鄴君到其叔父家探詢房屋租賃情形，下
午又同廖毅宏兄同到朱君家探詢。

游覽

　　同廖毅宏、陸建鄴同到各處游覽，先乘五路公共汽
車任其駛至終點，為台山平民住宅區，又折回改乘二路回
市，旋又同到游泳場，即在市郊附近，尚係江水，不能見
底，係搭蓆篷，有如戲台，入內有階下水，最淺處水位
六七、尺，且無沙灘，殊不見佳，最奇者為上有若干小
房，多為雀局，實匪夷所思，返市內至中央酒店樓上看賭
場，雖華麗而不及所傳之甚，未知有無更大者。

7月4日　星期一　晴

居住

今日移居新馬路東端之利為旅酒店（Riviera Hotel），大約係葡萄牙人所辦，雖房屋較老，且只三層，但房間寬敞，且有曬台與較大之盥洗間，取價與國際酒店相似，故即遷入，此地近外海之濱，可以遠眺，地段亦勝於其他旅店也。同廖毅宏兄及陸建鄴君隨介紹人看板樟堂街房屋兩處，其中有一處在三樓，房間光線甚好，約三房一廳，且有較大之曬台，取價亦比他處為低，但索頂費，聞澳門規矩根本無支付頂費之習慣，故尚須再看再議也。

游覽

傍晚，到海濱散步，由利為旅酒店循海岸南行，經過之區域皆極幽雅，為高等住宅區，行至南端轉北行至西海岸，游媽閣廟，乃天后宮，但極小，由此乘公共汽車回旅邸。

7月5日　星期二　晴

瑣記

下午，日昨介紹看房之蘇君又來引看房屋，因只有一房一廳，而索價西洋紙三百元之多，故未經詳談即行辭出，此外又在南灣街看一處，因無人引導，只由外略望，謂索價五百元，故亦不再追求，綜合數日來看房結果，只有板樟堂之一處將來有定租餘地，他均空談也。

旅行

今日下午五時將利為旅酒店房間辭去，準備晚間赴港，因如此可以不負擔一天房金，晚飯後於九時到廿號碼頭，買票登廣西輪赴港，此船係下午由港來澳，午夜三時始赴港，故三時前未有充分睡眠，幸三時準時南行，觀澳門美麗之夜景後即復入睡，余與廖毅宏兄同行赴港，所乘為西餐房之客廳名為西餐樓者，此外尚有唐餐樓與唐樓有床與無床，此五等均在船上之高層，最下等者在船之底層，名為大艙，但各等旅客均極少。

7月6日　星期三　晴
旅行

晨三時啟碇之廣西輪於七時到香港停泊，即與廖毅宏兄同至各處覓居，凡十餘處，皆客滿，又至九龍，亦十餘處，情形無異，最後同到曾憲惠同學家，介紹至青山道發祥街甫廬酒店，始有房間，此處房間甚小，但極潔淨，且有屋頂花園，係一別墅式之房屋改造者，地僻價低。

師友

同廖、曾兩兄到德輔道一帶買表，同到廖兄之姪婚家談香港房屋租賃情形。途遇王慕曾兄，晚間到佐頓酒店訪問，並覓吳挹峯氏，但均外出，在碼頭游散後返。

家事

到上海街探視姑母並提及表妹親事，將為進行，又約定明日上午同外出至各處看房屋。

7月7日　星期四　晴

師友

　　晨，表妹姜慧光約同余與廖毅宏兄到佐頓道附近看房屋，先至雄雞酒店早點，遇謝哲聲兄夫婦亦來，據云係為看房而來，乃一同進點心，不久辭出，先看數處，皆較狹小，尚須四千元以上港幣之頂費，無一愜意者，又同至九龍城一帶，看有數處，最滿意之一處為聯合道，即將築成，需頂費八千元，月租三百餘元，因太貴未談，至十二時辭返旅館取行李至街購物。

旅行

　　下午三時十五分乘廣九火車回粵，此為余第二次乘此次火車，第一次停車站為深圳，乃租借地之交界，車甫停即有若干運貨軍人蠭湧登車，所攜無非餅乾桔汁之類，據云每次不過可賺港幣五、六元，根本不能購票，此種軍人多北方籍，余與攀談，謂為此戔戔，竟被人賜以霸王之號，殊覺不平，彼等所以為此，無非為所支待遇不足自活，路上中英兩段搬運，吃盡辛苦云，此車上又有一特殊現象，即到站停靠時路邊月台之小販完全上車叫賣，秩序極為紊亂，七時四十分到廣州東站下車，余見同車之若干所謂霸王均由車窗下車搬運貨物，由旅客之出路下車者皆不准通行，旁邊且打且行，此現象真可謂光怪陸離也。

7 月 8 日　星期五　晴

師友

上午，到越秀北橫道訪陸冠裳太太，詢陸兄何日由台來穗，據談或在今明日，但無確訊，其長公子建鄴尚在澳門，今明亦可返穗，對在澳租屋事認為如需頂費，即可不必，聞有友人在香港鄉間以月租三十元之代價租到一廳兩房，且不需頂費者，將詢明，通知在香港之廖毅宏兄先往察看具體情形，以便參考云，以余忖度此種房屋或十分簡單，亦未可知。到楊巷陸淘沙氹訪段啟山兄，不值，其夫人云，現已接受中央警校新校長之約到校任主任秘書兼辦公廳主任，正忙於辦理交接，日間並不在家，余即留字約於星期日上午再訪，請屆時相候，傍晚段兄來訪，謂午間因事回寓，下午再到辦公廳，散值後途經余處，故特來訪，余即託其為德芳領身分證，並留晚飯，飯後到東山警察分局鄭局長公館訪鄭局長，允明日即將空白表格取來，先報戶口，俟戶口辦到時附送照片即可補發身分證，收費有限，辦理期限亦甚為短促云。

家事

七弟瑤祥與衍訓兩人設法赴台參加其母校煙台臨中，本將參加震華文學院，但該院似不赴台，又詢四、五兩聯中，亦均上船赴台，徬徨竟無路，而並不著急，令人深為焦灼也。

7月9日 星期六 晴
師友

下午，到六格酒店訪逢化文兄，並識其同住之曹佩滋與張敬塘兩君，又遇往訪之尹合三兄等，據諸人綜合所談，煙台聯中已全到馬公島，十八歲以下之學生成立中學，其餘半軍半讀，目前赴台學生團體已只餘震華文學院，該院係與軍事當局協同動作，明日前往，關於瑤祥弟與衍訓兩人赴台讀書之事，如不先辦入境證，即須參加此最後之團體同往，如不獲參加，即託逢化文兄將兩人於回台時帶往，於是同逢化文兄到國大秘書處為兩人登記，在秘書處遇有友人多人在彼，均係前數日內由台灣來穗者，計有李滌生、閻若珉、殷君采、劉心沃、王克矯等，王兄談及現住台灣淡水，生活極低，且臨海邊，殷兄談及畢天德在青時對於彼有種種誤解，對逢兄亦然，兩人均否認對廠有何企圖，但於畢等之昧茫無知，則表示深惡痛絕，由國大秘書處與逢化文同出，渠定明日赴港，後日回穗，余約其於星期二來寓晚飯。到財政部訪楊綿仲氏，補賀其任次長。著七弟瑤祥與衍訓持函往見震華文學院王玉圃院長，請參加赴台同行，但歸謂遍尋無著，則此最後之團體機會恐又將失去矣。

7月10日 星期日 晴、有陣雨
師友

上午，到愛國酒店訪殷君采兄，探詢其台灣一般情

形，據云台東生活最廉，但交通不便，而颱風之災最鉅，
台北最貴，氣候較涼爽，淡水、草山一帶夏季最無暑氣，
台中則生活低而氣候亦佳，故亦為適於居住之地，且西部
各市均有火車，交通極其便利也。到愛國酒店訪宋志先
兄，談其津浦區鐵路黨部遣散之經過，謂至今尚無特別辦
法可以將人員全加按插，又談其兩子上學情形，一在上海
交通大學，根本不願離開其學校，故現時仍在上海，彼有
其獨立之意志，且相當理智，故聽其自然矣，一在台入中
學，大致尚知好學云。到維新路千頃中學訪客住青年軍
205 師張師長處之王廣來同學，託其轉向該師主管方面商
請，准予瑤祥、衍訓隨其運從軍青年赴台之船赴高雄，以
便轉往馬公島煙台聯中報到，王兄云將與該師商量妥善辦
法，明晨面告二人云。

家事

　　抽暇為瑤祥、衍訓、紹南等課讀英文，分採開明
英文讀本第二冊與第三冊，另外著令寫習大字，一寫
玄秘塔，一寫顏勤禮，一寫九成宮，均能得其似處，
日有進步。

7 月 11 日　星期一　晴、有陣雨

師友

　　上午，陸冠裳兄夫婦及其長公子來訪，陸兄云係前
日由台北回穗，當日嘗晤逢化文兄，渠昨日赴港，即轉達
廖毅宏兄來穗，余即約三人於明晚來寓晚飯；據陸兄云，

畢天德等在台北應付退台各廠職員七人及工人若干人已感
焦頭爛額，迄今尚無解決辦法云，又謂彼等將與畢等周
旋，立場十分穩固，因畢等弊端已十足為此七人掌握，必
要時實為堅強之武器云。

家事

今晨著瑤祥、衍訓兩人到千頃中學青年軍二〇五師
師部訪王廣來兄，承王兄為彼二人赴台問題與張師長談
妥，立即發給符號，隨隊前往，但言明俟到達高雄時即將
兩人喚出云，彼等於下午上船，至晚折回，謂因震華文學
院學生有糾紛，須延緩一、二日始能上船，該學院學生分
兩部分，一部分為參加二〇五師者，一部分為反對者，刻
正相持中云。

7月12日　星期二　晴、有陣雨

師友

下午，到竹絲崗橫路一號訪楊善楨兄，為填報戶口
表須有保證人，特就近請其擔任，但楊兄不在寓所，乃寫
一名片說明來意，希望蓋就後於今晚派人來取，或有便人
飭人擲下，隨將填就之表留交。

交際

晚，約逢化文、廖毅宏、陸冠裳三兄在寓便餐，與
廖兄同來者有劉支藩、萬賡年兩兄，均亦留座，賓主共計
六人，暢談甚歡，逢兄將候船回台北，陸兄則甫來粵，動
靜未定，廖兄謂因啤酒廠繳財委會一萬港幣須先回港辦

理，辦妥後即將先回廈門，如領到入境證後即赴台灣一行，又云如廈門成問題時，即赴港與曾憲惠君同住，但後又謂聞畢天德、黎超海、蘇雲章等在台北頂屋居住，均由公司負責，則彼在港用公款頂屋自亦不為過分，因彼運啤酒三千箱在廈也云。

7月13日　星期三　有陣雨
師友

上午，楊善楨兄來訪，談及合作金庫總庫之作風問題，認為數個副總經理及正副處長只知在台、港爭奪頂房避居，正事無人過問，分庫無人理睬，殊非佳象，楊兄將報戶口冊加章作保後面交來。晚，接張中寧兄來函謂今日由美經檀島、菲律賓、香港抵粵，係奉最高當局電召並撥旅費，囑回湘西處理地方武力問題，余即於晚間到白宮酒店訪談，移時由台來穗之蘇雲章協理與由港來粵之褚保三處長亦到白宮訪談，余約三人明日午膳，在白宮晚飯後，偕張兄到交通銀行見陳立夫氏不遇，余即辭返，張兄在美已近一年，談華僑一般情形甚詳。

7月14日　星期四　有陣雨
師友

中午，約張中寧兄及蘇雲章協理、褚保三處長在寓便飯，所談多美國故實，因三人均曾留美，而張兄甫自彼邦歸來也，飯後同張兄至朝天路國民大會秘書處，彼登記

到穗準備領取補助費，余則再度接洽眷屬赴台乘船事，據科長婁君云，此事上月二十日本已截止，最近登記者已辦公函致行政院接洽船位，尚未獲准，不知結果如何，余則登記在公函以後，但不走者必多，只須有船，諒無問題，談竟至六椿酒店訪逢化文兄，請隨時代探船期。

7月15日　星期五　雨

師友

上午，到白宮酒店訪張中寧兄，並與張志智兄及紹南、紹寧等同至鑽石早點，又同至國大秘書處訪張壽賢處長，請代備證件證明余眷屬赴台，因余不能偕行也，又到梅花村見谷正綱氏，又見余井塘氏、姚大海氏未遇，又同至曹聖芬秘書處談張兄回湘西事，歷時二小時，張兄本定明日赴台，臨時改遲，中飯回余寓便飯，飯後即去，余仍定明日赴台。

娛樂

下午看電影，為摩那絲拉安賴和布祿合演之紅菱豔（The Red Shoes），歌舞場面極大，女主角之舞蹈技術極其罕見，用足尖自由旋轉，十分純熟，即一足亦然，故事則用安徒生童話紅鞋為素材，描寫藝術與愛情之不能並存與必須並存，不能合而為一，遂成悲劇焉。

7 月 16 日　星期六　陰、下午晴
旅行

　　晨七時半由東山乘租用汽車赴白雲飛機場，褚保三處長到機場送行，並由李仕鎏君到場照料，因攜有公司一部分帳冊及私人託帶行李零件，故過重十餘公斤，九時上第一百二十七號運輸機起飛赴台，機內設備簡單，僅有兩排帆布椅，但飛行尚平穩，空中小姐則不若一般之和藹周到，除熱飲外，中午亦無吃食，十一時餘到廈門上空，雲層均開朗，青天碧海，蔚為壯觀，下午飛行幾全沿海濱，一小時後越海東行，十二點後見台灣陸地，半小時後到松山機場降落，全程為三小時半。據云在普通飛機此已為最速者，下機後驗入境證，余以國大代表出席證代替，登記通過，乘航空公司汽車到中正東路其辦公處，改乘三輪車到公司，旋到錦江吃飯，其時畢天德、黎超海兩君來，謂因公司云須下午一點半到達，致誤迎接，下午到公司談近來業務及建廠一般情形，並分交代彼等所帶物件，晚飯在畢天德君寓，夜宿杭州南路卅三號宿舍內。

7 月 17 日　星期日　晴
師友

　　上午，到建國南路訪李祥麟兄，僅渠與其兩女在寓，其夫人則帶幼子回廈門，余詢以此地中學學生入學困難情形，據云尚非無法可以補救，亦不如所傳之甚，日內將探詢詳情再告。中午，在黎超海協理家吃餃子，其小孩

尚能學鋼琴，可謂未受戰爭之賜，其次女則患肺病，須臥
養三月。下午到徐州路訪崔唯吾先生及夫人張志安先生探
詢教育界情形，據云入學絕非全無辦法，然則日昨畢天德
之所談則未免有所誇張矣。晚，前在省銀行之同仁李德民
君來訪，渠刻服務於第四十四兵工廠，地點在松山，其夫
人則服務於省立商職，不久入院分娩，兩人並未組織家
庭，僅週末來台北相會云。

7月18日　星期一　晴

旅行

　　上午八時半乘台灣鐵路縱貫線由台北市出發赴台中
市，火車因機車有故，九時始開行，送行者有前省銀行同
仁李德民君，車上所遇師友有劉振東氏與魏壽永兄，劉氏
係偕夫人來台北布置新居，遂回台南為移居之計，魏兄則
以安徽農業公司名義居於台中，火車沿途經過重要地點為
新竹、苗栗、豐原等地，雖已晚點，但不久即趕上，仍按
原訂時間到達台中，其時為十二時半，新竹居今日行程之
半，新竹以北俱沿海行，為雙軌，竹南以南則行山線，皆
單軌，隧道無慮二十處左右，在車內深為氣悶，面孔及鼻
孔皆成黑色，到達後即下榻中正路車站前之鐵路飯店，尚
軒敞，但對門為飯館，酒食者流喧鬧至夜分，並有女招待
清唱等，至受聒不能入睡，台中非大都市而有此等現象，
亦殊可怪也。

職務

下午，到雙十路八號謁見陳果夫氏，略陳齊魯公司自青、滬易手後，侷處台北一隅之財產概況及建廠之不易，與正在進行中之貿易部分工作，陳氏認為公司範圍大，不若趁此時即以建立橡膠廠為唯一之工作，貿易部分大可不辦，又談及曾養甫氏現狀，及其家中動用公司款項情形，十分清楚，余已年餘未晤陳氏，當表示在公司有辱使命，甚為慚愧，請調實際工作，雖卑下亦不嫌棄，陳氏無具體答覆，今日談半小時，贈水果一籃。

師友

下午，訪林毓祥、林毓芳、林建五諸君，又訪魏壽永、朱興良兩兄，承留晚飯，又由魏兄偕同訪李先良兄，李兄不忘計畫回勞山打游擊，又渠極贊成台中之氣候風物，適於家居。

7 月 19 日　星期二　晴

師友

晨，到萬安里民安二巷訪林鳴九兄，台中街道用日治時代分為若干番地之成規，所謂萬安里者，係一區位名稱，並無里衖之形式，因而若干小巷所用以表示部位，實際訪尋十分困難，余往返行一小時未有結果，詢以居民亦不知之，最後始於十分困難中尋獲之，其實兩端通馬路幹線，若不用里名，只將其交叉之大路表出，或不致如此困難也，尋到後見林建五兄亦在，渠今晨訪余不遇而轉至此

地者，在此又遇劉幼亭、劉作三諸兄，又到林兄近鄰訪劉
道元太太，不遇，又託人帶片致程蘊山兄，知其外出，便
以代候也。

旅行

中午，十二點半到台中車站上車（二次車特快）回
台北，同行者有途遇之畢圃仙兄，渠家居新竹市，故先下
車，列車於五時二十分準時到達台北站，余因沿途隧道太
多，渾身煙灰，極不愉快，且連續兩日火車生活，遍身又
欠舒展，乃臨時改變計畫，即轉另一月台，乘汽油車至新
北投溫泉沐浴，在途二十分鐘即到，此種汽油車有類電
車，極其清潔，每車亦只一節，故行進迅速，北投為台灣
各溫泉區之冠，山內闢有公園，風景宜人，溪水潺潺，洗
人塵慮，山中旅社林立，皆引溫泉之水供客沐浴，余所
居為山上僻聲處之水月莊，甚幽靜，浴後入眠，身心俱
爽，泉水不甚熱，略有硫磺氣息，故其屬性極平常，不
若黃山湯池之礦水絕無臭味也，但因距市區極近，故游
人咸稱便焉。

7月20日　星期三　晴

游覽

晨起，因知北投距海邊之淡水鎮不遠，乃乘公路汽
車前往，一路均為柏油道路，故絕無塵土，一路均與鐵路
平行，到淡水後，汽車復能續行三數里至海水浴場，較之
火車必須換車者，便利多多，余到達後見海內游泳之人極

少，乃就一冷食店內休息午飯，並詢問一般情形，據云下午及星期日游人較多，但實際上亦甚不足道，至浴場設備則甚簡單，只有木房兩所，裝有淡水龍頭，下午四時始行放水，此外凡來游泳者多需租用傘篷之類，沙灘灼熱，赤足須疾行，始能勉過，故沙上無人曝日，由此可見此間氣候雖不甚惡，但與青島海濱相較，則懸殊矣，余游一小時餘，兩肩被日炙作痛，遂沖水作歸計，以時間適於乘汽車，故仍乘汽車，於下午七時到達台北市，下車回寓。

7 月 21 日　星期四　晴
師友

下午，到公路局訪局長譚嶽泉兄，據談其所主持之公路皆大半為鐵路之平行線，運價不能自主增加，實際不敷成本，目前所賴以維持者為新台幣發行前通貨膨脹時期之貸款，亦即等於台灣銀行之一種補助，次則車輛不能隨時補充保持原有之真實價值，無形中以資本供消耗云，又談及齊魯公司之將來，渠不主張由畢、黎等再行經營下去，甚致毋寧將一切財產變價結束繳還財委會，又渠謂台灣省之地方性極濃，只須稍一發動，即可為省黨部取去，彼礙於陳、曾二氏，不便為此云。晚，到李祥麟兄家閒談並晚飯，李兄對當前局面表示苦悶而認為希望絕少，不願長此拖延，欲將眷屬安置在母家而隻身回至大陸，但目前大陸方面交通困難萬狀，不能不十分審慎，在台雖安定而氣悶，似人人有此感云。

職務

上午到公司與畢天德、黎超海兩君晤面，略談台中經過，並知廣州營業所來電，余眷廿日乘秋瑾輪來台，謂房屋已在找尋中，布置方面可按一月薪借支，此或係解釋連日庶務方面未有何等供應之原因，其實未有何需求，彼曾交庶務代辦而又自食其言也。

7月22日　星期五　晴

家事

晨，接譚嶽泉兄來信，謂招商局之秋瑾輪今晨九時抵基隆，云云，蓋因日昨余訪譚兄時，曾託其就近在樓下探詢招商局以該輪到埠日期也，其時公司許庶務在此，余即轉達辦運輸之錢治平君，請用公司汽車開基隆接眷，九時始至，謂車為陳廠長乘去，只得至車站乘公路局長途汽車前往，經過一度機件損壞，十一時抵基隆，此港為余初次到達，故情形不熟，由錢君向港務局探詢輪船消息，不得要領，乃同到招商局，櫃台內人員亦謂無消息，只知係昨日開出，詳細時間不知，大約明天可到云，輪船運輸之難於掌握時間也如此，余與錢君在基隆午飯後，仍乘公共汽車回台北，此路全係水泥路面，卅公里，只行四十分鐘。

師友

上午，李祥麟兄來訪，余時正擬出發基隆，致未詳談。下午，同學蔡君來告，今下午廖毅宏兄來台北，余即

至永大旅社訪問，據云擬先至台中謁陳果夫氏後再行回台北，與公司內其他人員有所接洽，故不願到宿舍來訪，據告在廈啤酒最近賣四銀元一打，較台北售專賣局價為高云，晚同到萬里紅小酌，菜內有名為九吼（孔？）者，似螺似蚌，余初次領略也。

7月23日　星期六　晴
師友
　　上午，李祥麟兄來訪，所談仍為其所關心之港穗一般情形，並詢余眷到台日期，其日期本為今日，但錢君探詢船期後來告秋瑾輪因遇風折返，須明日始能到基隆也。下午，到永大旅社訪廖毅宏兄，彼明日將赴台中謁陳果夫氏，故先將公司現況及見解交換意見，但均以為無論有何精闢之見，恐事實上對公司前途不能有何補益云，談頃乘汽油火車赴新北投溫泉沐浴，因值週末，游人更多，余等只在大池洗滌，此中無戲嬉之男女，故甚清潔，浴後用淡水再行沖洗，身心俱快，晚飯後在公園前露天茶社吃西瓜，九時半乘車返。
采風
　　台北市郊區之鐵路、公路交通已至車輛輻輳無以復加之境，其便利為任何余所知之都市所不及，基隆、淡水且全為水泥或瀝青路面，尤為不可多得，但市內交通，不惟比之港澳遠遜，即比之廣州，亦遠不如，市內交通乃以三輪人力車為主，取價奇昂，余今日欲試乘公共汽車，由

中正路一段到火車站再換車至南郊，計在杭州南路口等候六路或七路車半小時，上車後五分鐘即下車，在車站又等候五路車廿分鐘，杳無消息，乃廢然而返，一小時光陰完全浪費，真奇事也。

7月24日　星期日　晴

師友

　　上午，李祥麟兄來訪，值丘青萍兄亦來訪，二人十數年不見，今竟不期而遇，丘君住台中，聞其將經營飲食店，自謂資本有黃金十數兩已足，不出三月，本金可完全賺回，其固定主顧有空軍與裝甲兵團，其中均以北人居多，蓋以魯人名義開飯館特受歡迎也。李德民君上午來訪，謂其夫人廿日分娩，因年已卅，而初次生產，故行手術，幸獲無恙云，傍晚又來約便飯，余力卻之，據云此間省立師範學院附中與其所服務之兵工廠有特殊關係，可以設法以兵工廠子弟資格令衍訓、瑤祥等入學，此校為台北最好之中學云。畢天德總經理夫婦晚間來訪，因日間德芳到達之故，渠等於此等事最周到，已數次如此云。

家事

　　上午十一時錢治平君來告，秋瑾輪於今晨到達基隆，因公司汽車司機不在，故仍只能乘公共汽車前往，午刻到基隆，詢悉船泊十六號碼頭民俗輪外檔，乃雇擺渡划往，即登輪，先遇紹南，繼尋至德芳所在，即由搬夫搬行李至錢君所雇之汽車上，直駛台北，即暫住於杭州南路之

卅三號獨身宿舍內，平添一大人三小孩，自較余數日來為
擁擠。

7月25日　星期一　晴

師友

　　上午，同德芳到廈門街訪譚嶽泉夫婦，僅其夫人在
寓，實為初次相晤，但暢談過去甚為歡快。到羅斯福路三
段訪宋志先兄夫婦，僅其岳太夫人在寓，稍事逗留即返。
下午，到杭州南路、臨沂街一帶同德芳分別訪問畢天德夫
婦、黎超海夫婦、褚保三夫婦及蘇雲章夫人等，所談皆是
閒話，黎、褚兩家今日下午並曾來訪，值余等不在，均留
片而去。

游覽

　　晚，率紹南、紹雄到台北公園游覽，因已在黃昏
後，景色模糊，只約略得見池塘、小橋、椰樹、棕樹之
類，由南門進，自後門轉至博物館，已過參觀時間，但樓
下圖書館則開放至晚九時，讀者頗眾，由此辭出即轉入衡
陽街一帶觀市景，並由重慶南路返。

7月26日　星期二　晴

居住

　　下午，同畢天德經理及公司同人黃君到羅斯福路二
段八巷四號看房，此屋粉飾甚新，共計主要房屋三間，八
疊席者兩間，六疊席者一間，此外廁所廚房則較為狹小，

亦只有將就使用，院內甚偪仄，無何花木，惟房屋前面西北向，後面東南向，並有側門，比較合乎實用，此屋原索頂費，十六兩金，今日言明十五兩，畢君未言由誰出名，自係由公司名義頂進，因現在高級人員均係公司供給住宿也，余因今日看房，連帶想到在濟南之住宅，無論宏敞堅固乃至隙地多花木，咸皆不可同日而語，何日可歸，為之黯然。

師友

託褚保三處長函在粵即將來台之同事代買收音機、熨斗及游泳衣等物。

7月27日　星期三　晴、有陣雨

采風

余到台灣已十天，所到有台北、台中及淡水、基隆等地，各有特徵，台北之都市化程度較高，各公共建築不乏偉大堅固之倫，而一般普通房屋供居住用者則十分簡陋，台北市政為各市鎮之冠，但住宅區則多為圓石沙土，若干柏油路旁之慢車道亦同，則極其污穢，台中為純文化區，甚安靜平淡，淡水為游覽區，其實除設備簡單之海水浴場外，別無可取，而來往公路路面之佳則得未曾有，基隆為一純粹吞吐港口，市政不良，惟此等各地有一最大特色即電力供給與自來水均極充分，電力以水力發電占多數，從而台灣產煤遂有過剩，此外則處處有豐富之水果，如香蕉、鳳梨、西瓜等，柑桔則不能保存至夏季，至外來

花旗桔成珍品焉。

7 月 28 日　星期四　雨

職務

　　上午，前公司總務處長（副）後青島分公司副理戴興周君來訪，據談係於青島撤守時退來台北，連同各廠職工共七人，另有工人十餘人，到台後分晤公司畢天德總經理等，彼等自始即不肯收容，且態度冷酷，激起同人之不滿，繼各同人提出請撥用油廠機器設法成立工廠維持彼等生活，彼等陽為同情，陰實向董事長曾養甫氏表示不願收容之立場，即向外表示曾氏不肯採納，甚至財務委員會陳主任委員亦不肯同意，如此行徑直陷此等員工於絕地，希望余到台後能從中為持平合理之表示，云云，戴君並謂畢及協理黎超海之措施乖張自私，自在青島時期已然，渠向不願多言，今則忍無可忍，將繼續據理力爭云，戴君乃畢之師，此次來台首遭其責難謂其無來此之必要，因而引起極大反感云。下午，公司第一麵粉廠廠長劉鑑來訪，對彼等來談公司不理之經過所談極詳，且表示極度憤懣，彼等絕對不接受畢、黎等假借曾養甫董事長之名義下令疏散渠等之措施，並繼續要求有切實有效之收容辦法，如設立油廠等，設不獲結果，必將奮爭到底，彼時將揭露其經營公司業務之祕密，據云畢、黎等先後對公司之侵佔行為均有確證，且數額達廿萬美金之鉅，又曾董事長一向為彼等少數人之傀儡，一味偏祖庇護此等小人之自私行為，屆

時彼亦為奮鬥之對象，即使引起局外人之干涉而發生不
良後果，亦非所顧云，劉君對於在青時代各廠墊款繳市
府一事，亦有詳細報告，謂初係以麵相抵，繼即借美鈔
一千五百元、銀元八百元還債，故現在須照此數攤還，其
中麵粉廠與油廠應負擔十分之四，業已收回，橡膠廠與啤
酒廠各負擔十分之三，則因啤酒廠待與廖廠長接洽，橡膠
廠陸副廠長赴穗，尚未為完全收回，此款係代青島分公司
籌墊，公司協理蘇雲章兼任分公司經理，對此事完全接
頭，彼來台北後反態度模稜，又橡膠廠所欠部分係以陸副
廠長運出之成品作抵，此項成品運出後即繳之公司，以致
此款成為無著云，劉君又提出公司將向南洋擴充貿易一
事，認為此係彼等將來逃難之準備與湮滅彼等二年來侵占
公司財物之手段，不可不加以注意云，綜合其所談，對於
畢、黎等可謂體無完膚，亦可見畢、黎等平時率下之無狀
矣，又其今日談話對墊款事似特別注意云。

7月29日　星期五　雨、下午晴
師友

上午，同德芳到善導寺訪逢化文兄，道謝其沿途對
德芳等來台之照拂。上午到徐州路十八巷訪崔唯吾、張志
安兩先生，談紹南下學期轉學事，據云第一女中江校長已
接事，日內將探詢其能否收初中三年級轉學生，又由張敏
之率領到達馬公島之學生被迫全部從軍，引起學生反抗風
潮，此間山東人士已注意之，希望張兄能來台北一談，以

便呼籲關係各方予以聲援云。晚，譚嶽泉兄夫婦前來答
訪，余與略談公司事，渠似不表有何興味，渠已辭職數
次，但仍未獲准，故不能否認其猶為常董也。

參觀

　　下午，同德芳率紹南、紹雄、紹寧同到台北博物館
參觀，地在公園前大樓之二樓，右為南洋風物，乃日本注
重南洋拓置至之種種調查工作表現，此為台灣之各種史
蹟，五十年前義民之不肯接受清廷割讓日本，尚有遺物陳
列其間，彌足珍貴，左為動植礦物標本，蒐集甚豐，余因
對此素無研究，故只走馬看花，然亦費時一小時矣，出博
物館後就近至鬧市衡陽路一帶觀光，市容平平，而一般洋
貨之昂貴，令人咋舌。

7 月 30 日　星期六　晴

師友

　　上午，廖毅宏兄來訪，謂昨日由台中、高雄回台
北，在台中謁陳果夫氏，報告運啤酒至廈門及將來擬在九
龍安眷，關於設廠搾油收容青島來台員工事，陳氏頗主張
將機器由財委會收回，即行派人辦理其事，談頃謂將於日
內回廈門，啤酒未銷者已只餘數百箱云。

交際

　　晚，褚保三處長邀宴，在座尚有畢天德、黎超海與
司君夫婦，菜餚甚佳，十時始散。

參觀

　　參觀張大千扇面展覽於中山堂，計廿餘幅，間有人物及仿唐花卉，頗佳。

7月31日　星期日　晴

游覽

　　上午，楊天毅、吳竹銘、畢圃仙三兄來訪，即同往草山溫泉沐浴，余並攜紹南、紹雄兩女與俱，由火車站前乘公路局車逕達草山，凡十六公里，上山盤道佔其半，三刻鐘始到達，下榻眾樂園飯店，先到陽明山一帶散步，看硫磺礦，池水如湯，返眾樂園午餐後即到大池入浴，設備宏敞而完善，溫泉由池中央冒出如噴泉，池為圓形，徑可三、五丈，水甚熱，有硫磺味，色如乳，旁有淡水池與噴水處，浴後可以沖洗淨盡，余入浴凡半小時，休息至下午五時半乘車返，歸程只半小時餘。

8 月 1 日　星期一　晴

居住

　　公司為頂進之住宅在羅斯福路二段八巷四號，定今日移入，但中間發生廁所與鄰居公用之問題，當時舊住戶凌姓未曾言明，以致糾纏半日，見無法補救，遂於下午四時由公司來卡車移入，此地為六八八共廿二鋪席之房間，內尚整潔，但亦有缺點，區段非純粹住宅區，一也，庭院太小，花木有限，圍牆用竹籬，太過簡陋，二也，廁所合用，洗浴無設備，只能在廚房用木盆擦洗，三也，回憶余在濟住宅，花木扶疏，建築宏敞，僅主房已超過此房倍餘，至於空地更倍於房基，以視今日真有上下床之別也。晚舊房主來請向公司催房款。

交際

　　晚，齊魯公司第一麵粉廠廠長劉鑑在東海路寓所請客，在座尚有逄化文、廖毅宏、戴興周及公司武科長等，席間談及為計畫收容由青島退出員役設立油廠事，已得陳主委果夫允許，即行分頭設法付之實施，其手段則先以和平為主，免多阻力云。

8 月 2 日　星期二　晴、下午雨

職務

　　戴興周副處長與劉鑑廠長來訪，送閱公司致彼等七人由青島撤退來台北者之通知，謂關於彼等以前所請撥用搾油機器一案，已奉曾董事長指示礙難照准等因，彼等昨

日曾與公司褚保三處長晤面，告以陳果夫氏頗願准予將此
項機器由財委會收回撥交應用，而下午即接到此項公文，
頗以為係有所為而發，使此意透露至陳氏處，多躊躇顧慮
之餘地，但彼等之原意決不變更，將立即起草公文由劉君
帶至台中請陳氏有所表示後，再向公司方面與財委會方面
分頭交涉，使畢天德、黎超海等不能不破除其成見云。

8月3日　星期三　晴、下午雨

師友

中午蘇景泉兄來訪，謂到此已半月餘，正活動為憲
政督導委員，以為領津貼地步云。下午，逢化文與楊紹億
兩兄來訪，值余外出，又廖毅宏兄亦來訪，均不遇焉。

家事

移居後器具尚不足用，故未能布置就緒，今日上午
與德芳到木器店看器具，未有若何決定，下午又同紹南到
中山堂及衡陽路買零星物品，亦未能立刻辦足，此等零碎
事務最為消耗時間也。衍訓與七弟瑤祥已到馬公，知其學
校尚未就緒，而所聞尚能上課之說完全不是事實，如全來
台北上學，復恐余力不逮，此事甚費周章。

8月4日　星期四　晴、下午陰有陣雨

師友

上午，馬兆奎、楊紹億兩兄來訪，馬兄昨日由廈門
來台北，所營業務已完全結束繳還恆大公司董事長駱美奐

氏，故此後須另謀出路，楊兄任社會部視察，區域為閩、
台、兩廣，自社會部裁併內政部後即未再接到經費，故現
在亦甚困難云。下午，廖毅宏、徐嘉禾兩兄來訪，徐君
現在無工作，廖兄已為之介紹於譚嶽泉兄處，託余再行
設法促成，又廖兄之啤酒廠欠劉鑑所墊青島市政府借款
六千九百元美金或銀元事，其中經過因彼不在青島不能對
證，須待當時之兼青島分公司經理蘇雲章由粵返台後始可
解決，彼希望屆時由余詢蘇後函知，余允照辦，但希望渠
留函致蘇候復，庶有更有力根據云。

8 月 5 日　星期五　晴

師友

　　上午，煙台聯中教員周紹賢君由馬公島來，告衍訓
在馬公已被編入教部公費設立之國立山東中學，因與人發
生口角被拘，尚未釋放，希望能函司令官李振清予以釋放
云，繼談學校情形，謂八個流亡學校到達後即以一部分幼
年學生編入山東中學，計一千餘人，以李兼校長，以三聯
中學校長王篤修為副，其餘各校長皆為軍部參議云，旋與
周君同到崔唯吾先生家談學生救濟問題與張敏之兄之個人
出路，決定日內由余先晤教育廳長徐軼千，詢其有何準
備，因徐似有將兼任校長將學生遷出之意，崔氏又謂此間
有青島台灣間以前以煤易布時，將多餘之布存台萬餘疋，
此項物資大可作為興學之用云。下午，到和平西路訪孫典
忱兄，據談青島撤退時十一綏區中級官將多大發其財，山

東省府亦有若干物資運出，但山東難民學生來台者竟無人
過問，天下事之無是非，以至於此，為之喟歎。

8月6日　星期六　晴

師友

　　上午，到上海路訪王讓千院長，其夫人係五月初由
濟南來台，談濟南故居未損，但有共軍文職人員居住，又
談濟市一般情形甚詳。上午，訪叢芳山兄於南昌路，據云
刻正籌辦搾油廠，日可出油二千斤，頗有利益云。下午，
到和平東路訪徐軼千廳長，據云今明即赴馬公島洽辦山東
中學事，但遷出該島來台不易，故未可樂觀云。下午到金
華街訪陳運生、隋玠夫、楊紹億三兄，並遇馬兆奎兄，閒
談兩小時餘。晚，公司畢天德總經理、黎超海協理來訪，
係余遷居後之訪問云。

8月7日　星期日　晴

師友

　　上午，到崔唯吾先生家，全家外出，留字謂徐軼千
廳長今明即赴馬公視察學校實況，容回台北後再圖晤面，
又長女紹南插班初三能否辦到並請洽詢一女中江校長云。
下午，周紹賢君來訪，謂馬公煙台學生如不能遷出，在當
地絕無改善現況之望，彼即將赴台中，暫住其一學生家
中，並繼續進行其上學期受聘未能到校之台中市立家事職
校教職云。下午，李祥麟兄來訪，談連日辦理台大招考已

經竣事，但須下月開學，教授人數加多，任課減少云。

8月8日　星期一　雨

師友

下午，叢芳山兄來訪，約定明晨往訪譚嶽泉兄，轉託其代其所營油廠接洽電力問題。

職務

晚，蘇雲章協理來訪，談此次赴廣州及海南島交涉發還卡車胎二百套之經過，此貨係在青島裝船運出，執有招商局提單，後此船兵差拖至海南，為劉安祺部下五十軍所卸，此次係會同樊中天兄同往交涉，幾經波折，始謂可以發還，並給以四十套為酬勞，現在部隊情形因憤恨上層之剋扣與餉糧之不足，遂遷怒於一切，扣留商貨拒不發還，上層則有意加以縱容，或且投鼠忌器，結果紀律蕩然，可謂上無道揆下無法守矣，余詢蘇君以青島各廠墊繳市政府借款事，蘇君謂劉鑑借出麵粉一千一百五十袋係廠內自有之麵，撤退之時尚存三千餘袋，而謂借錢買粉，其誰能信，又劉向公司領取周轉金美鈔一千元，並未交帳，亦屬不法云云，照此情形公司與廠互相指摘攻訐，內容甚為曲折複雜，但彼此均不肯以合作方式和盤托出，殆無形中互有顧忌歟？

8月9日　星期二　晴、有陣雨

師友

上午，到叢芳山兄處同往公路局訪譚嶽泉兄，託其介紹電力公司為叢兄增供電力事。到重慶南路訪楊天毅兄不遇。前省銀行行員鈕鉁龢君來談省行來台僅二、三人，多數情形不詳。

瑣記

下午同紹南到淡水習泳，五時四十分回至海濱飯店，將搭末班汽車回台北，候至六時餘知車壞脫班，即赴淡水鎮改乘六點四十分火車，因三輪車夫勒索，與紹南急走，因路近十里，至則車開已十分鐘，候至八時十五分始成行，到寓已九時半矣，德芳恐有意外，著紹雄到公司宿舍約鄭人貴、蔡繼善、鄭熙華諸君來商量尋覓，余到始恍然，費時耗財，皆由於與三輪車夫負氣之一念也。

8月10日　星期三　晴、下午雨

師友

下午，到善導寺訪逄化文兄，不遇，其夫人云已於今晨赴台中，明日可返，在彼處適遇楊天毅兄，據云與省立建國中學校長郝翊新〔賀翊新〕有舊，可介紹紹南入學，余託其先詢問初三能否插班。

職務

下午，劉鑑廠長來訪，持稿兩件，分致曾養甫董事長與徐堪副主任委員，仍呼籲設立油廠事，並云畢天德總

經理託吳風清董事轉達公司意思，仍希望接受設立農場與設代理店一事，其意在懈怠彼等對於油廠之決意，但因無把握，故不接受，劉為使曾養甫氏易於重行考慮此問題，希望余能致函曾氏，本第三者客觀立場說明不可再行堅持云，至於陳果夫氏是否已將彼等之意透露於廣州方面，尚未得消息，俟逢化文兄由台中回時即可知之，故暫時余無寫信前往必要，劉君亦云然云。

交際

　　晚，譚嶽泉兄在廈門街請客，余與德芳均往，他客多為鄂湘人，余無已識者。

8 月 11 日　星期四　晴

師友

　　上午，楊天毅兄來訪，談昨日約定今晨往訪李祥麟兄，今晨因故誤時，只好改日再往矣，旋留午飯，飯後楊兄回寓後復來，同到安東街其鉛字作坊內取來借用收音機一架，又同至安東街北首訪戴興周副處長，戴君對公司不允彼等設廠搾油事極為憤懣，並謂渠之來台，畢天德總經理對其同學表示彼已無用，何必來台，此人與畢同為戴之學生，聞後極為不快，戴君又謂余在粵時曾託褚保三處長函此間詢入境證事，旋褚君得此間營業所主任趙錄綱函謂國大代表不必請領入境證，事為畢所知，對趙大加申斥，謂何必如此明確答覆，只應復函謂正在洽辦之中，拖延兩三月後再行辦理不遲，因彼等對余之來實衷心至不歡迎

者，戴君為人深沉，向不傳播是非，現竟如此，自謂係彼
等一切措施太不成話，忍無可忍，只好和盤托出云，戴君
又談畢等在公司一向侵佔公有財務，購料處長董兆鳳知之
最審，董曾一度與彼等鬧翻，因有此把柄，畢等無如之
何，但又云董與會計處長（副）姚士茂在青短期間獲利在
廿萬美金以上，則畢、黎等主管人年餘來之侵佔，實不計
其數，現在因帳款不能相符，由會計處趕辦上半期決算，
而內容紛亂如麻，職員日夜加工，薪給照加，尚未知何時
可以告竣云。與楊兄到一大旅社訪項傳遠司令，不遇，與
王金祥司令略談返。

8月12日　星期五　晴
師友

上午，逢化文兄來訪，謂昨日由台中回台北，曾在
台中謁見陳果夫氏談若干同鄉回省問題，又談若干由青島
來台之齊魯公司員工請設油廠事，陳氏謂已函粵照辦，但
又據陳氏之秘書程世傑兄談，此事殊屬莫衷一是，公司監
察人頗有不贊成其事者，蓋指姚大海氏而言，余未晤及姚
氏，不知其意向如何也。下午，劉鑑廠長來電話，談接陸
冠裳廠長由廣州來信，謂與財委會胡希汾兄談油廠事，結
果圓滿，不日將赴九龍與曾養甫氏晤面，解釋並消除其成
見，又對劉君認為姚大海氏對此事與畢、黎持相似之態
度，可能係先入為主，渠將與各廠長設法改變姚氏之觀
念，並請余亦能予以解釋云。

8月13日　星期六　晴

瑣記

　　余最不耐煩瑣，而煩瑣之事反紛至沓來，其中有煩惱而夾雜拂逆者，更有時不能抑制感情之激動，譬如今晨往訪李祥麟兄，由門外步行至杭州南路信義路口，其地有公共汽車站，余到時已十點，詢之附近居民，謂無處購票，乃又續行至仁愛路口，方購票見車到已開，其時已十時半，乃就其地續候，至十一時有車開來，竟不停而去，此一小時之時間完全浪費，台北交通如此不成話說，各方責難而置若罔聞，真怪事也，無已余遂放棄此行，改至衡陽路一帶購物，設有約在先，恃此交通工具，鮮有不失約廢事者；又如前日向楊天毅兄借用收音機一架，初見電插火破裂，乃到電料店換裝一枚，往返提攜，殊為不耐，插火開聽後，又發現司度數之轉鈕有時失其作用，竟不能換聽其他電台，啟視知為缺螺絲一枚，使旋轉用之小鐵索不能拉緊，今日又攜往配添螺絲，經兩家配好，在店內試聽，已完好如新，遂攜之而歸，不料歸後試用舊病依然存在，殊為不可思議，此種情形安能不令人激動乎？余昔日好靜，對於家庭兒童之繁雜每覺不耐，近年因不必每日辦公，家庭長住之日為多，在南嶽及台北固無佣人，諸事由德芳操持，紹南略加協助，余不能熟視無睹，日來關於晨間清潔工作，每每通力合作，雖不覺累重，但日日為之，亦為之逐漸厭倦，至於兒童喧鬧，終日無讀書養性之時間與地點，亦為心情不能寧貼之一原因，余近來食量甚大而

形容反不豐腴，諒此等皆為致因也。

8月14日　星期日　晴
師友

　　上午，到建國南路訪李祥麟兄，不遇，留字云，啤酒已交到，望便中來舍下嘗試，傍晚，李兄來訪，謂彼家有冰箱，將略備菜餚，約於今晚前往，余堅留其在此，並買冰加入酒內，乃留焉，共飲四瓶，酒略有意後，李兄詢問其往年相戀之李淑英女士近年狀況，李女士狀況三數年來為余等所習知，且為過從最密之友人之一，余昔年勝利後回濟，李女士固亦曾以李兄狀況為問，僅能就所知略為見告而已，現又知其在台狀況，惜已不能再為轉告矣。

8月15日　星期一　晴、有陣雨
瑣記

　　昨與李祥麟兄約定今日赴淡水海濱浴場習泳，九時廿分到汽車站，車次時刻提早，九時十分即已開行，只能等待下次火車，須一小時後，遂往訪周天固兄，不遇，回至車站，前往淡水，時已中午，在市上吃飯，並趁暇訪王克矯君，午後至海濱，李兄已先在，盤桓至四時，回至海濱飯店候車，於五時五分開行回台北，六時餘到達，抱西瓜一隻，在汽車站失足跌倒，致瓜破水濺，甚為懊喪，近來不知何以遇事輒有不順，此等細節，亦難以堪也。

師友

姚大海、譚嶽泉兩兄來訪不遇。晚，楊天毅兄來
訪，日間曾來一次，其實無何要事，關於徐嘉禾君謀事一
節，余告以旦夕未必有成。李德民兄來訪，談其夫人分娩
後已起床，十分平順，又談紹南等轉學事，已由其服務之
工廠集體交涉中，尚未知能否有成，又介紹女佣事正進行
中云。

8月16日　星期二　雨

交際

晚，齊魯公司總協理畢天德、黎超海、蘇雲章在錦
江請客，所請有樊中天、吳風清等人，九時始散，出酒館
後與樊君步行至火車站，改乘公共汽車回寓，途中樊君
告，此次代公司赴海南島、廣州交涉車胎經過，五十軍係
由所用招商局差船上將公司車胎三百套扣去，內有一百套
為橡膠廠陸冠裳副廠長所託運，幾經波折，始運退還，關
於報酬問題，本有主張送錢者，但難於開口，亦不易確定
數目，故將計就計，送車胎四十套，以充實其軍用為名，
庶較妥當云，又關於一部分員工請設油廠事，樊君云，陳
主任委員對各員工呈件批提會，刻財委會正在提案準備開
會之中，陸冠裳副廠長刻尚在廣州，聞不日將來台一行，
其眷屬究將疏散至香港亦來台尚未定云。

8月17日　星期三　雨
師友

　　晚，李德民君冒雨來訪，謂代紹南所備轉學證書已代辦就，為山東中正中學者，其實此學校並未開辦，但過去用此證書者均為此間學校所承認，紹南所以須用此種偽造證書，因其所肄業之學校已在戰爭激烈之區域無法取得證明書也，李君又謂代覓女傭事，再三設法迄無結果，只有等待以後之機會矣，此事余另外託人亦不只一次，但均無回音，因所需者為年紀較大之北方人，此在機遇上未必較台灣下女為易，只得徐徐尋訪矣。

8月18日　星期四　晴、有陣雨
師友

　　上午，到長安東路卅三巷廿九弄廿號訪姚大海委員，據云姚氏在粵曾往東山訪余，未能尋到地點而罷，現在來台係為其眷屬治病，但現勢危篤，恐無治好之望云。到公路局訪譚嶽泉兄，據云廖毅宏廠長所贈余等啤酒為共三箱，已運抵基隆為海關所扣，已函告係屬樣品請其放行云。到開封街圓山鋸木廠訪樊中天君，不遇。到中央日報社再訪周天固兄，仍不遇。晚，崔唯吾、張志安兩先生來訪，閒談煙台中學事。

8 月 19 日　星期五　晴、下午雨

家事

上午率紹南到省立建國中學報名參加入學考試,至則見學生紛集,均在領取號牌,並購空白准考證與報名單,由此至報名處等候呼喚,紹南所領乃四百餘號,於是先行外出,到第一女中報名,考生較少,未候長時期即辦妥,手續方面未若建國中學之有條理,但較為切合實際,辦妥後至書肆買幾何教科書為紹南補習,復回至建國中學將准考證取回,其時人數大減,始知晨間為人數最多之時也,又紹南所用證件,均係另行託人辦就,但與實際學歷相符,僅學校在作戰區域,未能取得真正證書耳。

師友

下午,劉鑑廠長來談設立搾油廠事,現已得財委會核准租借機器,即將積極進行,希望余加以贊助,並歡迎余參加資本,余告以當加援助,但不願發生經濟關係,以使廠之經營得以單純也。下午,樊中天、逢化文兩兄來訪,並留晚飯,飯後暢談齊魯公司兩年來之演變,余對於畢、黎二人之有今日完全由於利用機會,透過曾養甫氏運用黨務方面之經費人事,加以操縱,臥榻之側由他人鼾睡,曠古奇聞,談兩三小時始辭去。

8 月 20 日　星期六　晴

交際

上午,聞姚大海委員之夫人已病故,亟往弔唁,至

則知已於今晨火葬矣，骨灰存殯儀館，以待將來回晉安葬，此次治喪因不鋪張，一概不發訃聞，余之禮金已由公司代辦矣云。

師友

下午，呂明誠君來訪，呂君廿年前中學同學，已多年不遇，刻渠在大東公司任營業處長，過去曾擔任航空界、滑翔界及體育界等工作，將來志趣仍為民航事業，又崔唯吾先生曾告以託代余雇女傭，余亦即再度相託，據云此刻較少，但亦不十分困難，又談其四叔富華在滇養肺病六年餘已告康復，但因審慎，未任其他工作云。

8月21日　星期日　晴、下午陣雨

師友

上午，周紹賢君來訪，日昨由台中來，正在台中籌辦刊物，來此辦理登記手續，又云中國新聞雜誌招請編輯，渠曾往試，但因條件不合未予接受云。上午，林鳴九兄與王讓千兄來訪談，林兄係日昨由台中來，日內即返，王兄則亟欲謀一公醫缺分云。上午，隋玠夫兄來訪，談其所服務之省合作金庫係完全按照合作金庫法規辦理，各合作社有其股份，並照出理事，惟此間之庫經營方面未必十分合理云。上午，周天固兄夫婦來訪，留午飯，互道契闊，分別以來雖不過半載，而大勢變化已多，友人間隔絕消息者亦日眾，互為感嘆不置，下午二時辭去，周兄乃由士林來台北者，渠住家於士林，服務於報社，每日亦無暇

咎，余曾往訪兩次不遇焉。

8 月 22 日　星期一　晴、下午陣雨
師友

上午，到大東公司訪呂明誠同學不遇。下午，周紹賢君來訪，謂明日即回台中，其所籌備之刊物名曰奮鬥，正辦理登記手續，不久即可發行，又談及關於救濟各省學生事，周君聞之楊天毅兄，謂台灣省府曾有允許各內地學生在台成立四個學校之決議，但教育廳長徐軼千對於由其本人擔任校長則不感興趣，故不願進行，此事發生不過在兩星期以前云。

家事

紹南報名投考初中三年級，週後即須考試，其以前所習功課，有因移家關係未能修畢者，亦有為其以前所肄學校課程支配不同而致未能修習者，前者如英文、代數等，後者如幾何，英文余一月來已為之補習開明第二讀本，已授畢大半，幾何則預定於一星期內將一學年者補習完畢，因進度太快，故感受不少困難，刻已三天，習完三分之一矣。

8 月 23 日　星期二　晴
師友

下午，同德芳到和平西路訪孫典忱夫婦，值牟尚齋與于振海諸兄亦在，據談立法委員正研究開會地點，但無

結論云，辭出後在同巷訪尹樹生兄夫婦，其房雖小而精雅
合用云。

職務

晚在和平西路訪本公司董事兼顧問吳朗齋兄，據
談，財委會副主任委員徐堪氏為齊魯公司現狀囑其寫一書
面報告，問應如何措辭，余謂此等報告最難，因公司所能
提供之數字皆不正確，而董事會又無事務人員可以加以考
求也，吳君對於公司主持人自曾養甫氏以次均表不滿，其
見解認為曾氏全受蒙蔽，余更認為其所見均甚正確，但人
人均知其病根，且向財委會不乏報告或舉發，終鮮效果，
則為國民黨內人員之整套作風為對人不對事，此公司已成
曾氏之私產，當然稍有歧見即遭排拒也。

8月24日　星期三　晴

家事

上午，同德芳到中山北路第一產婦人科醫院診療，
此為初次就診，聞病人極多，故提早到院掛號，其時不過
八時，但看病則在九時後，余未等候，即先返寓，後聞此
次檢查與前次在福州街省立醫院分院所查結果相同，即胎
兒位置不正，但認為並無關係，惟須時時注意不間斷檢查
耳。所居羅斯福路二段房屋，初看時覺甚清爽，但現在已
住近月，逐漸發現缺點，最重要者為環境不善，隔壁腥臭
空氣最為難聞，周圍又多販夫走卒，房舍污穢，居此等地
方，有時殊令人窒息，與內地人之移住台灣，精神上所感

之無可奈何的窒息，幾乎五十步與百步，從而身心俱為不
寧矣。

8 月 25 日　星期四　晴
家事

　　為紹南投考學校事亟須明瞭所報名之建國中學或第
一女中以何者較易錄取，乃往訪楊天毅兄，因渠與建國中
學校長有舊也，至則楊兄不在，留字云，關於小女投考初
三轉學生事，聞報考者多，自然錄取機會即少，請兄往接
洽有無較易為力之途徑，並詢報名與錄取人數各為若干。
本學期為內地來此就讀學生最困難之始，蓋以前凡由內地
來台北者可憑證件無試驗轉學，即在學期中間亦然，現在
則考試方式與內地無異，而因內地來台者多，投考與錄取
之比例幾乎與大學考試相同矣。

8 月 26 日　星期五　晴
家事

　　上午同紹南到博愛路崔唯吾先生處探詢一女中招考
情形，繼至上海路崔夫人處詳詢一切，據云此次投考總數
一千七百餘名，但只能率取三分之一，初三轉學生則報名
者五十九人而只能取五至十人，故紹南所參加之考試殊非
易易，其考試日程則明日上午為口試與體格檢查，下午為
國文，後日全日仍為筆試，下午又著紹南將報名號數送
往，以便轉達口試擔任教員特加留意。為明瞭建國中學初

三招生與錄取情形，下午再訪楊天毅兄不遇，到校見其考
試日程與女中仍為衝突，則二者只能投考其一矣。

8月27日　星期六　晴
家事

　　紹寧三女旬後滿兩周歲，現在牙牙學語，日有進
步，且發音均能極為正確，尤其應注意者，對於室內陳設
平時竟能經心，室邊走廊之端有米桶，今日桶蓋取至廚
房，遞交紹寧令其蓋好，蓋好後又將桶旁紙包捧至桶上始
罷，此紙包為綠豆，平時置於桶上，適因開桶而取下，彼
固未曾經手其事也，又大門邊上榻榻米之板階，下去時須
穿鞋，紹寧亦能模仿大人不以赤足著地，且能將所持之鞋
先放置於榻榻米上，空手下去在階上坐定後，復將鞋取下
穿著，蓋下階必俯伏試為之，兩手無執物之餘裕也，而能
從容安排，亦屬可奇，凡此在兩歲小兒，均屬得未曾有，
爰記之留念。

8月28日　星期日　晴
師友

　　上午，到中山堂參加同鄉會，因人多而秩序不甚肅
靜，故多作個別談話，因而若干友人可以相遇，今日遇有
若干由台南、台中來此之人，皆數年不晤者，余今日略作
談話之人有褚道庵、宋志先、楊天毅諸兄，余今日知若干
人均以小生產或經營飲食店為業，而一般與會之人則衣衫

多不甚整齊，僅有少數者則多為官吏或曾為官吏者，余未終會而退。

體質

月餘來食量不減而漸消瘦，前日服疳積散兩盒，昨日下蛔蟲一條，今晨又下一條，但因入廁方式關係，究有若干條則尚未知。右後方頭項部分忽表皮起紅腫，如毛蟲爬過之狀，但未覺察有何毛蟲經過，口之左側亦有一塊，感覺稍異，微覺癢，分別以萬金油塗之，略有微痛，夜間為甚。近日痔瘡便血又劇，經十餘日始停。

8 月 29 日　星期一　晴

師友

下午，叢芳山兄來訪，談其所籌備之油坊即將開幕，凡有機四部，日工作四小時可搾花生米二千斤，但台灣因油餅銷路較佳，故第一部將先搾豆油，至其工廠之電力問題，前曾託譚嶽泉兄介紹電力公司協理增加供應，後與電力公司內其他同鄉工程師研商，認為無需，蓋以前所裝電表為廿安培者，後有電料行認為當時馬力為五，現在增為七馬力，自應加成廿五安培，其實廿安培之電表實際上能負荷所增馬力也，僅所用電線從前初裝時因電料行偷工減料，不照安培負荷量而照馬力需要量，現在有若干必須更換者，正在接洽裝置之中，又云此廠已投資黃金七十餘兩，深感周轉金太少云。

8月30日　星期二　晴
體質

　　因右後頸表皮破損疼痛未癒，今晨到省立醫院就診，該院係上午八時起掛號，十時半停止，診病至下午一時，余掛號後見候診之人頗多，遂外出至南昌路一帶書肆涉獵舊書，回至該院時，見外科已無病人，但醫師亦不在，護士謂因等候病人至良久未到，業有事他往，不久可返，乃又等候約十餘分鐘，始行診療，醫師名王乃恭，將余患處略一睇視，即謂略有破皮，無大妨礙，即開方囑取藥自敷，遂持方至藥局，先算數至交費處照付藥資，仍回至藥局等候取藥，係兩盒相同之藥膏，作粉紅色，略有油膩氣息，下午開始敷用。面部同時所起之癬，自敷阿墨林極有成效，故未請醫診察，現已開始褪皮。

8月31日　星期三　雨
感想

　　余自遷台以來，已近兩月，此時期之生活有類於在青島與廣州兩時期，但猶有不同，在青時每日尚到公司辦公，即居住之處亦較為軒敞，在廣州時雖已無處辦公，但每日尚能與公司人員有所接觸，現在則所居湫隘，而與公司內部無經常自然接觸之道，友朋來往亦不比在粵時更多，遂使活動之天地更狹，而心境更為之侷促矣，現每日空餘時間每以閱讀書報及聽收音廣播為消磨之道，久之亦嫌單調，此時期為個人前途計，事業上既已不能有有意義

的開展，則請求出國深造似不無取得此項機會之途徑，但國事如此，兩三年後仍如亂麻，深造又將如何，而家累太重，如何安排，亦使余不敢作此想也。

9月1日　星期四　晴
師友

下午，朱曾賞、蘇夷士兩兄來訪，據云均已脫離中央合作金庫，該庫實際上等於無形結束，其總、副經理均到香港居住，處長以下則各領疏散費分別離去，蘇兄早於六月間來台，朱兄則最近來台，現住於其以前花紗布局長任內之主任秘書家，此主任秘書現在為市政府之主任秘書，又蘇兄言及台灣有新興豪紳階級，稱為半山，言其非地道之高山族，此種半山人在接收台灣時期均有不少收穫，且均有金融機構，濅有官僚資本形成之勢云。

9月2日　星期五　晴
師友

上午，徐嘉禾君來訪，談以前向公路局謀事，刻已有希望，其台北段段長新發表由韓善甫接任，韓君約其往接交代，又局內因韓接事，有辭職者亦可補缺，但此事須得局長譚嶽泉兄之同意，託余為之關說，余允即辦，又徐君云，最近青島長記輪船公司在台之公司主持人郝君不日派船赴南韓，將運煤、糖等貨前往，糖之部分為五百包，允徐君搭營一百包，彼個人資力不足，將約楊天毅兄等友好參預，余能參加更好，余答先行籌措再行答覆，據云照目前市價有倍蓰之利。下午，劉鑑廠長來訪，謂陸冠裳兄已來台北，正在籌劃與公司洽商租用機器設立油廠事。下午，胡希汾兄來訪，據云係前日由穗來台，昨赴台中一

行，明日再各方略有接洽，後日即行回穗，財務委員會將分台、渝兩地辦公，此地由樊組長中天負責，重慶由胡兄負責，余約其明日晚餐，堅決不肯，又詢其住址，亦堅決不肯詳告，至為固執，蓋避免應酬周旋也。

9月3日　星期六　晴、下午雨
師友

　　上午，到公路局訪譚嶽泉兄，接洽昨日徐嘉禾君所託之事，譚兄謂公路段不可多換人，如有出缺者，可由段長來局面洽，當派徐君接充云，余回寓時徐君已先在，即將此情告知，又譚兄談其接洽廈門運來啤酒三箱日來奔走警察局與公賣局煞費周章，直至現在始可提取，余回寓後下午即有公路局高視察來送此酒，計一大箱，實即廖毅宏兄所告之兩箱也。下午到羅斯福路二段八十五巷探索回拜胡希汾兄，不得要領而返，出門時在巷口遇劉振東先生及夫人，即率子女來寓小坐閒談。

9月4日　星期日　晴、下午雨
師友

　　午前胡希汾兄來訪，謂關於公司事日前不便暢談，今日再來交換意見，大致公司現在對於建廠並無興趣，對財務委員會現在繼續催提款項認為吃力，反之其所最感興趣之貿易，則財委會不准經營，最近畢天德總經理在粵表示辭職，或即因此，但其真意何在，尚費考核也，胡兄對

於財委會處境之苦，深切感到，而所屬事業機構則多未能體察，譬如齊魯公司對各廠早失其控制之力，但各廠奉財委會命有所舉措，公司尚有意見表示，此種作風完全放棄責任而又攬權，殊不可取，余對於公司主管人一向在曾養甫董事長縱容之下弊端重重，而又無術予以糾正，任令坐大，以至於今，乃財委會最大失策之處，近年來政府凡事失敗亦坐於此等風氣，此點實為一切事業之致命傷，胡兄亦有同感，又關於租借機器交青島退台同人設廠搾油事，其訂約方式胡君就商於余，結果決定租借代價採由營業收入內比例分配之原則，其財務由財委會或公司派人稽核之，余關於人事方面認為須有配合牽制之道，以免又發生太阿倒持之現象，此點胡兄觀察相同，又胡兄談及近來姚大海監察人頗有受畢天德等包圍之處，往往代畢等對會方有所表示，其信稿則皆用公司備就之件且已繕就者，簽字照發，此法殊為不妥，渠此次已向姚氏有所解釋矣。

家事

下午，同紹南到第一女中看新生放榜，見所考初三業已錄取，另有若干學生係降級錄取者，足見其成績尚過得去，非全憑人情者，揭曉後他校即不必進行矣。

9月5日　星期一　晴

師友

上午，到大東公司訪呂明誠同學，並識其夫人，談天極久，並託其詢問港幣換兌地點與市價，當持介紹片赴

延平北路永和興銀樓訪黃副理維坤，將余所持港幣加以兌換，較之車站銀牛所出價格稍為合算，據謂若出賣港匯尚可出略高之價，相差約五至七分云。

交際

晚，約胡希汾兄在寓便飯，下午新由廣州來台之陸冠裳兄與劉鑑廠長來訪，余亦相約，及晚不期而集者又有戴興周副處長，飲啤酒七瓶，暢談甚歡，胡兄明日回穗。

師友（二）

晚，李祥麟兄偕夫人來訪，其夫人甫由廈門來台，與余等尚係初次見面。

9月6日　星期二　晴

師友

上午，李公藩兄夫婦來訪，渠所住甚近，但余未之前知，據云係四月底來台，所談濟南、青島情形甚詳，其在濟產業未被侵佔，且地方與職工尚盼其回濟，但麵粉公司所任經理職已辭去，故不擬再回云。下午，山東教育廳曹秘書來訪，謂日昨隨徐軼千廳長由馬公島回台北，在馬公時對於學生問題煞費周章，而收效甚鮮，張敏之兄有意來台北，但為軍事當局所留難，須具連保切結，而所謂連保則又須為立、監委員，至於學生離境亦受限制，教導總隊部分尤其完全與士兵相同，學校學生部分雖最近預備上課，但精神壓迫太甚，亦有若干欲離去者，其手續亦無固定者，只能相機辦理云。晚，尹合三兄來訪，談及渠在合

作金庫已調為計畫委員，故無回粵必要，實際上總庫移渝所屬亦只餘四川境內，等於分庫，亦即無形解體矣，關於彼本人每日生活感覺十分單調，有精力無從發揮之苦悶，而對於台灣若干措施之寬嚴失當，尤覺感受壓迫，如隨時抽查身分證之類，雖已有固定戶口，而又須憑身分證上之入境戳記，以證明其居留之是否合法，來歷之是否正當，可見警察機關之本身即號令不一或不相配合，而隨時使居民感受生活之威脅，又中華路棚戶向不准報戶口，檢查時即帶去數百人，抽充壯丁服兵役者實繁有徒，實為兵役法範圍以外之事，反之台灣人民皆不當兵，則又為兵役法不能適用之特殊區域，凡此皆為不得其平之事也，談至十時辭去。

9月7日　星期三　晴
師友

上午，到中山北路訪朱曾賞兄，不遇。到中央銀行訪崔唯吾先生，談張敏之兄之來台北與在馬公取保問題，決定將所備空白寄至台中請牟尚齋兄等為之保證，至於來台北居住問題，適遇有趙喜玉同學亦在，將由彼與崔氏分向大東公司予以接洽供住。下午再到崔寓訪崔夫人，仍談此事，並為紹南考取一女中向其道謝。下午訪徐軼千廳長詢其到馬公解決學生問題之經過，徐氏小病，對馬公情況深致喟嘆，目前學生在馬公均不安，但遷出則不易為政府所許，深陷進退兩難之境。中午朱興良兄來訪，係由台中

來此，明晨即返，正籌劃辦理農場中，午飯後去。下午到
五大旅社訪張景文兄，不遇，留片。

9 月 8 日　星期四　晴
師友

　　晚，張景文兄來訪，據云現住屏東，此來係辦理山
東青島省市政府職員遣散事宜，此後即不再獲得中央補助
費矣，其本人在青時期曾兼任青市府財政局長，維持數
月，財政困難萬分，又在青之山東省府人員曾於濟南淪陷
被俘受訓期滿釋出者，多在青未再退出，其本人最近由廣
州回台，在粵時主計部有意將其調為經濟部會計長，因不
日即將移渝，其眷屬在台不能移居，故對此職是否往就，
尚未能決定云。

9 月 9 日　星期五　晴
家事

　　今日為三女紹寧之兩周歲生日，此女已牙牙學語，
且有記憶與理解力，大體上已夠嬰兒發育之標準，平日極
頑皮，見物必要，不久即棄置地上，故終日須收拾鋪席，
又碎紙棄置地上亦須隨時收拾，尤其床上被單三數日即污
穢須加洗滌，因兩周歲為最不易管理之年齡也，今日下午
由德芳率領諸女到博愛路為寧女攝影留念，並看電影，不
幸手包為扒手所竊，致將所帶身分證四件完全失去，亦屬
小小不幸事也。

9月10日　星期六　晴

師友

上午，任新舫君來訪，據談其前數日由馬公島來台北，行前曾受張敏之兄之託，代為辦理入台切結，此項空白係前數日由山東教育廳徐軼千廳長帶來，交余代為洽辦，現任君須於下星期五日以前回馬公，希望能將此項切結辦就帶回，余即告以余已按張兄所寫各信分別轉發，因其函託各人多在台中，故該項空白正在台中辦理之中，須數日後方可寄回，再加入在台北者，即可完成手續，任君謂須由立法院用印，故必須先有立委一人簽蓋，意欲另備空白先另託立委一人在台北先行簽蓋，余亦未置可否，只云立即函台中催辦，大約下星期五以前尚可來得及云，談竟辭去，前聞徐軼千廳長云，此君在馬公完全迎合軍人脾味，對學生頗多不利，現對敏之事又如此關切，殊為可異也。下午，同德芳往訪李祥麟兄夫婦及李兄之岳母於建國南路，所談多瑣事，順便託李兄為紹南擔任入一女中之保證人。下午同德芳到杭州南路訪劉振東先生，僅其夫人在寓，略談辭出。下午到杭州南路訪李公藩兄夫婦，據云正在籌劃在臨街處設雜貨店云。

9月11日　星期日　晴

師友

上午，到羅斯福路八十五巷訪夏忠羣兄，渠現在服務於興台公司，據云該公司總經理祝麟一無是處，而又假

公濟私，中央財務委員會復無決心將其更換，夏君為公司總稽核，深淺兩難，欲辭去現職，又無棲息之地，故極為苦悶云，目前財務委員會所營事業多半類是。上午，到同安街訪蘇夷士兄，據談已決心不回中央合作金庫，因該庫等於無形解體云。晚宋志先兄、周叔明夫婦來訪，宋兄談及其車行結束後欲另謀一新事業，尚未成議云，又談國大代表最近集議向廣州方面催索已經核定之三個月補助費，因此案核定後又有延宕之勢云。晚，隋玠夫兄來訪，談及在台友人情形，謂馬兆奎兄已到財政廳服務云。

家事

九日德芳在中山堂皮夾被竊，今日有流亡學生河北人模樣者兩人來，謂拾到皮夾一隻，內有身分證等物，因另有省立醫院診病券寫有門牌號，故按址前來送還，檢視各物均在，僅現款廿餘元不在，此兩學生必係竊賊之同黨，前來另圖報酬者，德芳付以十元，此兩人以及竊賊均係流亡學生，為生活所逼操此可恥生涯，殊可駭怪也。

9 月 12 日　星期一　晴

師友

晨，任新舫參議員來訪，再度詢問張敏之兄之切結問題，因渠將於十四日回高雄轉馬公島，如有必要，彼可於過台中時再予以接洽也，余即告以前日任君來訪時，即將此事函台中催辦，計程在明後日將可得到回音，明後日無論是否得到回音，余必將情形前往明告，以為渠決定是

否到台中之張本，任君又談學生出馬公島，僅其本人不能成行，如有軍公人員即可帶出，現省府在馬公須回台北人員不少，可以相託云。

9月13日　星期二　晴

師友

　　傍晚余與紹南赴淡水海浴方回，晚飯方罷，崔唯吾先生派人來召至其寓所一談，至則殷君采委員與逢化文兄已先在，因殷氏赴台中晉謁陳果夫氏，係約商齊魯公司事，因殷氏為青島市黨部主任委員，陳氏主持中央財務委員會，見面應以此公司為重要談資也，殷氏在青島撤退前與逢兄在青對公司極盡協助之責任，但公司負責人反信口雌黃，對外表示不滿，本身則弊端重重，莫可究詰，故二人對公司內部之必求澈底改善已成為共同之見解，崔氏對公司之不合理，亦認為早有追問之必要，殷氏並因青市各級黨工人員與公司撤至台灣之一部分廠方負責人對公司深表不滿，主張應澈查其內容，彼本人將以市黨部負責人之立場向陳氏陳明其嚴重性未可等閒視之，蓋陳氏對公司內部之不良情形實際已知十之八九，只因對黨內黨外不便宣揚，遂無意中形成養癰遺患之後果以至今日，現非使其知悉非一味彌縫因循所可了事也，至於此一工作之目標在清查畢天德、黎超海等之侵佔情形，決不能使其一走了事，目的在保全財產與追究責任，而此一工作之工作方式將由若干齊魯有關人員供給資料，並策動一種活動，又須成立

團體，以免曇花一現，無裨實際，後日先由殷氏與各廠長晤面交換意見云，談至十一時餘始與殷氏辭出，歸途遇雨，但途中殷氏又談其在青與畢天德等人過從經過，頗多可笑之處，亦即不覺其苦，渠住廈門街，余由福州街街口冒雨步行回寓。

9 月 14 日　星期三　雨
采風

台灣夏季經常受颱風之威脅，今夏氣象機關雖時有警報發出，但多因轉變方向，台北市皆未遭波及，今晨閱報又發出警報，云有颱風由東南方向而來，中午有緊急警報由廣播電台傳來，謂颱風將於今晚到台省之北部，今日下午已由花蓮港登陸，今日終日大風雨，但雨大於風，故途上行人未減，至晚飯時雨漸小而風漸大，余所住為日式木房，門窗均有防風雨之木板窗，乃一一拉緊，大門並用繩索捆緊，並放水備燭以準備停水停電，但實際上只有間歇性之停電，水則未停，至半夜風勢最大，全屋作響，此為颱風正式過台北境，此時只聞風聲，確為生平所未經驗過者，據云此為中型颱風，故尚有更大者云。

9 月 15 日　星期四　晴
師友

關於張敏之兄離馬公來台北事，晨間尚未接牟尚齋兄將所簽蓋之保結寄回，但又恐願將該件帶回之任新舫參

議員急於回馬公，故晨起即到上海路往訪，知昨日業已歸去，中午接牟兄來信，因該項保結空白及措辭似不適合於此種情形，且照規定亦從未聞有必須立、監委擔任保人之說，故不便簽蓋，傍晚再到上海路訪崔唯吾先生研討辦法，決定先將此情函詢張敏之兄，詢其有無較合實際之辦法，再行洽辦，晚飯後返，可謂一波三折矣。

9月16日　星期五　晴
師友

下午，前麵粉廠廠長劉鑑來訪，談租借搾油機事正與公司負責方面談判中，其初擬條件為將機件估價美金一萬餘元，按十年折舊，每月租金約一百餘元，但聞機件在基隆存放時期太長，被盜竊殘缺者頗多，將來補充殊費周章，即橡膠廠機器亦屬同樣情形，劉君又談在此洽談者為協理黎超海，總經理畢天德在粵回台無期，黎亦將返穗，不知有何使命，又曾養甫董事長對租借事本不贊成，表示既係財委會准予如此辦理，其本人不願對商訂條件表示意見云。晚，陸冠裳兄率其長公子來訪，所談亦為搾油廠進行事，余詢以近來魯青人士有清算畢、黎等之醞釀，不知已經發動至何程度，渠所知殊為不多，可見與殷君采委員尚未有密切聯繫云。晚，楊天毅兄來訪，談彼仍將租賃房屋居住，託余進行，惟余見其情形並非十分迫切，蓋已兩月有餘，未見有何眉目，亦未積極進行也，又談其女將進中學補習學校，最近投考建國中學未有錄取，其他學

校則又錯過，云云，近來朋友中此種情形殊多，可見就
學之難。

9月17日　星期六　晴
看書

　　十餘日來讀傅東華譯「虎魄」（*Forever Amber*, by
Kathleen Winsor），全書凡一千另八十頁，在八十萬字左
右，情調類似「飄」，故事採自十七世紀英國士徒亞特王
朝復辟時代之一般貴族之糜爛生活，寫來極為生動深刻，
僅稍嫌冗長，有若干地方刻劃人情與心理完全以對話方式
出之，輕俏簡潔，在一般作品中堪稱獨步，又此書有若干
色情描寫，但未涉於淫，未知係譯者刪節抑本來如此，如
本來面目如此，若干國家列為禁書殊未見其可也。

9月18日　星期日　晴
師友

　　晚，楊天毅兄來訪，閒談，余詢以徐嘉禾君所糾合
之運貨赴南韓事，據云因賀仁庵經理赴定海，須回後始能
定奪，楊兄對此事看法認為第一必須自己有人參加，第二
南韓貿易初議恢復，在各種手續未有妥洽以前決不可以走
私方式為之，目前韓國駐台領事方面已有聯繫，不久或有
具體結果云。

9月19日　星期一　晴

師友

下午，李祥麟兄來訪，閒談，余詢以前託代楊天毅兄覓租房屋事，據云在台北市不易覓到，因台北市一般房屋皆係日產，以頂屋方式轉讓，惟郊外或其他小鎮市則可以租到，至於公教人員宿舍如台灣大學宿舍等以空屋轉租者，則因傅斯年校長干涉甚嚴，此刻已不可能云。晚，逢化文兄來訪，談齊魯一部分員工租借機器設廠事進行情形，余告以尚無成議，而公司人事似在醞釀浮動，逢兄又談前數日擬由殷君采主委接見各廠談公司事，因時間倉促尚未會見，只好等殷主委由嘉義回至台北再行洽辦矣。

9月20日　星期二　晴

師友

關於張敏之兄事，今晨衍訓由馬公島得隋旅長永緒之核准，派來台北為名等於送出，談隋旅長面告囑向余及崔唯吾先生報告，張兄已在馬公被扣押，其原因為張兄在馬公多肯為學生說話，至遭軍方之忌，藉口則謂為匪諜，請速設法營救，余即於上午往見崔氏，面談一切，崔氏主張先向省府有關方面探詢詳細經過，再謀營救之道，所以須問省府者，因省府有二人在馬公，即財政廳長石中峯與民政廳長傅立平，二人或有消息供給省府方面，聞傅廳長到馬公時曾約張兄之夫人談話，當係與此案有關且有所商量云。

9 月 21 日　星期三　晴
師友

崔唯吾先生著其公子送來周紹賢君來信兩件，詳告張敏之兄在馬公被押經過，請與宋志先兄及楊鵬飛秘書長商請如何營救辦法，並囑余晚間到崔寓一談，余因足疾大發，昨日所決定應進行之事項並未進行，今晚商談不能有何新根據，故今日未往。

9 月 22 日　星期四　晴
師友

上午，到博愛路訪崔唯吾先生，告以擬訪之徐軼千廳長與楊鵬飛秘書長，今晨余先後往訪均未晤及，因張敏之兄被押一案須急謀營救之策，故先往交換意見，經即決定於下午共同再往關係方面接洽，余即回寓，下午崔氏來，先往訪叢芳山兄於南昌路，決定分頭進行，叢兄辦理聯繫國代、立、監委為張兄具保狀事，崔氏則發電秦紹文主席與李振清司令官，余與崔氏則另洽有關方面探詢消息，於是辭出後先往訪徐軼千廳長，徐最初略有推諉之意，謂省府傅立平、石中峯兩廳長刻在馬公島決不能不問此事，但因余等態度稍有不同，乃決定由崔、徐聯名電李並轉傅、石詢此事真象，此電即託李之駐台辦事處處長代發，由崔氏擬好後同到上海路三巷面交面託，旋又到楊鵬飛所借住之廈門街鄭寓再度訪詢，仍謂移出不知新址，毫無眉目云。

體質

晚，覺足疾有加劇之勢，今日日間外出，行路蹣
跚，已極勉強，晚間決定用消炎片碎粉敷布，此次只右足
足趾間患甚，左足尚不至影響，僅有普通足癬而已，右足
情形比較不同，趾間有若干表皮被蝕破之處，露深紅色肌
肉，出水不止，與余十數歲時在煙台所患者，似乎性質相
同，僅範圍略小耳，但因足疾，兩腿亦時有疲憊。

9月23日　星期五　晴
家事

上午，李祥麟兄應德芳函約來寓。

9月24日　星期六　晴
師友

上午，叢芳山兄來訪，談張敏之兄在馬公被拘一
案，因其同時被押者尚有鄒鑑，鄒曾由劉心沃委員函李振
清司令官詢詳情，准復係奉東南行政長官公署電令澎湖憲
兵隊辦理，請在台北另行洽商辦理，故似已不必等待李氏
復崔唯吾、徐軼千兩氏之電，即可仍繼續進行保釋手續，
蓋預料此項復電與上電必仍大同小異也，余意亦同，叢兄
即往訪崔氏再商，下午接崔氏來信，謂叢兄來訪留字已
悉，望即進行，又崔氏今晚與東南長官公署一部分人員有
晤面機會，囑余將張兄自抗戰以來之事蹟略為開列以便接
洽，余即寫數百字下午託德芳送叢寓派人送崔寓，傍晚叢

兄並來訪談保釋事進行情形，謂已洽定各處有宋志先兄等
國大代表與立、監委員等，當即研討方式，謂照劉贊德律
師之意，只憑社會地位並無保證資格，依法應為鋪保，現
欲表示保釋，經擬就代電一件致東南行政長官公署敘明張
兄思想正確並無軌外行動，同人等願為保證，請准予開釋
云云，叢兄辭去後復於晚間送紅格紙來，余即為之繕正，
備交叢兄為之奔走簽署，此事接洽不易，率因大家多無電
話，又無如許工役可以分送，以致事事非賴面談不可，書
面物件又必須自行送達，因而週折多多矣。

9 月 25 日　星期日　晴
師友

　　晨，叢芳山兄來將致東南行政公署代電經將連署之
人名加入後取去，即分頭奔走蓋章。上午，公司同人蔡繼
善君來訪，帶來王慕曾兄託轉之政治大學補發之補授學位
之畢業證書，又談公司畢、黎兩總、協理均赴港粵，經營
情形此間無人得知，僅留蘇雲章協理在此應付財委會與中
監會所派來之查帳人員，情形紊亂，恐非短期可以了結
云。上午，李祥麟兄來訪，蓋因余日來家庭失和，極為關
心，閒談數小時辭去。午後，張中寧兄來訪，自廣州別後
業已兩月，昨日方將台中程世傑兄來信轉達余，張兄約余
赴湘之事函張兄詢問詳情，今日即見其人來，殊為意外，
據云昨由港來，其夫人已抵港，日內即來台居住，渠此來
尚有任務即赴台中與陳果夫氏晤面，渠兩月來在廣州、重

慶、芷江一帶接洽，未遑寧息，目前其所控制之湘西武力已奉編為兩個軍，彼自兼一軍長，此部分武力現有兩方面希望吸收者，一為湘省主席黃傑〔黃杰〕，任渠為財政廳長之目的即希望其將此部分武力轉入黃之掌握，張兄未肯即就，此事幾已成過去，另一方面為川湘鄂邊區綏靖公署主任宋希濂，此人比較有見識，現準備組織政務委員會，並應宋命負責擔任秘書長，並物色政務、經濟、土地、政工等處長，張兄推余為經濟處長，已得宋及果夫先生同意，此外並計畫設立邊區銀行云，余對此事頗多納悶之處，蓋多有法令牽制，未必能照理想做去，且我政府作風仍派系作祟，宋之部下多為黃埔學生，我等能否不受排擠，又此邊區能否有短時期之安定，是否容許有所設施，均不能不加注意，張兄意則為宋氏為人頗有可為，吾人均可以固有職務不予放棄為原則，結成一股力量前往一試，雖不成退卻無妨也，余未做最後肯定之表示，留晚飯後辭去。

9月26日　星期一　晴

師友

上午，叢芳山兄來訪，持同日昨所辦之致東南長官公署快郵代電請准保釋張敏之兄者，託余亦以國大代表名義加章，並寫明住址，余即照辦，現已簽蓋者有宋志先、楊寶琳、石鍾琇、王雋英等五、六人，以次在繼續進行之中，又謂今日晤崔唯吾氏，前日已與柳克述、唐縱等見

面，訂於今日將案情經過由長官公署案卷內先行查詢明白云。

體質

余今夏因天熱，夜間僅穿汗衣長褲睡眠，不蓋他物，窗外完全通風，有時半夜後即漸涼，亦勉強忍耐，初時尚不覺有異，近來入秋，晨起往往兩腿痠痛發重，淋巴腺亦感覺敏銳，有時脹大，連日蓋被，此現象始略瘥，但由此亦見中年後之身體漸漸不同矣。

9 月 27 日　星期二　晴

師友

晚，李德民君來訪，為衍訓辦就初中畢業證明書，但對於何校辦理補習學校及招生情形則所知不多，建國中學初聞招考，及見報載廣告又知為會計統計班，亦不相當，李君云果無學校可進，可住至其所服務之兵工廠中由友人數人業餘擔任補習云。

體質

右足濕氣患約一星期，今日覺已不甚痛疼，洗淨觀之，潰爛處均已作腐盡生肌之狀，僅行走時略磨痛耳，此次治療全用消炎片磨粉敷之，一以吸收水氣，一以阻其潰爛，又內服消炎片兩次凡五片，是否亦有作用，則未知其詳矣。

9月28日　星期三　晴

師友

上午，到清源醫院訪郝遇林兄，詢悉張中寧兄之眷屬已到，住華陰街五十一號，當即往訪，不遇。到財政廳訪陳運生兄，又訪馬兆奎兄，探詢關於中學補習學校籌辦情形，不得要領。到中山北路訪朱鼎兄，託代衍訓接洽入淡江中學事，因今晨聞郝遇林兄云，該校在淡水辦理完善，英文、數學又特別注意，該校董事長為市長游彌堅，游為朱兄以前相熟之人也；在朱兄處適遇李耀西兄，渠經營九九商行，有意為公司推銷成品，乃同到齊魯公司與協理蘇雲章及營業處長趙錄綱接洽一切。下午，同德芳到大東公司訪呂明誠兄夫婦，呂兄請病假，僅遇其夫人，談病勢極纏綿，又詢悉其經理尹致中來台，留片致候。

9月29日　星期四　晴

師友

上午，到南昌路派出所訪劉宗夏君，劉君為博山人，余因在此派出所範圍內，故往聯絡鄉誼云。上午，到九九商店訪李耀西兄，見其正在準備開幕前一應事宜，據云下月二日始行開幕，余詢以餽贈何項賀禮始為合宜，渠希望有一照人鏡，並當時囑余函知公司蘇雲章協理即行交辦，其上下款亦即擬就附入云。中午，張中寧兄夫婦來訪，留午飯，據云所住華陰街房屋尚須遷至隔壁始為定住，又張兄將於一、二日內赴台中見陳果夫氏，商量如何

參加宋希濂之綏署工作，余告以縱能前往，亦須在一兩月以後始可脫身云。

9 月 30 日　星期五　雨

師友

　　傍晚，劉振東先生來訪，據談將於明日赴穗出席立法院會議，會後或赴西南一行，但尚不能一定，在此期間，眷屬留台，萬一時局有何新消息，望能隨時聯繫，余告以有約余赴恩施者，詢作何看法，劉氏云不妨前往一行，但舊職不必放棄，裨可進可退云。

看書

　　讀秦瘦鷗譯、德菱公主作「瀛台泣血記」，此書為記載光緒帝一生事蹟，自立嗣至庚子亂後回鑾被李蓮英毒斃，穿插以當時之新舊混淆內外紛亂之朝政與國勢，寫來曲曲動人，亦有描寫若干帝室之繁文縟節，在本國人不感若干興趣者，則多半為外國讀者之故，全書形容光緒帝之奮發圖強，終於因慈禧太后之專擅自肆與一般大臣之顢頇無知而毫無表現，真歷史悲劇也。

10月1日　星期六　雨

師友

　　上午，同德芳到華陰街訪張中寧夫婦，不遇。到信義路訪張金鑑兄，其尊人謂五、六日前已赴廣州參加立法院會議。到臨沂街訪吳挹峯先生，因所開地點有誤，遍尋無著。晚，李公藩兄夫婦來訪，閒談，據云其所開之雜貨店業已開業，初時開幕，每日銷貨有限，盈餘不敷開支，但其所本之原則亦如一般在此避難之人，即一切開支作為先定，縱不經營小本營業亦無可節省，故毛利只能作為純利看待，則於補助開支不無小補云。

10月2日　星期日　雨

師友

　　上午，崔唯吾先生之小姐來約赴其家與崔氏一談關於張敏之兄營救事，余即前往，叢芳山兄已先在，當即先行對於近日辦理經過與有關信件交換閱看，後決定今日進行步驟，關於上週崔氏與徐軼千廳長聯名電李振清氏表示意見，至今未接復電，至於東南軍政長官公署方面查詢案情內容，已悉非軍統特務方面所辦，則出於誣告似無可置疑，乃決定下午同往淡水訪山東省政府方面人員共策進行，比往，則無要員，留守人員云均已回台中、屏東一帶云，即王秘書克矯亦不在，乃於浴場一帶巡游一週後即回台北，先訪徐軼千廳長，請其與各廳委聯名電秦主席德純及馬公防守司令李振清，表示意見，徐氏首肯，乃又到賀

仁庵總經理家詢王克矯秘書行蹤，至則不在賀家，乃請其
派人至孫典忱兄家試詢，移時王秘書至，崔氏與談徐廳長
允函電兩方面，請其起稿，當即首肯，但請由張敏之眷屬
備一來文，俾作根據，或即由同鄉數人出面亦可，談訖即
回崔寓晚飯。上午余未在寓時，车尚齋兄來訪，談其對張
敏之兄之看法，認為可能為不妥分子，故不肯保證，但已
私函李振清司令官求情，未涉保證。上午又有馬公要塞守
備旅合作社襄理徐永直君來面投張敏之太太及孫平野君
信，謂今晚即返，希望七時能見面，余以此情告之崔唯吾
氏，當因下午須赴淡水，歸時即無暇寫信，決定由崔夫人
寫信致張太太、王培五，將十餘日來進行營救情形告知，
余晚飯後持信速至火車站，幸遇徐君，當將此信及余致孫
平野君信交其帶交馬公。陸晉大夫與褚保三處長因頂讓房
屋事發生糾葛，余受陸託訪褚不遇，定明日晤面，余並至
仁愛路三段吳寓將此情先行告陸。

10 月 3 日　星期一　雨
師友

　　上午，劉鑑廠長來訪，閒談並交來以前託其轉託友
人由港買來之花旗式餵奶瓶。上午，褚保三處長來談其與
陸晉大夫之頂讓房屋糾葛情形，與昨日陸談甚有出入，昨
今兩日所談情形甚多，但其內容則殊有若干難於了解之
處，其重要者即為代價一點，昨日陸云初時索價一千六百
美金，彼只出黃金十五兩與五百美金，但先付定金二百

元，褚云陸曾函知願出一千五百六美金，仍須保持此數，
但過戶及費用可以負擔，陸云根本無此條件，向褚查問時
則此信已不能尋到，余鑒於雙方對於當時之承諾事實均尚
曖昧，實覺調處為難，故將暫時不問，目前有陸之親眷丁
君將繼續接洽云。下午，到臨沂街訪吳挹峯先生與王慕曾
兄，互道契闊。

10月4日　星期二　雨

交際

李公藩兄所組織之雜貨店，前已開幕，今日補送立
軸一幅，寫「致富有術」四字。到羅斯福路三段信生行植
物油廠道賀其開工，並與叢芳山、劉馨德兩兄閒談張敏之
兄被押之事，余並送該廠立軸一幅，自寫「民食攸賴」四
字，惜無大筆，未能如意展布。

師友

中午，張中寧、宋宜山兩兄來訪，宋係由香港來
台，張兄則昨甫自台中謁見陳果夫氏回台北者，據云對於
余之赴川湘鄂邊區幫忙一節極其贊同，並對余若干年來在
金融界操守謹嚴印象甚深，至於若到邊區任事，在台眷屬
生活一節亦已有所表示，即邊區作為借調，齊魯待遇照
支，又邊區以前有設立銀行之說，宋兄此次在財政部探詢
認為困難太多，不若申請中央或農民兩行往設分行，為配
合工作起見，希望余兼農行之主管，此點將向陳氏建議，
請轉商農行董事會與經理，余認為亦屬可行，又約定明日

上午到台中晉謁陳氏。

10月5日　星期三　雨

旅行

　　晨到車站乘第一次車赴台中，因在羅斯福路候公共汽車達四十餘分鐘之久，故到站時已在開車前十餘分鐘，其時宋宜山兄已在等候買票，張中寧兄亦已到達，又有宋宜山兄之夫人亦同行，站內又遇周異斌兄由基隆來，亦南行，故同行者有五人，於八時半開車，下午一時到台中，午飯後原由宋兄提議為日月潭之游，但正事既畢即已下午四時半，聞由台中前往，需三小時，今日已不及，明日又為中秋，乃於五時半乘十八次車回台北，十一時到達。

職務

　　關於川湘鄂邊區之金融機構問題為今日到台中晉謁陳果夫氏之主要之點，下午在雙十路八號接見，余發言極少，因所涉有余個人之問題也，張中寧、宋宜山兩兄事先囑余擬一節略，余即在車上草成，二人稍事修改後，由張兄在午飯時繕正，即面遞陳氏，其內容一為函請中央銀行恢復機構以便調撥資金，二為請通知中國農民銀行設立分行，以便配合推進農村工作，其人選以吳某為適當云云，陳氏閱後甚表同情，因醫囑不能講話，故以筆談代答，凡問答數次，陳氏根本上認為非中央銀行前往，農行即無法前往，設央行不往，只好邊區自行設法，目前農行為四行之一，孤掌難鳴也，至於向各該主持人寫信，則可以照

辦，當時即寫信三封，一致中央銀行總裁徐堪，請在邊區
恢復分行，二致農行董事長俞鴻鈞請在邊區設分行，如無
人敢往，則吳某可任此艱鉅，三致財政部長關吉玉，請通
知央行設行，此三函皆交帶回備面致者，又關於余到邊區
任職之調用方式一節，陳氏表示由中央財委會向公司調
用，因邊區不能直接向公司調用也，余又順便將齊魯公司
近情面報，要點為建廠事進行甚緩，貿易則在積極進行，
脫節之事極多，又中央在此查帳人員二人正在賡續工作之
中，陳氏未表示任何意見，此外為張中寧、宋宜山、周巽
斌等兄所談零星事務，歷一小時半始辭出。

見聞

在台中陳公館與程世傑秘書閒談，據談關於學校補
助留學或考察事，現在基金已餘最後數千元，聞王慕曾請
准五千元，方青儒一千元，餘數似乎又歸代理校長楊希
震，此人已兩度出國矣，余數年來意氣消沈，記性減退，
求學考察，均覺精力不夠，故未做此想，因而等於放過無
數機會，其實此等機會將來亦未嘗不可再逢，然年事漸
長，家室之累日增，若干連帶問題不易解決，恐愈遷延愈
不能有辦法矣。

看書

利用旅行時間以全日讀完德齡著、秦瘦鷗譯御香縹
緲錄，此書記載慈禧巡幸盛京開專車之沿途情形，兼及其
起居，凡占篇幅三之一，以下為其衣食住行等小節，寫來
均楚楚動人，但涉及政治者比重不大，一般言之，不若瀛

台泣血記之生動也。

體質

　　全日旅行，飲食最難，飲料只有汽水、冰咖啡之類，台中所用午餐則既貴且壞，晚飯因趕車又未用飯，只以香蕉、月餅充飢，深覺不慣，夜腹瀉兩次，微覺痛。

10 月 6 日　星期四　雨

見聞

　　今日為中秋節，未能免俗，略備月餅、水果之屬，晚食水餃，聊為應景，聞台灣在日本治轄時期似不准過節，現在則與內地相同，且有過之，茶食店所賣月餅種類極多，有大如小鍋者，更有所謂狀元大會，則一套有若干品級，花色不甚簡單，諒係閩南風俗，又日間不少放燃鞭炮者，晚飯時為更多，此種習慣則為內地所無，此地人自五天前已開始其拜拜節，即三牲祭祖，並親好互相約宴，直至今日始止，此種習俗亦他處所無也。

10 月 7 日　星期五　晴

師友

　　下午，到南陽街、許昌街口建設廳招待所訪宋宜山兄，不遇，此次僅為正式答訪之意。

看書

　　讀小冊「共產黨怎樣治理平津」，其中所記雖不無渲染過甚之處，但有若干事實，作者云為目睹，因作者為

一大學教授，或不致完全虛構，果如作者所記，則共產黨
之不能維持一合理之社會秩序，至為顯然，至於若干法律
問題與社會糾紛之僅憑直覺予以迅速的與階段性的判別，
使優勝者亦不能安享特殊權利而提出抗爭，其故尤可深長
思也。

10月8日　星期六　晴

師友

　　上午，吳挹峯先生前來答訪，對時局之惡化，不勝
其憂慮，且認為可樂觀之因素太少，國際局面又復險惡，
大難臨頭，方興未艾也。晚，同德芳到羅斯福路二段鄧大
夫寓所作產前檢查，並閒談陸晉大夫與褚保三處長頂讓房
屋事至今未能解決，其錯誤在於交付定金時雙方均為活動
條件，現在則雙方條件均不活動，以致不能接近，此種情
形自屬難於調處，加以後來黃金美鈔折價不同，造成算法
兩歧，距離隨之日遠，此刻只好解約矣。此事今日紹南在
學校曾受張志安先生之託，轉余設法將其定金索回，此項
定金以前褚保三君曾謂須房屋頂出後始可退還。晚，到杭
州南路訪李公藩兄，其所經營之怡生商行業已開幕多日，
但余尚為初次見其實況，布置尚佳，貨色種類亦不少，
聞營業尚稱不惡，李君在山東乃頗有資財者，現在僅從
事小本經營，殊不勝今昔之感云。晚，楊天毅兄來訪，
余告以前渠託余找房事，因台灣大學教職員住宅方面現
無法可以將住房部分轉租，故洽詢毫無結果，據謂將至

郊區作簡單之建築，比較省費，且萬一時局有轉變時，亦可防止空襲云。

10 月 9 日　星期日　晴
師友

　　上午，到上海路訪崔唯吾先生，持送任新舫參議員來信，謂張敏之兄一案已由保安司令部派三人前往處理，又崔氏接東南長官公署辦公廳主任郭驥來信，謂此案係與匪諜有關，崔氏將再與謀面一問究竟，又談陸晉大夫租房事，余認為畢天德夫婦不日可返，屆時再為處理，解鈴繫鈴，當多不少便利之處，余此刻不願再為勞而無功之調處云。到中正東路訪逢化文兄，遷入善導寺後面，屋宇寬敞，建築亦講究，只稍陳舊耳，逢兄云在青島時公司曾支夫馬費至五月份止，又允給移台交通費二百銀元，均未支給，協理蘇雲章表示不能照支，意似與余商量辦法，余將俟畢天德總經理回台後與之一談。在逢兄處遇徐嘉禾君，據云公路段之技工與收票員有時有缺，余託其設法，必要時為七弟暫謀枝棲。到華陰街訪張中寧兄，不遇，及晚張兄夫婦來訪，謂將於一週內回重慶轉恩施，詢余啟程日期，並準備辦事人員，以便向主管方面商領旅費，余仍將俟家室安排就緒前往，作事之人則只憶起有張振玉兄一人，其餘因時局關係，消息隔閡，尚待調查云，又張兄主張在恩施成立經濟機構，請果夫委員轉請撥款，謂可以有成，余則以為未必，但不妨盡力而為之云。晚，宋宜山兄

來訪，謂明日即回港，余告以赴恩施事已確定，將俟張中
寧兄到達後判斷，如能允許余家事安排就緒後前往固好，
否則提早亦可考慮，宋兄對此甚表同情，渠回港轉穗為其
封翁主持公祭後即回港居住。叢芳山兄來訪未遇，贈來設
廠所搾生油兩瓶。

10月10日　星期一　陰、晚雨

師友

　　中午，到許昌街建設廳招待所送宋勵夫兄回港，至
則已登小汽車赴機場途中，余與握別而返。晚，約張中寧
兄夫婦便飯，由德芳自備餚饌，雖非珍饈，而可口養身，
均足標準。

看書

　　讀張其昀論文結集「中國的前途」第一輯，共十篇，
均能引證中西史地事實為今日立國之參考，第十篇為「學
術界致力國事之途徑」，首引熊十力氏致張氏書一段，頗
足發人深省，錄存參閱：「力沿途及抵粵聞見，覺得中國
人無論有知無知，均無念亂之心與畏禍之感（畏且無有，
更談不到悔），只是麻木酣嬉，無知無覺八字。如此以
往，種類即存，即當萬世為奴，吾心以此為痛。不謂革命
黨與學校教育竟釀成此局，念之心痛。力年來總有一種感
想，如此時代有心人各各孤立，絕無致力處。先儒當亂
世，對己只有明哲保身（此有二義，一不使此身忝入罪
惡與污穢場中，二不使此身罹為害，不為輕於鴻毛之一

擲），對國家與群眾只有不造福人之惡業，更無積極救世之行動。不得已而有所謂救天下後世者，則曰著書講學而已。實則亂世人心死盡，著書無幾人肯看，講學無幾人肯聞。著者講者聊以自慰則可，謂有救於天下後世，其效雖不全無，終甚微也。中國好人一向缺乏團結與行動力量。當衰世只任腐壞勢力擴展下去，而無所改造。此自呂秦統一以後，三千餘年之中國，常為夷狄與盜賊交擾之局，唐虞三代以迄春秋戰國之交，學術政治文化之美，一概掃蕩以盡，事蹟顯然，惜乎漢以來賢士大夫均蹈此覆轍而不覺也。力年來頗感好人當有一種結合，顧一生孤露又年事已老，世變復亟，雖蓄此意而未敢輕與之言。此番又重有所感，竊欲以學會一類名義暫集結少數人，徐圖擴充。……吾所謂結合之意，決不是同於卅五年復員時之黨派，或向左，或向右，圖有所活動。又對於現實問題，並不欲輕有所參加或行動。但於人心風會之原，與國計民生之公利公害所在，總宜痛癢相關，喚起注意與研究。私人間德業之互相提振，尤為重要。脫去世故之相與（此重要），第一步注意轉移風會，培養正大精神，此本不立，而入政治漩渦，則清末迄今四、五十年來之黨派害國自害害種，前車可鑒。但如散沙而無結合，則亦只是亡而已。」此語可謂針針見血。

10月11日　星期二　晴

師友

　　上午，到延平南路訪孫伯棠參議員，據談此地所住國大代表在聯誼會內苦樂不均，正謀調整，但恐無術實施，又補助費第一批已到，供一百九十一人，餘則旬後或可有望。到博愛路中央銀行訪崔唯吾先生，告以關於其夫人託詢國大補助費撥款情形，請回寓轉達。到中山北路訪朱曾賞兄，據談曾託其弟向淡江中學探詢，據云目前上學確無位可插，因為時已晚云。

看書

　　讀祝嘉著愚盦書話碑話合刊，前者為隨筆體，後者以碑分節，所見多有可採，譬如臨池貴北碑，唐後無可取者（僅有一例外，即李北海端州石寶記），此與包世臣、康長素之見解無異，其論隋碑，於龍藏寺則謂較之六體流於卑薄，對康氏謂龍藏寺集六體之大成者，見解不同，則從其立腳點之有異，遂見仁見智，有此歧見耳。

10月12日　星期三　晴

師友

　　晚，李公藩夫婦來訪，閒談時局與自處之道，李兄對廣州局勢逆轉，所受刺激特大，蓋渠由濟南而上海而台北，財產仍多留濟，所以如此，無非因時局或有一線轉機，今廣州危在旦夕，雖不無回濟規復事業之念，但已嫌為時過晚，故仍擬觀望至年底，設台灣竟能為聯合國託

管，尚可不受時局影響，否則只能圖劃歸計，成敗利鈍在所不計矣。

體質

　　右足之濕氣至今未斷，前數日稍瘥，數日來又斷續潰爛，洞如胡椒大，出水不止，碰之則痛，行路極難，且右腿因受影響，全部感覺微痛，淋巴腺有數處脹大，觸之覺有微痛，甚並右腋下亦略覺波及，此症僅二十年前患過一次，，且比現在為重，但治癒後即未再發，年來只有足癬作祟，如此次者尚未經過也。

10 月 13 日　　星期四　　晴

師友

　　上午，楊天毅兄來閒談。下午，到南昌路訪李耀西兄，託再向游彌堅市長接洽送衍訓入其所辦之淡水中學事，因今晨著衍訓赴該校見謝持方兄探詢情形，似乎上次由朱曾賞兄所獲得之答覆謂課座尚無地可按一節與事實並不相符也，李兄云日內即往與游市長商洽。晚，隋玠夫兄來訪，據談政校同學邵體璋在台南新化鎮任中學校長，以前有送其子入該校讀書之意，後又作罷，余託其探詢有無三年下學期，將送衍訓前往完成初中學業。晚，徐嘉禾君夫婦來訪，據談介紹技工藝徒等工作，尚可設法云。

10月14日　星期五　晴、有陣雨

師友

上午，逢化文兄來閒談。下午，陸冠裳、劉鑑兩廠長來訪，談租機器設廠事尚無成議，而劉在青為各廠所墊之美鈔、銀元除酒廠已由公司核定付給全數美鈔外，橡膠廠則因無存他處之貨，油廠亦然，前者根本未付，後者尚差一部分，均應由公司代為付款，此點涉及公司本身利害，致尚未獲致結果，而一事兩辦，劉君深致不滿云。晚，陳長興兄來訪，已數年未獲長談，據稱現在新竹居住，該地有中央合作金庫所頂房屋一所，可供存身，余詢以新竹有無中學尚可加入者，余有意將衍訓送往就學，陳兄並允如能入學而無處可住時，則在彼家搭伙食並居住均可，但不知高中一年級是否尚有空額，須先詢明云。

10月15日　星期六　陰、細雨

師友

上午，叢芳山兄來詢張敏之兄案營救情形，並閒談所營搾油廠之方針與現狀。下午，隋玠夫兄夫婦來訪，談其宿舍問題未能解決，現在合作金庫所供給之宿舍在太平町，甚寬敞，但三樓無水，兒童上學太遠，故將遷至羅斯福路五十八巷與其他同事調換，但此地只有十八疊半席，又嫌太狹，故各有利弊，深覺難以決定云。晚，李公藩兄來訪，談接濟南、青島信云，一般人民生活與工商業情形似乎尚有可以維持之象，渠正等候時局發展，如果再行惡

化，勢將無以為生，至時必考慮如何返里，又謂濟南初陷時，其工商管理局長管大同以前上學時曾為李兄所資助，此次返濟後聞甚念舊情云。

10 月 16 日　星期日　晴

師友

上午，到信義路訪張金鑑兄，託為備函致新竹市長陳貞彬質如同學請轉向省立新竹中學辛志平校長介紹衍訓入學，當承照辦。上午，到上海路訪崔唯吾先生，叢芳山兄亦在座，談張敏之兄被扣一案，已探明承辦機關為保安司令部，已與其督察處長陳君晤面，並有進行線索，決於明日前往再度訪談，俟其所派人員有初步報告到達，即趕速進行請解台北並聯名保釋，又談此事舉告者為澎湖防守司令部參謀長，初次調查並無結果，因該方不肯放鬆，乃又派三人前往云。下午，李耀西、謝持方兩兄來訪，謝兄在淡江中學授課，已代衍訓探明該校初中三年級尚可插入，希望明日前往辦理手續，余因最好為高中一年級，故將於明日派衍訓前往新竹一行，故淡水中學將於後日前往接洽云。下午，李德民夫婦來訪，閒談。下午，李公藩兄夫婦來訪，交閱其封翁由濟南來信，所談濟南情形大致平妥，希望其考慮北返計劃，渠對此事極重視，希望在台事業不擴充，以備必要時即行言旋，但仍將先對時局作一度觀察云。

看書

讀沈從文作「月下小景」，包括短篇九篇，本事全出於法苑珠林所引諸經，而重新予以處理，故事均十分美妙，較真正之神話獨多人生之氣氛，而所有故事之含意則均有佛教對人生之關照，似寓言非寓言，似諷刺非諷刺，微妙處只可領悟，不可言說，如月下小景一篇寫男女戀愛順天不能由人，結果為美麗之殉情，尋覓一篇寫人生之不斷追求，成功與失敗判然有別又不能真正區分，女人一篇寫女性之被尊重被蔑視，似乎均無法獲得充分之理由加以解釋，扇陀一篇寫一超聖入神之仙人終為女子所征服，彼以自然為其寄託者而仍屈降於另一種自然之力，愛慾一篇寫兩個愛其所不當愛之女子之故事，既盲目而且偏枯，獵人故事寫一雁與鼉之生命見解如何同中有異、異中有同，一個農夫的故事寫一游戲人生之青年如何取得王位，輕鬆喜悅，醫生一篇寫一醫生竟因犧牲之一信念為一鵝而幾至於死，但其心地反有一種滿足與快樂，慷慨的王子一篇寫一王子為使子民快樂竟將一切乃至妻室子女全部放棄，身受煎熬，而又怡然自得，其書寫手法為美化人生，其終極目的則超拔人生也。

10月17日　星期一　晴

家事

為衍訓上學事至今不能解決，今日囑其持日昨張今建兄信到新竹市見陳市長，託向新竹市省立中學介紹，希

望入高中一年級肄業，及晚回台北，據云由陳長興兄率同
前往，陳市長轉為函介至省中，學校當局謂高一實有困
難，囑其入初三，但又謂高一有一學生將轉出學校，似乎
不無機會，囑其明日持證書前往，此事即恰妥亦為旁聽，
因新生已報省也云。

體質

　　入秋甚涼，超過華北，夏季往往不被而臥，現在即
感到兩腿發痠，年齡至四十以後，知不可與自然勉強相執
矣，今日天略暖，下午在陽光下入浴，覺筋骨舒展活動。

10 月 18 日　星期二　晴曇

師友

　　晚，隋玠夫兄來訪，緣下午衍訓由第四十四兵工廠
返謂，聞同學云省立師範學院附屬中學高中二年級上學期
尚有空額，只須介紹即可入學，余雖不信其事，又恐放棄
機會，故派衍訓持函走謁，及晚隋兄來答覆，謂已面晤教
廳蔡子韶督學，謂絕無此等事實，故當作罷云。

看書

　　讀沈子善編「書學論集」，包括論文二十餘篇，余擇
讀其半，計有孫玄常「清代書學概論」、宋錦江「碑學與
帖學」、陳天錫「重訂顏魯公年譜」、盧蔚乾「訪大小爨
碑記」、祝嘉「腕力論」、陳公哲「字美標準」、酈承銓
「願堂題跋」、研究部「書學名詞簡釋初編」、靳志「復
章一山同年書」等篇，此外有欲讀而手頭無拓本或印本可

以對照者，為「廣武將軍碑題跋」、「九宙碑集釋」、
「十七帖疏證」、「孫虔禮書譜序註釋」等，以上四碑余
均有印本，刻在滬上保存，究竟存亡如何，已無法得知，
聽諸天命而已。

10月19日　星期三　晴、有陣雨
師友

下午，張中寧兄來，謂訂於明日經過香港赴重慶轉
恩施，並催余速往，余允於兩週後前往，又託其赴渝時代
為辦理國大代領款證事，因另有客來，匆遽談竟即去。下
午，劉階平兄來訪，談渠在此經營會計師業務極為發達，
聞余有意執行職務，希望從早辦理，並允從旁協助辦理登
記手續，又談其所輯聊齋誌異遺稿，正欲出版，以免鈔本
再有散佚，不知此地出版業情形，余允託友代為洽詢正中
書局，能否辦理出版手續。

10月20日　星期四　陰、有細雨
交際

晨起看報知中正東路中央日報社今晨半夜時，因隔
壁台灣旅行社食堂失火致被延及，乃於上午到車站前台灣
旅行社中央日報臨時營業處，向馬星野社長及周天固兄致
慰問之意，據云財產損失不大，惟資料室全焚，乃數年來
之累積，此項損失則非可以金錢計數者。

師友

　　晚，同德芳到怡生商行訪李公藩夫婦，因聞昨晚其
店鋪失盜，故特往致慰，又據談其日來聞之外間消息，自
廣州失陷後台灣局勢頓增緊張，如香港英國政府承認中共
之北京政府，台灣與香港間之往來如有中斷，則孤懸海中
與大陸更無橋樑矣。下午，余不在寓時，董成器、李耀
西、汪茂慶三兄來訪，董、汪兩人似係自他地來台北者。

家事

　　為衍訓上學事，多方探索途徑，終無法可以立入高
中一年級，但三年上則有淡江與新竹省中兩校可入，淡江
聞有宿舍，但是否有空則無把握，新竹絕無宿舍，須寄住
於陳長興兄家，今日報載省立各校設夜間部，新竹省中為
四班，不久招生，如先在其初三上旁聽，自可就便考其夜
間部之高一，此為新竹方面之方便處，余決定今晨著衍訓
到淡水詢問有無宿舍，設無宿舍即根本放棄，渠晨間出發
後，余亦外出，歸時德芳告余有南區憲兵隊派人來取衍訓
離澎湖時之差假證，蓋渠外出穿軍服而符號未帶致被查
拘，下午余到該隊解釋明白始允釋放，於是今日一天光陰
又白費矣。衍訓此次上學事原則上本應在余家居之台北，
但台北無學可上，且無一校可以寄宿。

10 月 21 日　星期五　雨

師友

　　下午，汪茂慶、閻鴻聲兩兄來訪，汪兄將在台居留

數日後回港轉重慶，中央合作金庫機構尚在。

看書

　　讀畢康長素著「廣藝舟雙楫」，康氏乃碑派之巨擘，說理極透澈，而文筆亦復絢爛多奇觀，讀時殊能引人入勝，其篇目凡二十有七，計為原書、尊碑、購碑、體變、分變、說分、本漢、傳衛、寶南、備魏、取隋、卑唐、體系、導源、十家、十六宗、碑品、碑評、餘論、執筆、綴法、學敍、述學、榜書、行草、干祿、論書絕句，皆精心嘔血，自成一家之作，其要點實無從鉤提，僅錄學敍一篇所論學書次第一段，以備參考：「字在一二寸間而方筆者，以何碑為美，張猛龍碑額，楊翬碑額，字皆二寸，最為豐整有勢，可學者也，寸字方筆之碑，以龍門造象為美，丘穆陵亮夫人尉遲造象，體方筆厚，畫平豎直，宜先學之，次之，楊大眼骨力峻拔，遍臨諸品，終之始平公，極意峻宕，骨格成，形體定，得其勢雄力厚，一身無靡弱之病，且學之亦易似，……能作龍門造象矣，然後學李仲璇，以活其氣，旁及始興王碑溫泉頌以成其形，進為皇甫驎李超司馬元興張黑女，以博其趣，六十人造象楊翬，以雋其體，書駸駸乎有所入矣，於是專學張猛龍賈思伯以致其精，得其綿密奇變之意，至是而習之須極熟，寫之須極多，然後可久而不變也，然後縱之猛龍碑陰曹子建以肆其力，竦之弔比干文以肅其骨，疏之石門銘鄭文公以逸其神，潤之梁石闕瘞鶴銘敬顯雋以豐其肉，沈之朱君山龍藏寺呂望碑以華其血，古云嵩高鞠彥雲以致其樸，雜學諸造

象以盡其態，然後舉以枳陽府君爨龍顏靈廟碑陰暉福寺以造其極，學至於斯，其幾於成矣，雖然，猶未也，上通篆分而知其源，中用隸意以厚其氣，旁涉行草以得其變，下觀諸碑以備其法，流觀漢瓦晉磚而得其奇，浸而淫之，釀而醞之，神而明之，能如是十年，則可使歐虞抗行，褚薛抉轂，鞭笞顏柳，而狎畜蘇黃矣，尚何趙董之足云，若能如此為學遍臨諸碑，雖不學一唐人碑，豈患不成，若急於干祿，不能爾許，亦須依此入手，博學數種以植其幹，厚其力，雄其筆，逸其韻，然後學唐碑，若裴鏡民靈慶池郭家廟張興樊府君李靖唐儉臧懷恪馮宿不空和尚雲麾將軍馬君起浮圖羅周敬諸碑，則亦可通古通今，若夫入手之敘，則萬不可誤耳。書體既成，欲為行書博其態，則學閣帖，次及宋人書，以山谷最佳，力肆而態足也，勿頓學蘇米，以陷於偏頗剽絞之惡習，更勿誤學趙董，蕩為軟滑流靡一路，若真書未成，亦勿遽學用筆如飛，習之既慣，則終身不能為真楷也。」

10月22日　星期六　陰雨

師友

　　上午，到中央銀行訪崔唯吾先生，據談關於張敏之兄一案，前日詢保安司令部陳督察處長，謂所派到馬公實地調查之三員尚未回台北，故對於是否移解台北及能否保釋，尚不能有所表示，崔氏詢其此次匪諜罪嫌有無證據，則謂只有人證，故證據不能謂為充足也，至於孫文主義同

盟嫌疑一節，據山東省政府辦事處長王壽如君云，張兄確
曾參加此團體，渠在南京任警備司令部軍法委員長時即知
其事，當時份子甚多，實均為參加國民黨革新運動，未聞
有以顛覆國民政府為目的者，至於後來一部分孫盟領導人
從事蠱惑軍隊或勾結共黨似與以前之事不能相提並論，此
節已於在澎湖時提起李振清司令官之注意矣云。下午，馬
兆奎兄來訪，談其在財政廳所任工作情形，又同往同安街
訪汪茂慶、董成器兩兄，均不遇，只與蘇夷士兄閒談移
時，據云董兄將於後日赴港，再決定是否赴重慶，又魏壽
永與虞克裕兩兄將由港來台，余乃留信託其帶港後交魏、
虞兩兄，託帶奶粉四聽，用款在台撥還新台幣。晚，隋玠
夫兄來閒談，謂此次寫信問台南新化鎮中學能否收容旁聽
生事，已接回信，謂只有初三上，衍訓欲來可以參加，又
談及中央合作金庫之失敗，完全由於人事不健全不合作，
在國家行局中，如合作金庫之悲慘下場可謂獨步，但高級
人員之自私企圖仍未終了云。

10月23日　星期日　雨
家事

　　自來台後，關於家庭瑣事之煩累，尤其德芳主持中
饋，操勞之甚，殆結婚十數年來所僅見，蓋抗戰內在皖及
抗戰後在濟南，均有若干僕從可以照應，到此後則僅勉強
雇用女工一名，能力低弱，不易稱心，有時仍不免自行動
手，在平時尚無所謂，在一月內即將分娩之產婦，實一難

題也，子女輩雖大者略可分體力之勞，而小者累人實甚，亦無可如何也。

體質

腳濕已漸漸痊癒，已不甚妨礙走路，兩腿雖有時仍覺痠痛，但較前亦大為減輕，故腿症之原因可能半由於夏季受寒，半則由於兩足之牽連也，惟以後攝護則須注意。

10 月 24 日　星期一　晴

師友

前為七弟瑤祥謀事，曾託叢芳山兄設法，昨晚叢兄送來便函，謂其所營之油廠有工人出缺，余即憶及為崔唯吾先生家女工之弟謀事，曾允為在齊魯租借油廠內設法，此項油廠現在尚無眉目，便即於今晨函詢崔氏該工人現在已否有事，下午叢兄又來探詢，余告以晚間可以回話，旋即接崔氏回信，謂該工已到一女中服務，此事作罷，余於晚間往訪叢兄，不在，留字道謝。下午，李公藩兄來訪，託詢問有無在台需款而可以在香港、昆明交付者，渠在此代管友人款有需調往者，余允俟向各方探詢後再作答復。下午，劉鑑廠長來訪，談今日送來運動設油廠之職工一函希望十日內能解決此事，其原委為聞知財委會胡希汾兄即來台，乃作一種姿態，以速其成，並不含有如期解決之意，惟言下對於公司方面之一再延宕，表示極度憤懣云。

10月25日　星期二　晴

師友

　　上午，張中寧兄來訪，據談數日前赴港昨始返台，
此來仍為選用綏署政務委員會人員，並為四行在恩施設分
行事，分遞陳果夫氏所備甫經卸任財部長與中央銀行總裁
徐堪氏，及中國農民銀行董事長俞鴻鈞氏之函件，徐氏允
立電重慶央行主管方面籌議赴恩施設行，俞氏今晨晤面，
謂返港立即與趙葆全代總經理研商方式，因函內提及人選
一節推薦余能出任，表示希望今日午前能往一談，余即於
十二時到中山北路二段廿巷五號中央銀行宿舍謁見，比即
延談，首詢余對恩施情形熟悉否，余云所知甚鮮，但立即
告以從事金融業之經歷，並為提起其回憶，將脫離山東省
銀行經彼批准辭職之經過詳加說明，謂係與王耀武主席見
解有出入，自願讓遜，因旅京鄉先進愛護挽留，久久始達
目的云，俞氏謂回港即與趙葆全兄商量，囑余留通訊處，
以便來電，即行辭出。上午，于振海兄來訪，閒談關於所
歷南北各地民性之不同，多有十分有趣之發見，于兄現營
糕餅店，贈所製桃酥一斤試嘗。下午，李祥麟兄來訪，因
余將出門，略談即去。中午，到中山北路二段訪徐嘉禾夫
婦。中午，同德芳訪張中寧兄夫婦，留午飯，並有上官業
佑同學及胡競先、左曙萍二君在座，係初識，飯後談川湘
鄂邊區經濟工作事。下午，同德芳先後訪問李德民夫婦與
隋玠夫、陳運生兩夫婦。晚飯留楊天毅兄同餐，並託其代
劉階平兄與正中書局南經理接洽出版聊齋誌異遺稿事。

10月26日　星期三　晴

師友

　　晚，李公藩兄來訪，仍為其代友人查詢調昆明款項事，託余在外設法，余允即辦理，惟成敗未知，因此地與昆明間直接發生貿易關係不多，不若香港之易，甚至亦不若重慶之易也。晚，山東在馬公島所設中學副校長王篤修及前某聯中校長龔介人兩兄來訪，謂一週前由馬公動身來台北，因所乘之船發生進口問題，海內停泊四天始獲在高雄登陸，此來目的本為教育部補助費事與教育部杭立武部長有所接洽，經此延誤，杭氏已回重慶，只得另行設法聯絡，交通之誤人誤事有如此者，又談張敏之兄事，據兩人云敏之兄在率學生赴湘前留青留京滬期間均無機會參加孫文主義同盟，外間所傳有不能盡信處，此次保安司令部所派查案人員不日回台北，當將張兄押來，則在此或易於營救云，言下對張兄遭此橫逆，均為之太息者至再，又關於七弟瑤祥被拘事，王校長謂當時被押者均已由校方釋放，渠則因姓名不符，致不肯放出，余當託其於回馬公後仍准其回校讀書，並告已經另函李司令官請准如所請，王兄對此已經首肯，又衍訓行李已經帶至高雄，因太重致未帶來台北云，談至深夜十時始去。

10月27日　星期四　晴

師友

　　下午，陳長興兄由新竹來訪，談前數日衍訓到新竹

入學，第一日即因未報戶口被警察派出所傳問，經保釋始無事，其在馬公島之戶口謄本前數日已寄來此處，即交陳兄為之回新竹報戶口，渠在新竹適遇省立新竹師範招考新生，而省立新竹中學亦正招考夜間部，渠均將投考，此二者固均甚好，蓋中學如能考取高中一年級，即可停止初中三年級之旁聽，師範如能考取，則住宿及讀書問題可一併解決，至於畢業後升學一節，端視學力如何，只須夠格，升考大學證書之困難將有其他方式可以補救也，陳兄談在台亟需另謀職業，余告以下月中將赴恩施，該方經濟工作圖謀開展，設余到達後觀察情勢能有所作為，希望渠亦能前往幫忙，渠亦首肯，並約定屆時通信，且認為無論大局如何，坐視不顧，終非適當之辦法，此見解實從同也。

體質

　　足疾已可謂痊癒，僅有微小局部發作，不致礙及行路，但腿之痠痛仍時作時輟，近日復感痛苦者為牙齒更不勝昔，食品微冷微熱，均感不支，食飯咀嚼甚至亦不敢用力焉。

10月28日　星期五　晴

師友

　　上午，到齊魯公司與蘇雲章協理泛談公司一般業務，據云豆餅首批已由港運到，肥田粉因美方進口行發生問題，業經作罷，公司目前因應付由青島撤來員工之要求，備極困難，目前爭執之點為七、八兩月薪俸，租借搾

油機一節，估價發生爭執，尚無成議，昨日財委會虞克裕秘書已到台，或將會商解決，余今日順便與談余住宿舍之自來水按裝水表問題，決定再估價招商辦理，又因李公藩兄託查詢有無門徑調款赴昆明，余詢蘇協理本公司在渝售貨之款是否調回台北，據云刻有存金五十餘兩，可調台之數不多，畢天德總經理在港，彼曾有將款調港之議，須商量辦理，蘇君又談公司二十餘職員已感受物價之壓迫，嫌待遇太薄，而時局再有惡化時，如何善後亦是問題，汐止建廠事亦因而不敢積極進行云。在公司時蔡繼善同學來告，余繼祖同學本月三日在高雄附近楠梓車站臥軌自殺，身軀被軋成三段，悲慘之至，一般傳說似與戀愛有關，但察其平日言行，似又無此等情形，而談笑間亦絕無厭世悲觀之跡象，惟其家世則頗淒涼，與其母相依為命，而教育成人則其舅之力為多，其母在川，有謂去年已去世者，但此亦不為十分充足之解釋理由，余到台後知其在高雄，曾與通信，其覆函現猶保存，察其日期則十月二日，戕生之前日也，其信共兩件，一致余云：「前從好友蔡君處，敬悉鈞長暨闔府蒞台，絆於瑣細，迄未奉候，祈宥！頃讀手示，益增歉愧！令嬡高中，實堪慶慰，一女中據聞極好，超人秉賦，善良誘導，促成渠戰無不勝攻無不克之優異戰果，長此奮發，誠未可限量，行李俟抵此間，當儘速託請便人奉上，此後若有關路局或交通方面事體，請隨時示知，當竭己效命。暇時乞時頒教言。肅此不盡。敬請雙安，竝視闔府安吉。」另一致紹南云：「一女中就我所

知，不易考取，今天名列前茅進入了，應衷誠向你道賀，
更盼望此後一本既往，奮發不懈，惜乎工作地點在高雄，
否則業餘又可和你研討一些功課，不過若有需要，在通信
中也極願就我所知幫你解答的。離開青島半年，一切一切
均使我追憶難忘，餘容續敘，匆祝康樂進步。」由此兩信
種種措詞之不忘將來，亦絕不類預存死亡之一念者，然則
其原因果為如何，殊費揣測也，余與余君相識係在青島公
司時，余君為後期同學，對公司情形之觀感，頗有正義主
張，故業餘歡談，彼此間均為一樂，去夏紹南在青投考，
事先余君逐日來寓為補習功課，誨人不倦，青年中殊不多
覯，入冬青市局勢漸緊，余君自請疏散赴京，瀕行託余為
函合作金庫方面在川謀事，惜乎時局丕變，竟無結果，年
終在京猶與余時相過從，仍舊保存快樂活潑之情態，及今
思之，恍如昨日，孰知竟成隔世哉！到上海路答訪王志
信、弓英德兩校友，不遇留片。下午，訪李公藩兄，談為
友人調款赴昆明事，微有線索，但能否辦成，尚不敢必。
到杭州南路訪劉振東先生，不遇。到金門街訪閻鴻聲兄，
不遇。到金門街訪劉階平兄，談會計師執行業務前在地方
官署之登記手續，渠極力主張余早日申請，今年年底前各
業資本變更登記，大有業務可做，其申請應奔走事項則協
助余辦理云，又談其蒲留仙遺著考略及聊齋誌異未刊稿之
出版事宜，已交楊天毅兄接洽，諒可順利解決，渠尚有未
完成稿本「畢白陽先生理財評傳」，約三萬言，涉獵一
過，頗精審，於晚明流寇之亂，如何理財，如何籌餉，如

何維持收支平衡，及反映當時官風軍心，均對今日發生強
烈對照，余為改名為「明季財政探微大理財家畢伯陽先生
評傳」，又其聊齋誌異未刊物鈔本，因收藏嚴密，余今日
未獲見，據云曾有張元濟氏之硃筆圈點及精詳校勘，當時
準備在商務印書館出版，因軍事動亂，一時不能付印而致
作罷云。

10 月 29 日　星期六　晴
師友

　　上午，到大東工業公司訪呂明誠太太，託為王荓青
教授雇用女工，據云有甫自友人家辭退之女工一名尚在介
紹工作，此人年廿四歲尚未結婚，儀表甚佳，但是否適於
一個夫婦均有職業之家庭可以在晝間完全付託，則須考
慮，並希望王氏亦顧慮及之云云。到中央銀行訪崔唯吾先
生，告以今晨接任新舫君來信為張敏之兄解台北訊辦業已
實現，應即著手與主辦之保安司令部接洽營救，當即約定
下午在叢芳山兄所營之油坊聚齊，事先由余往約宋志先兄
亦往，將由四人會同前往奔走，因宋兄與保安司令彭孟緝
相識也，下午余如時往，先到羅斯福路三段二百巷訪宋志
先兄，未在寓，與其夫人談明來意，希望能俟宋兄回寓轉
達如何與崔氏取得聯絡，其夫人則謂宋兄不妨自往進行，
諒不願與崔氏共同進行，對崔氏則頗有微詞，想係個人恩
怨，余即未加詳詢，只云請宋兄自酌可也，辭出後回至信
生油廠，崔、叢二人已先在，當決定即由三人於今日下午

到保安司令部一行，即同往訪督察處長陳仙洲，據陳云，今晨接到電報，今日張等可以解到台北，如詢無特殊案情，當允許交保，奔走營救各人若有書面表示，當於此事或有幫忙之處，談竟退出，決定先將以前由叢兄向各立、監委、國大代表聯名辦就之快郵代電（即余起稿之件）速將一、二未蓋章者補蓋，補蓋後即送東南長官公署，此事由崔氏於今日辦理之，至於與陳處長之連繫，亦由崔氏負責云。

家事

德芳自今日下午腹內有陣痛，雖似產前之兆，但胎兒未下墜，故又疑不是，晚飯後同到空軍醫院請鄧仁德女醫師檢查，亦云產期未至，此現象或係由於作事勞累所致，但數日來無何勞動，又疑係前日聞余繼祖君凶訊情緒哀傷所致，回寓後陣痛不因休息而止，同時距離加短，已漸漸可以斷定為分娩之先聲，於是乃往李公藩兄之鄰人徐家與鄧大夫通電話，請來準備接生，大夫於十時至，開始準備，陣痛更急，生產於焉開始，近午夜至衡陽街買麥角流管，無所獲，空手而回，時已午夜，即幫忙並等待。

10 月 30 日　星期日　晴、有陣雨

生女

夜分後嬰兒有不久可以墜地之象，余在臥室隔壁，驟聞德芳一陣極緊張之呻吟聲，至零時十五分，嬰兒啼聲大作，業已產出，係一女孩，身軀豐腴，髮黑如成人，既

濃且長，哭聲甚壯，母子均安，此為德芳之第六胎、第四女（兩男戴天、紹立均夭），今日尚未命名，此女之生日在數字上極有巧合，蓋今日為舊曆重九，月日之和（國曆）為四十，此數為芳之習慣年齡，又為余之實足年齡，均富有紀念意味也，又嬰兒體重無衡器致未秤焉。晨二時始將一切料理完竣，醫師與德芳同榻而眠，余與紹南、紹中、紹寧則同床休息。

師友

　　上午，到重慶南路三段十四巷一號訪王弗青教授，徵詢昨日呂明誠太太所談之女傭是否可用，王氏認為極合適，其夫人則略有遲疑，但亦主可用，余即到南陽街再與呂君夫婦接洽，呂君則認為全盤以家事付託如此年輕之女子不能不特加慎重，且該女昨已赴松山，似有他就，乃決定另外物色，余回寓即函達王宅。晚，楊天毅兄來約同往信義路四段裴議長鳴宇家晚飯，閒談，路過建國南路並訪程子鳴大夫小坐，因程君與楊兄及余均識也。

10 月 31 日　星期一　晴

師友

　　晨，因昨晚接崔唯吾先生來信謂關於張敏之兄事，除另文向東南長官公署呼籲外，因主管機關省保安司令部，應否再擬一代電稿由原簽名各人分別簽章後照送該部，望與芳山兄商酌辦理，余即先擬一稿，文字與前擬致東南長官公署者相似，擬就後到信生油廠訪叢芳山兄商

量，不遇，中午芳山兄來，謂可照辦，乃同到叢寓繕正，彼即到各簽名人員處一一奔走簽蓋，及晚，崔氏復送一信來，謂東南長官公署一件本只劉志平委員一人未蓋，今日送往，竟因名次問題，反而不肯，既不能相強，只好另辦，余即將此信送叢芳山家同閱，迨深夜即將入睡，崔氏本人來訪，謂東南長官公署之件既已不能送達，即另辦一件致保安司令部，惟簽名者本只有十人，除有不簽或已簽而人又不在台北者外，人已不多，最好分頭多方張羅，余亦以為然，乃研究方式，決定明日由余向公司洽用汽車由余與叢兄及張志安先生一同外出到各處奔走，各就所識者請其簽字，今晚並先由崔氏將其所知開一名單，即此已達卅餘人，叢兄與余者尚不在內，準備儘可能於明晨將此事辦竣云。

11 月 1 日　星期二　晴
師友

　　昨與崔唯吾先生約定明晨由余約叢芳山兄及崔夫人
一同出發，徵求為敏之洗刷冤獄之公文簽名，遂於今晨到
南昌路與叢芳山兄同到中山北路齊魯公司通知用公司汽
車，該車上午不空，與陳國瑄廠長商定下午二時使用，洽
定後即與叢兄到博愛路訪崔氏，告以此情，適遇劉振東先
生，說明後蒙允參加，又悉山東同鄉會幹事會刻在中山堂
開會，崔氏主張由叢兄與余到該處徵求，至則先訪何冰如
君，此人不由分說，即謂在未明案情前，呼籲亦屬無用，
表示謝絕之意，趙季勳兄其時亦在，致不能再說下去，一
無所獲，叢兄極為沮喪，余亦認為此法不可貿然實行，蓋
有人不同意時，餘人即無一可以參加也，辭出後回寓，接
公司蘇雲章協理送來信一件，謂昨將汽車洽借予虞右民兄
今日下午使用，致無法開來，余乃到信生油廠通知叢兄，
並以電話通知崔氏，請將下午之約作罷。下午，崔唯吾先
生及夫人來約同到各處繼續進行張兄之案，乃登其所備吉
普車，先到殷君采委員家，不遇，又到財政廳長石中峯
家，亦不遇，崔氏留字約其持章來蓋，亦聽之而已，又到
溫州街訪女立委孫繼緒，此人與崔夫人為同學，但與敏之
兄並不相識，故頗不欲參加，謂所作文章欠妥，最後始勉
強簽字，又到趙雪峯君家，此人為青年團份子，與敏之之
為黨方者不同，但口稱對敏之事非常同情，致受若干反對
者之不諒，故不便參加，此項辭令亦殊特別，但既無法說

理，亦只好與辭而出，據崔、張兩氏認為此等人皆兩眼只
見勢力者，為免到處碰壁，決將數日前叢芳山兄所經辦之
致東南長官公署聯名代電仍舊照發，因該代電有九人簽
名，只有劉志平一人代簽名而未蓋章，何得以一廢九，至
於致保安司令部之新代電則另外設法徵求簽名，能有若干
人即作為若干人，多少亦在所不計矣，余最主張如此，前
因崔氏主張另辦，故未堅持云。

家事

德芳坐褥後需用鯽湯發奶，晚飯時余率紹南、紹
中、紹寧均坐廊下，女傭呂媽端方沸之魚湯欲上廊入室，
余恐其有失，乃令紹南接送，紹南因呂媽蠢笨，不欲與之
多有應接，無可奈何中端湯欲送，竟大意不知錫把正熱，
於是傾於廊上，一時紹雄、紹寧、余及紹南本人均為湯所
灼，年幼者哭聲震天，急用萬金油等藥應急，此事之原因
即為女傭不得力，以致德芳亦起助善後，而餵奶遂大受影
響矣。

11月2日　星期二　晴

師友

上午，受崔唯吾先生函託通知叢芳山兄在家等候石
中峯君來為張敏之兄事蓋章，回寓後，崔氏乘車來，約即
出發邀約友人簽名，遂同行，先訪殷君采委員，不遇，謂
須再與馬公來之兩校長談話詢明後，始能知其底細，再行
簽蓋，實乃推諉，崔氏信以為真，謂明晨可約兩校長往其

開會之中山北路造訪，仍請照蓋，余謂大可不必，不妨將
文件送兩校長處，囑速與李洽，崔氏首肯，余即備函致
王、弓兩校長留崔氏處，候晚間就近送往，辭出後到光復
路訪國大代表楊揚、孟傳楹及另一趙代表，此數人則極同
情，立即參加，辭出後回崔寓午飯，飯後同到逄化文兄處
一同出發，到趙季勳兄家，不期而遇者有裴鳴宇議長、張
景月委員及王篤修、弓傑仁兩校長，因裴氏堅主張案應與
鄒鑑一同營救，辯論良久，終以寡不敵眾，始與趙、張兩
人同簽，簽後猶有不豫之色，由此再到國大聯誼會邀致參
加者有何冰如等數人，於是聯名者已有廿人，決定即於明
日由崔氏送往云。晚，玠夫兄來訪，約改日同往訪公路局
接洽存款。

11 月 3 日　星期四　晴

交際

　　近午，逄化文兄來約到其中正東路寓所便飯，余即
前往，至則客人陸續到達，有張景月、李郁庭、楊天毅、
吳竹銘、何冰如、馮鳳五及逄之內弟陳君，因酒席以吃麵
為主，故眾疑為其家人生辰，泊飯後取出蛋糕，逄兄始不
否認即為其本人之生日，今日為舊曆九月十三日也，今日
席間談笑甚歡，但透露山東問題，均使人不快，現在山東
全在共區，李玉堂則發表為山東綏靖總司令，而無固定經
費，有屬於山東之漁業物資，另設有保管處理委員會，此
委員會非官非民，有參加者，亦有反對者，即綏靖司令部

亦認為太過牽制，但地方人則多數認為李玉堂氏過去幹部太壞，如不能改變作風，不改換用人對象，絕無前途，似乎對此類牽制又認為必要，至少不惡，於是在議論紛紛中，整個刻劃出現在山東局面之真正無何辦法，其實又何嘗不是整個大局之縮影，可令人長太息也。

11月4日　星期五　晴

師友

上午，到台灣省合作金庫訪隋玠夫兄，因前日曾允與同訪譚嶽泉局長也，至則與隋兄同到省公路局訪譚局長，未值，據云何時回局不定，余乃留字，謂來訪不遇，故即當再來，隋兄刻服務於合作金庫，極希望與貴局取得業務聯繫，如隋兄再來訪談，請賜教為幸，云云。

家事

余因在台家居 無人服侍，而德芳分娩之初，家事更多，故數日來盡力設法求其安排妥當，而終有其力不逮之苦，昔在青濟時所用侍從人員，均因交通關係未能與俱，台省則為下女者話語且不通曉，更難言其他，所用女傭山東人，設盡方法始尋到，而能力不足，亦僅聊勝於無，於是除洗衣炊飯而外，其他事項即須自行操作，即洗衣炊飯亦須耳提面命，稍有不到，即生故障，至於見機而作之習慣，更絲毫未曾具備，甚至經常事務，亦非逐日招呼輒不能養成規律習慣，用此等人遂特別操心，數日來余每晨起床後需整理房間，滌蕩污垢，又須赴市買菜，或購零星物

品，又嬰兒哺乳或添乳粉，以至煮洗奶瓶，傭人對此等事
雖見余如何處理，竟亦無法學會，故凡事亦多由德芳起床
協助照料，較生紹寧三女時在濟南本寓遇事十分妥貼，真
不可同日而語，有時德芳撫今思昔，為之感嘆，煩悶時排
遣不過，因之不寐，乃又影響乳汁分泌，嬰兒食而不飽，
無法熟睡，又增一種贅累，如此互為因果，真覺完全改善
之不易也。

11 月 5 日　星期六　晴
師友

　　上午，崔唯吾先生來信告前日營救張敏之兄之代
電，已送保安司令部，致長官公署之件則待考慮後再送，
至於前數日徵求簽名時有青年團方面數人不肯參與，關係
團方對中統方面之整個態度，似乎以前敏之兄曾在校害死
一學生，乃青年團方面之關係者，害死後諉稱自縊而死，
團方對張乃深惡痛絕，又趙雪峯曾謂聞馬公兩校長弓傑仁
與王篤修兩君來台北談此案後，渠始因懷疑而不能不慎重
將事，則對此二校長之立場頗有疑問，有云兩人來台北後
在團方對敏之案報告甚壞云云，但余在數處均悉二校長對
此案乃極力聲援者，此說亦殊不易明瞭也；下午崔唯吾氏
又來約同往訪宋志先兄，謂昨與保安司令部督察處長陳仙
洲通電話談商此事，渠謂代電已送關係方面機關，現主管
者為保安處，認為內容複雜，未能立即交保，渠本人殊有
不能為力之處，希望另外設法，乃憶及宋兄與保安司令彭

孟緝尚有往來，望其與彭見面說項，宋兄雖有難色，但允於下週內在接洽公務完畢後以較自然之方式向其探聽，設彼不關門，即可設法進行，此事似不應操之過急，好在已無危險矣云。

11月6日　星期日　晴
師友

上午，于振海君來訪，贈新出品酥皮餅一盒，余與其約定送購桃酥約每四、五天二斤，于君今日之來意為擬在西寧南路設定門面製售糕餅，其經營人員以其本人夫婦及所用雇工一、二人為限，每數月結帳一次，資本方面擬籌集二十餘兩黃金，集股方式擬定為每股二兩，約十餘人，希望余亦參加，余允容設法籌款，余對於集股經營工商業，認為無論合夥或公司，以當前之風氣絕無好結果，余間或亦有參加者，往往毫無結果而散，縱不是經營失敗，亦將因私廢公也。下午，陸冠裳兄來訪，談及齊魯公司由青島撤來同人向公司租機器設油廠事，將由雙方與財委會虞克裕秘書會商解決，目前進行組廠地址，大約有五堵一化工廠可以頂進，代價極低，至於資本方面詢余是否可以參加，余告以不擬參加，因余以前所以主張應允此事，無非因見機器廢置，且足息事寧人，今事已告成，余為證明絕無私人意圖，故決不參加，又陸君謂資本將全由劉鑑廠長拉攏，以六千美金為預定之目標，但將來如何能維持民主方式，希望注意，余提供意見謂不妨向財委會方

面樹立關係，間接加以控制云。

11 月 7 日　星期一　晴

師友

上午，張敏之夫人王培五女士來訪，據云已舉家由馬公島移居高雄，日昨隻身前來台北，即晚住叢芳山兄家，此來係訪問友人設法營救張敏之兄，余即偕同到博愛路訪崔唯吾先生，商量進行，余因另有他事，故未詳談即先辭出。到華陰街訪張中寧兄，不遇，後在新生活賓館遇張太太，當由張太太出示張兄電報，謂昨日到達恩施，即轉赴黔江，由此情推測，恩施軍事情形業已逆轉矣，張太太詢余何時動身，余謂約尚須旬日，家事始可安排就緒，並將先與張兄通電報商量情形如何，又據云宋宜山兄正準備由香港赴四川，此刻或已前往云。

職務

中午在新生活賓館訪虞右民兄，漫談當前齊魯公司以及財委會一般現象，虞兄甫由香港來此，對齊魯畢天德、黎超海二人在港經營公司業務範圍以外之貿易，而又未賺錢，深致懷疑，渠主張早日緊縮甚至結束，惟陳果夫氏尚認為須從緩逐步辦理，今日財委會所屬全部事業等於全盤失敗，其有今日蓋早在意料之中，惜乎上層囿於人事關係坐視其日趨敗亡，殊令人大惑不解，渠今日最重要之圖為切實令各機構查報在港台所存餘之財產，以防侵佔隱匿，今日財委會所餘已幾乎兩手空空，而從業人員則大發

其財，又不能查出舞弊之真憑實據，乃最為苦悶之事，此
等事雖屬細節，但與今日政權之整個沒落，不能謂全無關
係，即陳果夫氏之成為攻擊目標，亦由於此等事之不能善
於控制也。

11月8日　星期二　晴

職務

上午，前麵粉廠廠長劉鑑來訪，談關於公司由青島
撤退來台北人員對公司所請求之請發欠發待遇及設廠榨油
兩事，將於明日下午由虞克裕兄會同解決，此兩事已臨最
後階段，勢非立即解決不可，所不知者即蘇雲章協理能否
代畢天德、黎超海兩人負責而已，劉君云，畢等在香港經
營貿易，公私不分，最近聞運腳踏車七十輛來台，公司為
卅部，彼等私人者則為四十部，公司同人聞之大譁，此種
作風乃彼等之素行，非從今日始也。

師友

晚，逢化文、張景月及何冰如三兄來訪，何談張敏
之兄案已有實供，何聞之保安司令部軍法處中人所云，當
時張亦在座，但余轉問張兄，則謂並無其事，則究係何
情，實無從懸揣，惟逢、張兩兄仍認為須進行營救並探詢
實情，用期水落石出云。

11 月 9 日　星期三　陰

師友

　　晨，戴興周君來訪，談日昨由台中來，參加虞右民氏為中心之油廠條件商談，日內即回台中，仍暫在台中師範任教，必要時再返台北。昨日開會已將各事商得結果，設廠各條件大都採取各員工所提出者，又各員工所要求之疏散費及截薪日期與來台工人是否在內，亦折衷解決，大多以員工意見為意見，公司方面則由蘇雲章協理出面，有相當爭論，最後蘇表示須向畢天德總經理與曾養甫董事長商議後，始能做最後決定云。下午，叢芳山兄來訪，談營救張敏之兄事，現在等候李先良兄與彭保安司令之連襟接洽，此人聞與李兄有戚誼云，此外張景月兄將再分訪楊鵬飛秘書長與馬公島對此案有直接關係之參謀長劉惠倉，渠刻在台北云。芳山兄近日來訪又談其所營油廠將向銀行界接洽貸款，而不知方式如何，且無途徑，詢余有無方法得知，余允代為設法查詢。宋志先兄夫婦來訪，送來李先良兄託轉張敏之太太新台幣壹百元，又談日內將由先良兄代為接洽營救，余擬問其詳情，彼匆忙即去。

11 月 10 日　星期四　陰

師友

　　上午，劉階平兄來訪，據云其所掛會計師事務所招牌之漢中街房屋，現正發生糾紛，緣該房係兩年前由方學禮律師向省黨部租用，當時該房由警備司令部所屬一文化

機關佔用，方代省黨部以訴訟方式將該房之主權收回，遂即訂約租用兩年，於今年五月到期，省黨部將加房租，而方未能完全接受，結果一再糾纏，迄今半年並無結果，在此期間，方之租金為省黨部所不接受，同時並擬由省黨部另以其他房屋交換，亦無成議，最近省黨部將房撥與市黨部交新成立之一婦女團體應用，方遂與市黨部發生衝突，日來頗多軌外演變，劉兄在該房本只有寫字枱一張，實可用可否，但對此等糾紛不能不顧，因聞余與省黨部書記長沈遵晦與余為同學，乃以個人資格託余與沈一談，希望仍能以和平方式解決，至於是否遷讓、合居，抑加租續住，則均無關係，且不必代為洽定，因方學禮律師並未有託人之表示也云。叢芳山兄來信，謂沈鴻烈前青島市長尚未赴渝，張敏之太太曾往訪不遇，云已赴渝，不知何故，余即將此情轉知張太太矣。

11月11日　星期五　晴
師友

上午，到省合作金庫訪隋玠夫兄，探詢向此間各商業銀行借款方式，據云亦不甚詳，但允立即設法探明告知，又謂中央信託局此間各分局各種業務一概經營，其中熟人有在濟曾充副主任之瞿勉之兄，可以接洽，余乃到該局三樓往訪，瞿君現任該局分局儲運科副科長，據云已來台將近一年，初在高雄辦事處，現在此地，局內頭寸甚多，有放款業務，余即為信生植物油廠商請貸款事，請其

轉介主管人員，當即洽定由該廠來親自洽辦一切云。到省黨部訪沈遵晦書記長，為調處方學禮律師之房屋糾紛，希望能轉達市黨部勿採武力行動，例如限期三天否則率工往佔一類之表示，均不妥當，至於應如何解決，沈君表示辦法上已無研究餘地，因該房已撥市黨部，而方君實有自誤之處，至於通知市黨部應一切和緩一節，則可以照辦云。到金門街訪劉階平兄，告以與沈君接洽經過情形。到信生油廠訪叢芳山兄，寫片介紹往見中央信託局瞿勉之兄。到館前路訪于希禹君，不遇，留片。在立法院辦事處遇朱建民兄，據云前日由重慶來此，一般情勢尚非緊張，川東戰事不致影響全局，但川北則為一重要關鍵，同時川內將領意見紛歧，至今不能有辦法解決，隱憂堪虞云。下午，劉鑑君來訪，報告前數日會同虞右民兄與公司方面接洽油廠承租條件經過，此事在會商中間，因蘇雲章協理有寡不敵眾之勢，致所獲結果多非其所願，聞渠曾電港表示辭職云。

11 月 12 日　星期六　晴
師友

下午，石鍾琇同學來訪，並與張敏之太太談營救張兄事，據云其有一以前之屬員現供職於保安司令部看守所，將查詢張兄羈押地點，以便酌知其情形，又張太太對於山東省政府對此案並無積極態度一節，認為有再向秦紹文主席催懇必要，今日託余代擬函一件寄渝，請轉東南長

官公署及台灣省保安司令部速予交保釋放隨傳隨到云。于希禹君來訪，談其脫離工鑛銀行之經過及過去與翟溫橋共事之種種苦悶，現在與欒仙渠二人合營業務，辦理輸糖赴定海事，刻欒尚在定海，據云由此買糖赴定海，價款為每包六十元（一百公斤），加關稅每包十五元，合銀元約廿五元，在定海賣價為卅餘元至五十餘元，利益頗大，但軍事情形不定，頗有風險，至香港方面之進出口則未經營，因需要資金數量較大，且途徑亦需要探索云，于君頗精明，以前為工鑛銀行之主幹，現在似頗有辦法云。張中寧太太來訪，談中寧兄已由黔江赴重慶，其在此所約人員包括上官業佑均尚未成行，對於余是否赴川，亦主張稍事考慮，余表示將先與張兄及宋宜山兄通信後再定。張太太今日來為看視德芳產後，並兼代虞克裕兄送禮。

交際

晚，應蘇雲章協理之約在其寓所便飯，至則知為其生日，在座尚有樊中天、王維德及廖毅宏兄，廖兄今暑始由港來台，余昨日去信託買奶粉，又相左矣。其實余知其將來台，已有數日，至昨日始寫信，原因為家庭瑣事太多，憶及時無時間動筆，有時間時又往往忘卻，如此因循，往往誤事，近來即寫日記亦有此等情形，因余每晨寫日記，現在操持家事，以早晨為最忙，包括買菜，收拾房間，以至早飯，飯後常有須出外接洽之事，出發太晚，午時回寓太遲，即誤午飯，故日記常延至下午，而午後非正常時間，且有時因來客或他事致不能寫者，不得已即移併

次晨，屆時又為先一日生活情形之重演，於是有每次併寫
三次或四日者，此等情形皆因不善處理失軌道之生活，後
當改善也。

11 月 13 日　星期日　晴
師友

李德民君來訪，閒談，余詢其關於會計師執業法令
及有關審計之書籍，託其搜集，據云，省立高級商業職業
學校圖書館所藏此類書籍可託其夫人以教員資格借用，又
省立圖書館亦藏有此等書籍，彼有借書證亦可假用，余旦
暮亦將往看，作準備工作。

娛樂

晚，率紹南到皇后電影院看電影，此為余到台數月
來初次進娛樂場所，今日影片為「蕩婦心」，白光、龔秋
霞、嚴俊、韓非等主演，寫一被押為奴之女子因與其少主
人愛情不遂，至顛沛墮落，流入娼門，最後其少主人學成
身為法官，女因案受審，只求以死了之，而為其辯護律師
所救，但女不甘以團圓終場，留書告別，不知所終，故事
曲折動人，但亦有若干漏洞，譬如此女之生活態度由村女
而至都市墮落女人，如何有必然性的轉變，倘能把握描寫
之要點，可以表現一極重大之社會問題，但此片中只見其
突變，頗予人以極不自然之感，又女被流氓姘夫將其子出
賣，尋回時由何而來，亦嫌突兀，至於所插歌曲約四、五
首，白光唱者居多，司馬音唱一闋，構詞均拙劣，對全部

作品只有反作用也。

11月14日　星期一　晴曇
師友

下午，逢化文兄來訪，談及營救張敏之兄事，認為十餘日來又陷入沈悶之境，當前急務為求明瞭其移解台北後審訊情形及供詞如何，然後始知今後如何進行之道，彼提出希望近來奔走諸友人能約時交換意見，以收集思廣益之效，即決定明晚在崔唯吾先生家商談，應約往者為宋志先、石鍾琇、叢芳山、張景月諸兄，將由余分別洽約；又談其在青島協助齊魯公司各廠摒絕外力干涉，厥功甚偉，在青時曾允由各廠聯合辦事處按月致送報酬，後因聯合辦事處撤銷，繼以青市撤守，以致中斷，最近各廠向公司要求疏散待遇，竟未將彼列入討論，殊為憾恨，余即告以曾於數日前詢問樊中天、廖毅宏、蘇雲章諸人，答覆均屬模稜，逢兄謂其經過情形劉鑑與陸冠裳兩廠長均知其詳，希望余再予洽詢，余允轉達，但未知結果如何耳。叢芳山兄來談張敏之兄案今日沈鴻烈氏曾來告與保安司令彭孟緝曾談起，彭謂案卷太多，情節複雜，但當加以注意云，余即告以明晚將有商談，望參加並轉告宋志先兄，其餘則由余往約云。

11 月 15 日　星期二　晴曇

師友

上午，廖毅宏與陸冠裳兩兄來訪，陸兄談其所接洽之植物油廠廠址，定於今日下午前往接收，所在地為基隆附近之五堵，廖兄談渠對此油廠無意參加，渠目前與數友人合夥經營台港貿易，由港運台貨物為麵粉與黃豆，如調款赴港困難，即再辦糖運港，此項經營約以三數月為期，將來預備在九龍鄉下租地營農場，養雞養豬，此等生活方式或不致為共黨所注意，則萬一港九發生變動亦可無虞云。下午，楊天毅兄來訪，託余為徐嘉禾兄向譚嶽泉局長商量調動工作，緣徐現任公路局台北段人事管理員，前日段長韓善甫向徐表示因渠對總務科長不滿，請徐策動驅逐，即由徐取而代之，徐知其二人之衝突完全為自私自利，故不願捲入漩渦，為避風頭，希望上級予以調動，余允代達其苦衷，但不提調動事，以便譚兄自行考慮此問題，或更有效果。下午，李德民太太孫聖嘉女士來送四女出生賀禮，並帶由其所服務之商業職業學校借來會計書籍，為會計師執業之參證。晚，依昨日之約到崔唯吾先生寓所商談繼續營救張敏之兄問題，到者有叢芳山、逄化文、石鍾琇兄等，叢兄代約宋志先兄未至，又張景月兄因開會未來參加，商談兩小時，決定仍分頭探聽案情內容與當前處理當局之階段，蓋解移台北後始終未知有無口供證據，其發展情形不明，即無從再行託人也，此事一方面由崔唯吾氏再向保安司令部督察處陳仙洲處長探詢，另一面

由石鍾琇兄向在馬公案發時之原告方面即防守司令部參謀長劉惠倉洽詢其真實控告內容為何，俟情形明瞭後候李瑤階司令回台北時當託其向彭司令說項，因聞彭與李為同學也，至於敏之兄之太太應亟謀工作，崔氏極贊成其赴台中應縣立竹山中學英文教員之徵，並希望其立即前往接洽，其本人在台北與否不關重要。

交際

晚，應廖毅宏兄之約到老正興吃飯，在座皆為同學，計有陳運生、湯燦華、隋玠夫、蕭自誠、劉哲民、楊紹億、陸冠裳、虞克裕等，其中蕭自誠兄係在美留學四年，近過歐洲游歷，今日始回國到台北者，據談美國富庶，雖財富分配不均，而均能有高度生活水準，其最大特點更為充分之自由，英國則為求經濟穩定，不惜以全力平均財富，節約消費，結果一般生活水準漸漸普遍，不許有奢侈浪費，亦不許有乞丐、失業等現象，工黨乃其能實行社會主義者，凡此皆足供吾中國人深長思之者也。

11 月 16 日　星期三　晴

師友

下午，李祥麟兄來訪，主要為訪問張敏之太太，但張太太已於今晨赴台中縣接洽任教事。晚，吳邦護兄來訪，余外出未遇，留字係最近由重慶來台安眷，日內即行回渝云。

起居

自德芳坐褥，已逾半月，在此期間，家事操持全由余任之，所用女傭一人，幾乎事無大小，非一一為之想到即不能自行安排，微細乃至於燒火買菜，亦無獨立處理能力，所以勉強將就，無非此地北方人比較難找，亦只好委曲求全，現在余每晨起床後照料孩童盥洗，刷煮奶瓶，為小兒調製奶粉，整理房間，有時亦洗搽榻榻米，收拾曬好之衣服，放喂雞鴨，早餐後赴菜市買菜，歸後即往往到十或十一時，寫昨日日記，整算帳目，稍一耽延，即至中午，故上午完全用時間於家事，下午休息至二時，或出外訪友，或應接友人來訪，閱當日報紙，倏忽即至薄暮，在全部時間內又須無規律的招呼三女紹寧飲水大小便之類，時間零碎割裂，固無論安心看書之餘裕全無，即每日看報紙時間亦決不能固定，有時一段消息，將報紙拈起放下達三四次始可看畢，於是所獲印象亦不免於枝節片段，甚至夜間亦不能酣睡，因三女紹寧夜常遺床，每兩三小時必須抱起小解，偶有延誤，床上即不能倖免，諸如此類瑣屑不堪，既無價值，而又缺一不可，浪費時間與精神，最為可觀，而又全在不知不覺之中，殊可畏也，此在為主婦者已感繁雜不堪，在男性則更除逆來順受無他法也。

11 月 17 日　星期四　雨
師友

下午，李公藩兄來訪，閒談其所營生意情形，並及

所聞時局動態，據云友人有與蔣總裁直接發生關係者，曾聞其召集一部分人閒談，對於局勢危難至此，深知為其本人領導失當之過，頗有罪己精神，並認為追隨者之不能一秉北伐時之精神從事輔弼，亦有責任，至對於大局並不絕望，其本人即陷於失敗，亦不離國土，聞談話並無結果，只充滿一種悲愴氣氛云。

瑣記

　　在台家居數月，靜穆中有略可記載，以見生活情態者，余居之後院兼曬場，又為廚房內後門出入之過路，本只有水泥所鋪之地，與洩水之水道，夏間生小草數株於牆下泥地，其中有野草已剷除，又有兩株非屬草類，初發時有兩瓣作青色，審之則為桂圓核，僅底部略有沾土，而能發生莖葉，可見生機之暢，惜其為木本，欠缺地點，至今兩三月矣，仍如前不長不萎，尚不知前途如何也，又有牆角處生芽者則西瓜類，初疑其為絲瓜或黃瓜，因葉與絲瓜無異，後逐日有黃花開放，類似黃瓜，花謝後見蒂部有果實生長，知實係苦瓜，即北方之癩瓜，惜乎地太瘦瘠，若干小瓜均隨花以枯，現碩果僅存者只有一枚，自花謝以至今日將近一月，此小瓜已有檸檬大小，色澤亦漸漸由綠變白，若在北方，苦瓜如此大小已漸漸變紅，南方則大者有甜瓜大小，此瓜或尚有長大餘地也，此二者為不毛之庭院中唯一顯露生機之象徵，故余夫婦及兒女均滋生深厚之興趣，至於前門則有空地一長條，賴竹籬之障，勉強成一小院，所植有桂花一株，其餘則雜樹三五，余尚無法知其名

稱，今秋桂花曾開放數天，略有香味，惜不過一星期，即
全然不見，樹間養雞鴨三五隻，有時啄食樹葉，或其新發
之芽竟遭鑿喪歟？此數雞鴨並無游息或棲息之地，日間即
在樹下，夜間以竹籠為巢，圍覆以鐵皮，權充禽舍，久之
亦知自行入巢，若空間稍大，或能更遂其生也。

11 月 18 日　星期五　雨
師友

　　中午，宋志先兄來訪，所談為張敏之兄被押事，據
云前日崔宅之商談，渠因叢芳山通知留字被遺失，致時間
不明，復以他事發生，因而忘卻，實際上則更因急欲與保
安司令部方面洽詢，俟得知底蘊再為商談較切實際，故亦
覺無參加之必要，渠於今日上午到保安司令部訪彭孟緝司
令，候良久始獲接見，據彭詳談此案，知事態甚惡化，彭
云，張與鄒鑑兩人係屬一案，鄒之案情較重，自供係於卅
六年加入共產黨，張則亦自供參加組織，初尚不認，經有
組織內之分子對質渠於某時某地出席會議，著何衣服，手
執黃色鉛筆頻頻指點，且發言激昂，殆無異辭，彼等所指
導之分子，共分四隊，此四隊長現均緝獲，指證確鑿，司
令部本不枉不縱之原則處理，最後決定之權則在東南長官
公署，現在已將近訊問結束階段，不日呈報處理，彭又談
其處理此案之基本態度，謂方式務採民主，絕無刑訊之
事，請宋兄轉達關心此案之人士，司令部決不能無視國大
代表、立、監委如許人數之呼籲，司令部如不能確證案情

內容，決不能置公意於不顧，一意孤行，又談此兩人何以搶救青年如許之多，而又自棄其功績，謂在抗戰期間若干人與共黨鬥爭者，後均因政府局勢日蹙而自變其立場，殊無足怪，山東學生由湖南到廣州，本不願來澎湖，因其時香港方面共黨工作人員到粵有所指示，著彼等率學生赴台，以供將來之驅策，彼等始奉命而來，又云，鄒鑑被捕後，張厲生氏曾願擔保其無他，結果於知其內幕後不再過問，過去共產黨工作方式多端，政府方面之人士則多只就表面觀察，不免有失也，宋兄於述說完畢後認為此事無法再行挽救，而於張兄之因政治失意而走此途徑，殊覺不值，又張兄之太太王培五女士前數日來此，刻因謀事赴台中，宋兄之意其來此奔走營救一切措辭不無欠缺誠實之處，張兄參加組織，彼決不至完全不知，渠日內即由台中回台北，余意此事經過不必詳告，蓋徒使受強烈刺激而於實際無補也，宋兄之意亦同，且認為此段經過除密告崔唯吾氏外，其餘各方面亦不必多言，而吾人等之奔走工作亦可從此告一段落矣，宋兄認為彭近來有業務事項接洽，常有過從，其所談內容，決非虛構，且態度相當誠懇，非等閒支吾可比，吾人應採相信之態度云。

11 月 19 日　星期六　晴、晚細雨
師友

中午，廖毅宏、劉哲民兩兄來訪，劉兄所主持之公路總局第二運輸處業已結束，現在台辦理公路總局辦事處

業務，經費維持則靠由內地運售省公路局之車輛價款云，
廖兄告已遷居三葉旅社，短期內留台辦理貿易，又云，齊
魯公司畢天德總經理將接眷赴港，足見將棄公司於不顧，
只保留名義以便利私圖，余忖度此等人最後必在香港，因
其經手事務防止有人與其算帳，其本人財產只有在香港保
持，始能不受中國法律之限制，更必要時逃至更遠之地
區，亦以由港出發為便，凡此皆題中應有之義也。下午，
到新生活賓館訪吳邦護兄，其夫人云已於今晨赴台中，明
日可返，渠來時渝市對外交通已感相當困難，倉促成行，
毫無準備，其時又無赴香港飛機，故只得來台，現因香港
政府對台灣來港之中國人須有入口證，如此時赴港，須乘
飛機繞柳州轉港，或乘船先至澳門，再行轉港，前者迂迴
太多，等於又先回重慶，後者費時較長，故是否赴港尚不
一定，惟鑒於台北生活太高，且將來恐仍不免戰禍，仍以
赴港為目的地也，余意台北雖事事不如香港，尤其消費方
面，不如香港便利，但香港之共產黨係屬公開活動，如自
身有相當分量，仍直接受其威脅也，又子女就學香港不如
台灣，且費用太大云。下午，到公路局訪譚嶽泉兄，為其
以前任用徐嘉禾君道謝，彼即謂徐本辦出納，因聞其頗有
賭癮，輸贏頗大，調為人事管理員，余即告以聞其服務之
台北段主管人段長韓善甫與總務科長不睦，唆徐控之，並
以由彼繼任為餌，徐認為困難，譚兄謂此事未必的確，惟
韓自接任後上下均不調協，業務亦不進步，甚至有友人相
告用此人乃為大錯者，至於其所屬數科長則固皆健全無疵

者，現對韓正嚴格規箴中云，余對此事本係受楊天毅兄之
轉託，對譚兄轉達徐君之苦況希望有所調整者，至此已知
台北段全般情形，對韓不利，徐即無所用其顧忌，故只將
此事說明，調動一節即未再談矣。到三葉旅社訪廖毅宏
兄，不遇。下午，到上海路訪崔唯吾先生，將昨日宋志先
兄所談保安司令彭孟緝所談張敏之兄一案之審訊情形詳細
轉達，崔氏認為保安司令部之處理此等案件確係慎重，由
此可見至少其夫人並未參加，否則亦必在被捕之列，崔氏
又云，張敏之兄學校中教員周紹賢君亦已被捕，此與該校
以前三分校校長徐承烈等被捕恐又是同時，然則案情複雜
殊甚也。

11月20日　星期日　晴

瑣記

　　今日終日無客來，余亦終日未外出，但僅閱報紙兩
份，其餘時間完全為瑣碎事項打發完畢，其中可記者亦不
多，不過若干照例家事，如買零星物品（今日係紹南買
菜），整理房間（衣物因小孩隨時拖拉，故須隨時拾起之
類），收放雞鴨之類均是，亦有臨時發生事項，亦須於無
可奈何中自己動手解決，如大門乃竹籬連結而成，大門則
用鉸鏈連結木框上，原來木匠利用其開門之勢，使釘好後
相當寬鬆，能開門至一百廿卅度之角，昨晚門竟脫落，夜
間勉強堵起，待修理使用，今晨起床後立即從事修裡，而
工具不全，技藝不精，窮一晨之力，始勉強告成，其間甚

至釘一釘之微，亦須特別設法，蓋門框在籬笆之上，顫動不已，每次打下，即為其彈力所抵銷，幸有紹南幫忙，並用磚石將門捆起，勉求其不十分動搖，始行將釘釘入，但已不能為原來之可以大開或密關，無法之時，見門框上原有木閂脫落，但撐門之木尚存，於是另用木板製臨時木門一隻，始能將門掩閉，外面不能伸手入內，此等瑣事雖可美其名曰手腦並用，但不得已而為之，亦徒然使人增多苦趣，可意會而不能言說也。

11 月 21 日　星期一　晴

　　下午，徐嘉禾君來訪，談在公路局台北段服務情形，彼之到該段服務，原係段長韓善甫所約，韓本任天津第八區公路運輸處長，在平津尚未轉手，即潛往青島，為避免行政上有人追究，在青深居簡出，與徐君之相過從，即在此時，據云渠曾一度到青島視察，開支購置約用去相當黃金三十餘兩之數，示意青島辦事處假修車庫，實為侵佔，青島辦事處長亦即乘機浮報八十餘兩，韓無為之何，亦即等於朋分矣，又在其天津任內聞曾盜賣車胎一千餘副，均因平津移手而無從追究，其平時馭下，完全權術，因其本人為中統分子，習於此種勾心鬥角之爭，此次因該段總務科長未肯為其彌縫浮濫開支，因羞成怒，授意徐君發動控案，並以調升科長為餌，徐君未肯，余前日已將此情轉達譚嶽泉局長，則韓之陰謀已經無從施展，為顧慮因不從命而生隔閡，余囑徐君向其以親切態度說明其現在環

境並不優裕，為免弄巧成拙，此手腕大不應使用，徐君亦韙余言，但認為此人決不可長久共事，故已另外設法謀事，以期脫離，此自係根本辦法云，又徐君以前託楊天毅兄轉達余處，希望譚局長能鑒其處境之苦，予以調動，余認為尚非必需，因據譚兄前日向余所談，韓在段內上下及公路局主管方面均無好感，如韓因此計不售而遷怒於徐，在上級已知其內幕之情形下，局方自應予以保障，此層無多慮之必要云。晚，逢化文兄來訪，談及張敏之兄事，亦認為案情複雜，無法得其真相，又談及國大代表聯誼會近來開會討論台省物調會將核照公務員例配售麵粉二十五磅事，意見紛歧，竟無結論，台省應墊之補助費亦至今未能支付，逢兄認為首應各代表自己檢束，勿利用名義跑單幫走私或不顧羞恥，見錢即要，如能將身分自己提高，辦事自能較為順利矣，逢兄又云近來中央有敵後工作委員會之設，時局如此亦不過為虛張聲勢之舉，山東青島方面參加者為裴鳴宇、秦德純、李先良等，李非魯籍，頗引起山東人士之不滿，此等糾紛在山東已無寸土之時而又不能相諒，充此作風，整個崩潰可計日而待也，逢兄對於在齊魯公司青島各廠聯合辦事處顧問一段時間內尚有未領之報酬，而公司及各廠均表示無法支付，逢兄心實不甘，希望除各廠長應為之繼續奔走外，並望余以第三者立場本同情態度繼續予以注意協助云。

11 月 22 日　星期二　晴、晚雨

師友

　　下午，逢化文兄來訪，閒談以前青島事，渠對於陸嘉書君在山東省行青島分行副理任內諸種措施，知之頗詳，認為陸君能力甚強，亦能活動，自然若干假借李市長先良夫婦之力者為多，據云陸君與李先良兄夫婦係抗戰前在青島認識，所以過從甚密者，又談民言報事，楊天毅兄主持該報係因應於兩大之間，蓋此報係地方性，而財產則由中央財務委員會轉帳者，現在機件員工大部撤來台北，籌備印刷，青市黨部及中央財委會均囑造冊呈報，大致係將向財務委員會呈報云，又談逢兄本人向齊魯公司索取報酬事，謂已與中央財委會組長樊中天兄談過，樊君認為余數日前代其向樊及蘇雲章、廖毅宏諸兄提出此問題時，認為要點在是否一次致酬而無月份關係一點，頗富談話技術，並願予以同情協助，至於進行方式，洽妥由當時青島辦事處之構成分子亦即各廠廠長聯名向公司及財委會有所表示，現在台北之廠長有陸冠裳、廖毅宏、劉鑑等人，將洽由彼等辦理其事，並將由陸兄總持之，因渠對此情最為清楚云。

職務

　　晚，黎超海協理來訪，謂係奉候之意，對其數月來在香港所營業務，經余詢問後始略加說明，渠到台北似已十餘日，謂在港經營進口至台北之物品有豆餅、雜糧及麵粉等，發軔時本計劃進口肥田粉，因美商對肥田粉定價為

愈多愈廉，輪船運費亦然，而公司資力有限，實不能不中止辦理，據云即以此種不上算之條件如未中止，現在算來亦尚有利可獲也，至於貨款係在台灣銀行結匯，照官價結購港匯，每元港幣只需新台幣九角一分，較之黑市每元新台幣只值港幣八角餘者，所獲財務上利益極大，余詢其經營成績，云純益可有一成至一成五之譜，詢以利息是否算入成本，謂資金係屬自有，故不算利息，照其所述情形言之，則真正意義之利潤尚有幾何，實大可注意也，余詢其所營貨品種類時，曾列舉有腳踏車，但渠答語未提及之，前聞彼等私人經營運台之車為四十部，公司所辦為三十部（此數容有出入），現渠對車事避不作答，毋乃心虛乎？余詢其畢天德總經理何時來台，謂本已準備早來，現又因病不能出門，云云，又詢其香港有若干職員，謂只有何文樂一人，此外即為辦事處長褚保三及渠與畢三人，只有借用樓屋一間內勉強辦手續打電話，並無寫字間可用云云，由此可見彼等重心既已移港，台北總公司名存實亡，總公司職員又多無所事事，反不令赴香港協助業務，在港者則三官一兵，凡事均無手續，總公司會計處對其款項運用完全不能及時得知，其中有不能告人之處，實彰彰明甚，公司之上層機構為董事會，會之首為曾養甫董事長，亦居九龍歸此等人供奉以作護符，財務委員會則在台北，主任委員有病在台中，副主任委員宦海升沈數度，對此會之內容亦不深加過問，秘書、專員等知其內容者又無權為大刀闊斧之處理，即在此種支離破碎之中，彼等深知縱使將公司

完全變為彼等之私產，亦無人能具有清查處分之實際能力，於是乃不顧一切，從事規定以外之業務，以腐爛至此之機構，而猶令其苟延殘喘，國民黨之不可救藥，此亦其一端也，至余參加此公司已兩年，余雖在其位，而絕未發揮任何力量，此為余生平做事前例所無者，而衷心痛苦，亦為一向所無者，余因不願親見此事業之壽終正寢，故正謀脫離之道，公家事乃一無可為者，將來欲試將領證已久而未執業之會計師事務設法建立，庶可自力更生歟？

11 月 23 日　星期三　雨
事業

　　余數年來繼續抗戰前後之職業，從事於公有營業，自問已盡最大之努力，且非我之所應得，確已做到一介不取之操守，然除無虧職守，並勉維生活外，其餘可謂春夢一場，一己之聰明才力，完全消失於污濁之政治場合中，復以時局動盪，馴致一事無成，及今追思，良用悔恨，茲者國家局勢日亟，既不願再為勞而無功之圖，自應有自力更生之方，乃決定開始執行會計師業務，余於卅六年領到證書後，因擔任公職關係，迄未開業，故只須在台灣省區域內呈請登錄即可，無須如已在他處執業者之兼在此地執業必須先得經濟部之核准，余前數日已將證書照片攝就，本人照片亦已備妥，只因照以前與張中寧兄之所約須赴西南一行，今時局逆轉，此行未知能否成為事實，故先即加緊辦理登錄手續，今日已將表填好，其中助理員一欄寫李

德民君，雖因數日未能晤面，無法徵求同意，但認為決無
問題，至於事務所一欄，考慮再三，決定不用另起名稱，
只用本人姓名，地點則暫設余之住所，俟將來再進行寫字
間，此表共填兩張，另擬呈文一件，準備送出，由起稿、
繕寫、劃表，均由余一人任之，雖數年來因始終為公家服
務，決無此等經驗與耐心，然此一時也，彼一時也，再加
一月來操持家務瑣屑，漸漸安之若素，亦即不感若何累重
矣，此與出門無車之浸成習慣固相同也。

11月24日　星期四　晴
師友

下午，到金門街訪劉階平兄，將所擬呈請辦理登錄
事之呈文與附件送請參加意見，認為必要，劉兄認為呈文
遞進後，即可開始執業，只與法院有關之案件尚須等候省
府批示並轉達法院後始可辦理，目前通常辦理案件據云為
商業證登記與變更資本登記，又有營業執照之請發，敵產
處理之查核等，開始時容業務清淡，將來必可發展，劉兄
謂領有合格證書之會計師現不過十餘人，尚有日治時代無
可沿用者卅餘人，但此中頗有與官廳有關者，故會計師公
會不便籌備，即由於此，在過渡期間劉兄主張設立聯誼機
構，以交換意見，聯繫業務實屬切要之圖，又此項工作猶
如保險之分擔，大可互通繁簡，此點亦頗有見地，最後余
詢劉兄建設廳主管科股方面情形，當即決定明晨偕同前往
接洽周旋，因須有兩便之相會地點，故決定在羅斯福路三

段信生油廠叢芳山兄處云。

11 月 25 日　星期五　晴、早晚雨

師友一

　　晨，于振海君來訪，渠本約余參加所籌設之茶食店，余原則上曾允參加，但股款須從容籌付，今日來意仍為此事，故即告以近來正辦理會計師登錄，且須覓一寫字間，齊魯公司遲早須謀脫離，故款項支配大費周章，余對茶食店事只好以後再謀參加，于君亦謂因頂店面不易，此事正欲改於年底後再行籌備，但其本人住宅房屋新近頂進，款項不足，欲向余短期挪借，余亦因近來全靠薪俸度日，手頭現款此刻只有百元左右，無法騰挪，致未允其請，略談數分鐘即辭去。

事業

　　上午，與劉階平兄同到建設廳訪商業科登記股長張棟銘君接洽會計師登錄事，渠檢視余之公文與附件後，認為甚完備，至於批示，則因過去聲請登錄者多有已在其他省市已經執行職務，並未撤銷，又不自行聲明，致有轉報經濟部後因未經特許兼區而遭駁回者，故本省為慎重起見，須先經報部得到回文後始可批示，余認為此項手續即在平時已嫌過緩，現在政府正由重慶西遷，如候請示回文，更不免曠日持久，因研究變通辦法，張君認為余之證書領到甚遲，時在卅六年，以前既多年擔任公職，如有卸職證件係最近始擺脫公職者，即可反證自領證後依法無從

開業，自不致有兼區問題發生，余憶及會計師法規定公務
員或工商業經理、常務董事均不能執行會計師業務，余之
山東省銀行常務董事一職直至省府撤來台灣尚未解除，自
足為有力證明，其方式由省府主管方面出具證明即可，有
無印信均無關係，只須加具此項證明，建廳對余之呈件即
可批示，不必等候經濟部之回文矣云，談竟辭出，余即函
現居台中之山東省府財政廳長及山東省銀行董事長石中
峯，請其具此項證明。今日在建設廳又訪商業科長文永
詢，未在辦公室，託張君致意，張君為武進人，東吳大學
習法律出身，對人態度尚和藹虛心，劉兄云其有時且能在
商界為其介紹業務，實有足多云。

師友（二）

到財政廳訪馬兆奎兄，據云據彼所知，此地會計師
業務似不甚發達，余則以為初創自不甚宜，久之全在人為
云，余在馬兄處瀏覽本年初以來之省政府公報，查詢與執
業有關之法令，實際上此等法令余以前藏書內多半有之，
今則播遷之餘，蕩然無存，雖一小冊之微，亦須另外搜
集，余又與馬兄談其在市政府方面之熟人，據云與會計師
業務有關之財政局，局長鄭行飛君乃以前在閩時馮有辰兄
之下屬，余即託馬兄備函介紹云。

11月26日　星期六　雨

感想

對於每日時間應如何支配，余近日來頗有領悟，憶

在大學讀英文時，選文有論及工作態度者，其中有一點為應能在喧鬧中工作，（work in the crowd），當時所能領悟者，不過為讀書不必須選擇幽靜之環境，縱在大庭廣眾中仍應有沈靜之心境也，月來余每日之時間多為零星之家事所占，尤其在應付小孩一點，舉凡代其記憶大小解時刻，整理拖曳紊亂之衣物，幫助照料其飲食，紹寧女生癬幫其塗搽藥品，睡前為其照應臥具，洗滌手腳，皆事非甚累，而須時時省憶，且不能不按照當時情形，隨時處理，大人決不能處於主動，因而每日之漫長時間，皆化整為零，結果事本無多，而所占時間幾乎終日不停，即晚間亦然，余所最感困煩者，除此之外，每日讀書寫字全無功夫，即日記亦有時變為兩日或三日一寫，幸有間隔時，利用種種方法使能補入，其法即晨間不能寫先一日之日記時，立用小紙條寫成條目，以備行文時有所根據，免臨時記憶全失，無從落筆，在此情形之下，乃覺忙亂不堪，幾乎無可改善，造成近幾日因籌辦會計師登錄，須參考書籍，準備文件，似亦在同樣之環境中，逐漸辦就，又有時向書店租閱文藝作品，因有限期關係，亦每能如期看完，反之凡自行購置之書刊，竟有放置月餘，無隻字寓目者，可見時間之為物，全在於主觀之支配，不在乎客觀之多少，天下事往往勉強而行，人有惰性，遂多遁辭，而所謂應能在喧鬧中工作，殆為一種不可或少之人生經驗與修養功夫也。

11月27日　星期日　雨

師友

下午，李公藩兄夫婦來訪，談所住地點，經商即不能住家，有意向他處頂進住房分居，余勸其為其夫人養病不妨到淡水海濱飯店居住一月，改變環境，於健康大有助益，又余存有鷹牌煉乳六聽，乃友人所送，日前打開一聽全係糖塊，乃擬託李公藩兄於其食品店代為出售，現既經詳細審視，始知有數聽所貼招紙雖為鷹牌，其鐵蓋則為麻雀牌，且有英文在廣東製造字樣，因其布局無異，故非詳看不能辨認，此點發現後知廣州食品店騙人，即決定不再賣出矣。晚，叢芳山兄派其女公子來送張敏之兄送出之信，係致叢兄與余兩人者，託聯絡營救，並送食物衣服，信中並謂此次在馬公島實屬屈打成招，到台北後已經翻供，此刻只好聽天由命，其羈押地點為保安司令部情報處看守所。

11月28日　星期一　雨

師友

下午，到中央銀行訪崔唯吾先生，出閱日昨叢芳山兄轉來之張敏之兄著人送來之信，及附另一高君致師範學院一學生屈承熙君之信，並加以研討，信內云係屈打成招，又謂為仇人誣陷，更謂移來台北後已將在馬公刑訊之口供完全修改，設所述各節不虛，此事似尚未至絕望階段，由此情形加以分析，與保安司令部彭孟緝司令向宋志

先兄所談各節並不相符，蓋彭謂已完全供認有反動組織，只候呈報東南長官公署定案矣，現則謂已於到台北後翻供，且能著人外出送信，信內並懇求送衣服食物，足見情節並不嚴重，又陳仙洲處長所談情形，以前謂在馬公時並無證據口供，到此後反覺情形複雜，與該信所云，亦先後矛盾，由此兩點證明此事尚不無進行營救之餘地，崔氏即決定日內往訪與陳誠長官有關而又無特工意味之柳克述、張厲生兩人商討，至信內謂求沈鴻烈設法，今晨叢芳山兄與余談及主張由彼與崔氏往訪沈氏，崔氏以為並無力量，大可不必進行，又關於送衣物金錢，已與德芳商定，食品由余二人籌辦，錢先送少數，衣服則另函張太太由高雄帶來再送，余在叢兄處即將信繕發矣。

11 月 29 日　星期二　晴雨無定

師友

　　下午，叢芳山兄來訪，談營救張敏之兄事，余告以日昨與崔唯吾先生研討經過，將會同往訪張厲生氏，並與柳克述氏接洽一切，至沈鴻烈氏處，崔氏認為非屬必要一節未予提及，僅謂希望叢兄先行前往一行，如有必要再會同往訪云，至於送衣物食品，余決定第一次先由余前往，因余為國大代表，或不致使所送之物石沈大海，亦不致遭受看守所之嚴詞峻拒也。第一次將送零用錢二、三十元，食物若干，均將由余備辦，叢兄謂食物不必由余往辦，其油廠內每日派人到迪化街一帶購買雜物，不妨即行委辦，

余亦即聽之，並約定明日送來，余下午一同送往。晚，師
範學院學生屈承熙君應余函召來訪，係為轉交張敏之兄信
內所帶出之一信，此信為屬名另一者所寫，囑轉交屈君，
轉達此人之弟告以請送食物至看守所者，據屈君云此人與
彼為台中第一中學之同學，夏間即已被押拘，而無下落，
其情節如何，亦迄未明白，今始知其地點云，與彼同來者
有另一師院學生李君，自謂係日照人，山東一臨中學生，
本已同赴馬公島，因係畢業班特准來台北投考者，彼知馬
公若干師生被拘之事云。

11月30日　星期三　晴、有陣雨時作
師友

上午，逢化文兄來訪，仍為其向齊魯公司爭取報酬
事有所接洽，謂已與陸冠裳兄商洽妥當，由各廠長備文向
公司請示，逢兄並希望由余與虞克裕秘書一談，庶可促
成，余唯唯，至於此事究竟有多少可能，實無從預料也，
午飯後去。下午，持叢芳山兄所買之鹹魚與鹹菜兩聽到西
寧南路卅六號保安司令部情報處看守所送致張敏之兄，余
另備有現款廿元，此機關並無標誌，余由隔壁門牌推知
之，至則門前衛兵照例攔阻，余告以到傳達接洽，始行入
內，傳達兵吳姓，余首先告以來意及余之身分，渠顏色甚
和，詢余何以知其在此，余謂由馬公島來信得知，該地防
守司令及此間保安司令部均有熟人也，渠謂有無此人尚不
知，但照規定只能接受衣服，錢與食品皆不得接受，余請

其向上級請示通融，遂入內，俄返，謂向內部清查冊子馬
公來者無張敏之其人，余謂絕對有之，渠謂彼只能做到如
此，無法再查，余有意將食物交彼處，請俟再查後即交，
設無法交到，改日余前來取回，彼亦堅不肯照辦，乃即廢
然而返，該處此項表示，或係認為案情較重，不肯使外界
知其地確有其人歟？則未知之矣。

12月1日　星期四　雨

師友

上午，到中央銀行訪崔唯吾先生，告以日昨為張敏之兄送物遭拒之經過，崔氏即與保安司令部陳仙洲處長通電話，因話機損壞而未果；又談余將執行會計師職務，請代為宣傳，並希望介紹有關方面聘為會計顧問。下午，到羅斯福路四段四十巷八號宋寓訪石中峯局長，詢其關於為余出具證明在卅六年後均任山東公職並未執行會計師任務事，至則大門深鎖，其左右鄰居出答，謂此地所住僅宋太太一人，並無石姓，足見石並未來台北，又石由台中來信曾云係函此地居住之魯財廳視察李毓澍君為余辦理此事，余今日往訪時本在詢問宋君以李之住址，因此亦毫無結果（余意料宋君或知），如此只得等待李君之自行送來，而天雨不知延至何時也。

家事

自四女初生後，家事日繁，四女已滿月，有令人立抱之習慣，否則號啼，於是須經常照料，三女紹寧則頭部生癬，亦往往煩躁，時時又須大人照拂，今晚次女紹中又因臨睡時無小被蓋腹部，百般刁難，其時三女、幼女均因而不能入睡，實覺無法應付，余本不責譴兒童，至斯亦忍無可忍，乃痛打紹中，始肯往室入睡，三女亦因之不久即睡，事後雖頗懊悔，但非此亦無他術也。

12 月 2 日　星期五　晴
師友

　　晨，劉階平兄來訪，談其事務所有李秉超君協助處理會計事務，其本職為農林公司所屬之水產公司會計主任，日昨農林公司會計處長由廖國庥兄接充，雖大致可知水產公司會計主任一職可不致有何變動，但仍需要加以介紹，以免有他，據聞廖兄或與余相稔，故來面託，余即為備介紹片一張，介紹李君晉謁，事先並將由余前往面談，俟余談過，下星期二、三李君便可趨晤也；又談其事務所本在漢中街，與方學禮律師合用一房，自方與省黨部發生租賃糾紛後，渠即不願再捲入漩渦，目前即將另謀去處，本來東方書店經理趙君有舊，但因該房並不合適，故不再談，目前有衡陽路一處樓上，其主人因外界覬覦其房屋寬敞頗思染指，乃表示歡迎國大代表、立、監委員之租用，聞其租金不高，劉兄之意可以聯合三數會計師合用，除彼與另一友人外，希望余亦參加，如此則可以互助合作，在執業時間內可以輪流值日方式處理之，余對此甚為同意，渠將於下星期赴草山與房主正式接洽云，又關於印製表件之類，渠介紹余到永祥印書館承印，或可優待收價云。晚，陳長興、梁登高兩兄來訪，二人在新竹住於同一房屋，梁兄係最近由蘭州撤退至重慶，轉至台灣，據云許餞儂兄與余所介紹至蘭州合庫擔任營業之楊一飛君，仍有違章行為，私自經商，且有賠累，曾經警告，現在均已疏散云，梁兄來台後，適遇呂之渭同學接掌工礦公司會計處，

即奉派擔任專員，現在每日在該公司辦公，每星期六回新
竹一行，此公司為台灣企業規模之最大者，所屬有六個分
公司，售品均歸總公司，會計各成單位，而總公司只有統
制紀錄，至於損益實現及如何分配，尚未知其詳，陳兄在
新竹居定，不願再移動他處，而本身需要有一職業，故將
就該公司紡織分公司新竹廠之會計主任，在彼曾任過直轄
市政府會計長，今復如此，自然不免有一落千丈之慨，惟
環境如此，亦復無法可想矣，梁兄又談劉振東先生事，謂
已發表中央銀行經濟研究處處長，此刻似尚在西南未返，
惟就近來所知，似乎此處長近為崔唯吾先生所代理，意者
代理者為台灣部分，至其本處尚在西南歟？余與陳、梁兩
兄談及即將執行會計師業務，並知陳兄亦持有會計師證
書，彼認為正在進行公職，且恐無業務上之把握，故暫時
不能經營云。

12月3日　星期六　晴、時有陣雨

師友

上午，到九九商行訪李耀西兄探詢農林公司所在
地，並遇侯銘恩、蘇夷士兩兄，余談及將執行會計師業
務，但三人均與余以前見解相同，即在台北恐無事可做，
渠等均有會計師證書，故均無意執業，又談及西南危急中
各國家銀行之情形，謂中央、中國、交通、農民等行均有
人在台主持一或大或小之辦事機構，獨合作金庫雖財部有
規定，台省不反對，亦無何消息，且聞總經理壽勉成氏惟

知將重要資產攫於己手，且在港作寓公，甚至在港地址即
汪茂慶副總經理等亦不知其詳，種種表現，均有自絕其前
途之意，目前合作金庫已只餘成都一個機構，至於農民銀
行，聞在港尚甚完整，其總管理處將移來台灣云。下午，
到農林公司訪廖國庥兄，為劉階平兄託介紹之李秉超君事
有所關說，但據廖兄云，李君昨日即持余之介紹片來公司
晉謁，渠對於李所擔任之會計主任一職無意予以更動云，
余繼告以將執行會計師業務，此事有仰仗當前在各重要企
業機構辦理主計之友人之吹噓協助，務請特予幫忙，廖兄
係月初接事，尚未就緒，故未談及具體問題云。

瑣記

余庭前自生之苦瓜，或名癩瓜，自生長開花結實，
至今已有兩三月，前數日所結之瓜已不見再長，顏色則逐
漸泛白，蔓葉近根處均已枯黃，但仍有新出之枝葉與少數
之黃花，在秋晨炫耀其姿態，瓜泛白後本待其變紅以至成
熟，不料稍有紅意後，即由下端裂開，且愈裂愈大，顏色
則隨之變紅，其中有瓜子數枚，則由開口處落地，亦有尚
未落下者，而瓜肉則由紅而黃，而縮小，而腐爛矣，余與
德芳選其已成熟之瓜子留存三枚，以備來年助其繁殖，回
溯此苦瓜之成長係由石隙鑽出，自生自滅，從未假何人
力，數月來開花結實，今則將枯斃，而完成其綿延生命之
責任矣，余由生物之堅強的生之意志，而深深領悟自強不
息之微妙含意，使人多所啟發也。下午訪農林公司，因先
不知其所在，問李耀西兄，謂在中華路，不言何路口，到

中華路遍尋無著，又問一台灣人，承詳告並繪圖，惜不知街名，只照方向折回，至該公司營業所詢問，始知為武昌街，但又東行未能尋著，折回中華路口始發現，浪費時間在半小時，多行道路兩三里之多，揆其原因固告者不甚完備，然余實缺乏綜合功夫，因回思各人所告皆無錯誤，只皆言其一面，而余亦未領會其全般也。

12月4日　星期日　晴

師友

　　上午，齊魯公司同人蔡繼善同學來訪，據云公司近來將有人事變動，因畢天德總經理始終留港不返，黎超海協理則前數日回台後即表示有速返之準備，聞黎將於明日攜眷赴港，畢、黎二人將辭去公司職務，而以蘇雲章繼之，蔡君云，公司一般印象對蘇君不佳，認為公司敗壞至今日，渠有一半責任，故由彼主持其事，亦無前途也，蔡君又云，近來畢、黎等在港運貨來台，無一有利，又彼等運腳踏車在台銷售，公司只有卅部，彼等私人則有四十部，蔡君亦知其事，並謂並無利益可獲云，又謂黎表示現在赴港係開會，會後當知公司今後之方針，不知此項會議係何種會議，若云董事會，則董事在港者未必有足夠人數，且在曾養甫一種家天下之作風下，實無開會之動機與必要云。下午，李祥麟兄來訪，探詢張敏之兄之情形，知王培五女士回至高雄未返，閒談移時即去。下午，同德芳到華陰街訪張中寧兄之夫人，因張兄在恩施退黔江後情形

如何，亟應向其夫人探詢，數日來有此動機，因天雨且欲
與德芳同往兩原因，今日獲天晴及逢星期日紹南在寓照料
家事，而始克實現，至則張兄出外開門，始知渠已來台，
據云係前日由港來台，半月前川東南緊張時，奉令由黔江
西撤彭水，途中天雨夜行山路，汽車覆車，致受傷，將左
膝跌壞，次日至重慶，其時渝市已極緊張，撤退之風甚
熾，幸得當局之特別核准，始獲准經港轉台，此時尚係用
擔架行動，到港後大約療養十餘日，已能勉強行動，即於
前日來台北，此次赴川湘鄂邊區工作本約有數友人同往，
幸已前往者不多，致未增精神上之負疚，余本亦決定前往
者，因四女之出生而有延誤，竟不可再往，張兄認為大
幸，余於德芳產後本有函寄至重慶轉張兄詢是否尚可前
往，此信已因兵荒馬亂而不能遞到矣，余對此次未能趕及
與張兄共此患難而感歉疚，而向張兄表示此意，談一小時
辭出。下午，同德芳到金門街訪劉階平兄夫婦，告以李秉
超兄事余昨日已向廖國庥兄說過，望安心工作，李君且已
於前日與廖兄談過矣，又劉兄為余撿出其會計師應用空白
十餘種，候余往取，余將參考其內容自行定印，渠詢余石
中峯君之證明已否取到，余謂正候再詢其所託之視察之地
點，因石君謂此件係交此視察辦理，人在台北，未告居
處，亦未蒙送來，只好詢址往取矣。

12月5日　星期一　晴

師友

中午，陸冠裳兄來訪，談逢化文兄向齊魯公司要求疏散待遇事，已根據逢兄之意思草擬呈公司文一件，將由渠與廖毅宏、劉鑑兩廠長共同出面為之，但事實上如未經財委會同意，亦不易核准，故仍本逢兄之意，將原稿送余處持與虞右民秘書交換意見後再行辦理，當即與陸兄將該原稿加以潤色，留余處備與虞兄面談，陸兄又云油廠事因時局關係似乎投資者多有觀望之勢，故此廠之前途未必樂觀，此事將俟財委會批准，始能點接機件，則真正開工非在明年不辦，彼不願在此長此拖延，故將先赴港澳一行，對家屬及個人生活有所安排云，公司疏散費業已發給，前項啤酒廠借款係照美金官價扣還，故尚能略有盈餘云。下午，劉階平兄夫婦來訪，談關於衡陽路房屋事，已與張君初步晤談，張君擬再與房主作進一部之研商，大致可無問題，劉兄明後日赴草山再與張君商量，二、三日後即行回台北，渠對於會計師業務執行數日來之經驗甚多，如收費必須預收，以及書件必須漂亮，送發公文如何利用其他機關信差，收取費用以其夫人用出納名義為之，種種省費而又不失場面之方式，皆夫子自道，其實若業務收入果如劉兄所云平均可達一兩千元，則雖用一信差，亦不為過，將來事務所採取數人聯合方式，此等事自較易解決也。

12 月 6 日   星期二   晴

師友

上午，到交通銀行辦事處訪侯銘恩、宋宜山兩兄，宋兄不在，留字，侯兄談在台辦理該行留守事宜，該行總管理處將移來台灣，香港分行照舊，目前總處一部分人員業已到台云。中午，叢芳山、談明華兩兄來訪，謂聞之青島報業人員刻在台灣之姚公凱云，張敏之兄一案，已經保安司令部軍法處判決死刑，似因曾由國大、立委、監委等二十人之呼籲尚在緩未執行，談君居住基隆，對於過去數月之營救工作並未參加，但其本人則倍覺關切，謂吾人須盡最後之努力，並認為如果執行，則對於其所領來台灣千餘學生之觀感極壞，實無異投下一重磅之炸彈，即就政府立場言之，亦無所取也，當即決定於下午設法再與若干友人見面，詳為斟酌應採行動，下午在中航公司招待所因開會之便，遇宋志先、石鍾琇、逢化文諸兄，當即商洽再作最後奔走，咸認為在此時凡以前已經有表示者，全已無能為力，乃由本校師長中擇一最關心同學之余井塘氏，乃四人聯袂到金山街訪謁，先將此事經過顛末說明，費時一小時餘，余提供一項結論，即軍方如以不充分之證據斷成冤獄，則張君一人生死事小，而使真正擁護政府與從事反共工作者寒心，其事則大，萬一張兄果已列籍共黨，以彼二十餘年戮力革命與教育之經過，設非受政府方面重大壓迫與刺激，亦決不致鋌而走險，對此種逼上梁山之有用人才，爭取感化之不暇，決不能以嚴刑峻法之處置即作為政

府之能事已盡也，談竟，余氏允再託人調查案情，但仍認
為如情形過份複雜，恐亦將無能為力也云。下午，到中央
財務委員會訪虞右民兄，將為逄化文兄爭取齊魯公司待遇
事有所商談，不料會中人員云已於今晨赴港，回台約在旬
日以後，此情余已於下午晤見逄兄時面達，逄兄云事之延
誤在陸冠裳兄之遲遲不起草呈文，直至強之再三而始辦
就，但非等候虞兄回台即不能繼續進行矣。下午，到華陰
街訪張中寧兄，余前數日往訪時曾將呢帽遺落其家，今日
特往取回，但張兄於數日前派人送至蕭自誠兄處，送去始
知非彼之物，現帽尚在蕭處，亦即交通銀行之後樓，其實
今晨余曾前往，惜其時不知此事也。張兄未來打算為經營
商業，並另已放出美鈔五百元，按月可生息三、四十元，
據云係在美回國時旅費結餘，余數年來以薪俸度日，尚
未有如許積蓄也，渠詢余此事，余以實相告，但彼未知
是否相信，此則一般皆然，一般習俗眼光實未足對余真
有瞭解也。

雜務

　　為籌備會計師業務應用雜務，今日特往籌備，先到
永祥印書館訪其經理趙君，不值，晤一李君，持劉階平兄
介紹片定印信封信牋委託書件等及工作報告用紙等凡七
種，原則上務求精美，但估價一節，彼謂須趙君回時始能
辦理，其估價單將送至劉兄事務所轉交，交件日期總須十
天，其業務相當發達，無法趕工也；交印後即至西寧南路
二七七號一橡皮印社定印圖戳與條戳等件，因係機器壓

製，故字模不能有缺，經查余姓名第二字無現成之鉛字，但允另外向他方面借用，借用不到時即加工刻用，當於日內先行打樣來看云，另在衡陽路定刻象牙章一顆，謂係吳姓，別篆第一山主人，今日本應交件，但未趕及云。下午，到公用事業管理處為紹南換購學生公共汽車月票。

集會

　　下午，到中航公司招待所出席國大代表座談會，到二百餘人，討論李代總統赴美後時局問題，決定電請蔣總統行使職權，並催李回國，此等事實際上與大局無補，徒留痕跡耳。

12月7日　星期三　陰雨

師友

　　晚，石鍾琇兄來訪，談頃間余井塘先生到彼處告以關於張敏之兄一案，余氏已於今日訪保安司令彭孟緝，彭所談此案情形與其以前向宋志先兄所談者無異，但余氏對彭所談則不重案情內容，因余氏此案係昨晚方知，但余氏提醒彭氏者為如果對張等為嚴厲之處決，對於在澎湖數千學生無異為一重磅炸彈之投下，在後果上應詳加考慮，故希望主管方面能再為詳盡而慎重之偵察，勿輕率作最後決定，彭氏已允接受此項意見，余氏告石兄云，對此案知內容者如張屬生氏等應取得聯絡並知其意見，因彭氏曾提及張氏對此案甚為知悉也，余氏並云，最重要者為對張兄之實際情形是否完全知曉，換言之，即吾等能否負責，設能

負責，似乎彼可有進一步營救之可能，石兄對此點與余商
討，咸以為就余等所知者，確能負責證明其並非共產黨，
至於在湘、粵一段時間，則非余等所能知，但亦能提出若
干反證，其公開行動確不類共產黨徒，談竟，決定即由石
兄與宋志先兄探詢張屬生氏之意見，同時由余訪崔唯吾氏
請其亦造訪張氏探詢其意見云。

12月8日　星期四　陰雨

師友

上午，到博愛路訪崔唯吾先生，與談前昨兩日接洽
張敏之兄一案之經過，彼謂早擬與張屬生氏一談，但此人
實不易尋到，容再設法往晤，崔氏因行內辦理人員疏散，
連日忙亂不堪，謂經濟研究處已發表劉振東氏接任處長，
正期待其早日返台，庶可責有攸歸云。到工礦公司訪呂之
渭處長及梁愉甫專員，適遇戴鴻濤、高磊兩同學亦在，即
閒談，余因即將執行會計師業務，希望呂兄多多協助云。
下午，到六合商行訪山東財廳秘書李毓澍君，詢石廳長毓
嵩囑其代余辦理證明書事，李君即將謄清之件取出，謂只
等待掌理廳印之一秘書病癒加用印信，即可辦妥，余即再
行拜託，謂日內來取，遂辭出。到南昌路三巷十三號訪冷
剛鋒委員，閒談山東青島情形。到潮州街訪于永之兄，不
遇。到杭州南路訪李公藩兄，不遇，留字告以房屋出頂事
不合逄化文兄之需要，容再向他方探詢。逄化文兄來訪，
不遇。宋志先兄來訪，因買地需周轉資金，余亦愛莫能

助。侯銘恩兄來訪，不遇。李德民君來訪，不遇，據云因
女傭辭工，小孩無人照料，已三天未辦公，正急需雇用一
人，以解除萬難云。

12 月 9 日　星期五　晴
師友

　　下午，孫化鵬兄來訪，據談係十餘日前由台中來
此，現任裝甲兵學校訓導處第一科科長，家眷則住於鄉
間，每日跋涉為勞，待遇亦只夠吃飯而已，此次來台北係
因奉令調訓，但又決定延期舉行，故將於明日回台中，新
年後再來，孫兄所談皆友人間情形，謂李學訓兄在台南北
門初中任訓導主任，該校校長為溫子瑞兄，又詢余以張敏
之兄之情形，孫兄對其被捕事完全不知，余將原委完全說
明，並謂現押於保安司令部看守所，恐將屆判決階段矣，
余對此事之立場為不問其有無供認，總應盡朋友之誼，盡
力設法，因就余等經驗所及，其不至有共黨黨籍，甚為明
白，孫兄之意則如已供認，恐多半為孫文主義同盟，因重
要盟員楊沛如與張敏之太過密切也，孫兄謂本與廖德雄兄
相約今日往訪其在四川別動總隊時之舊同事現任保安司令
部參謀長李立柏，適可對此案內容予以探詢，余即再加重
託，孫兄辭去，相約晚間到其裝甲兵學校招待所見面，以
聽消息，至時余往，孫兄謂今晚與廖兄又改約於明午往
訪，因其晚間應酬太多也，孫兄因此改定於後日再回台
中，又廖德雄同學係新生報董會秘書云。

12月10日　星期六　晴
師友

　　上午，到交通銀行辦事處訪侯銘恩主任，不遇，又到其隔壁訪宋宜山、蕭自誠兩兄，宋兄不在，余將以前張中寧兄誤置在此處之余之呢帽取回，並與蕭兄及往訪之廖國庥兄閒談，蕭兄由美回國不久，工作尚待當局決定，但謂回國後所見種種景象，均非合理，如船到高雄後在船上整日不能登岸，僅各處檢查人員即有二十餘種之多，實際上凡能進口之人與物品，均另有方法可以進口，此種檢查，徒具形式而已，又如高雄乃至台北車站之污穢紊亂，在外國亦無其例，由於此等現象之刺激，渠認為當前應做之工作實屬無數，但不知如何著手，余則認為著手方法未必無之，但著手機會未必可得，即有著手機會矣，主持清潔工作者之所為只一分，散佈污穢者則有十分，亦將疲於奔命，且久之不能得習於污穢者之了解，或竟有存心與清潔為敵之勢力，其工作之最後結果必全盤失敗無疑也。宋宜山兄來訪，不遇。下午，孫化鵬兄來訪，留晚飯，據云今日晤及保安司令部參謀長李立柏，據云張敏之兄一案全有口供，異常嚴重，但亦未提及是否已經判決云。

12月11日　星期日　雨
師友

　　晨，石鍾琇兄來訪，謂今晨有人來告，張敏之兄之看押地點已經轉移，據告知此事者云，此種舉措往往表示

凶多吉少，石兄之意今明兩日或盡最後之努力，因今日星期，或無危險，明日即難言矣，於是同到叢芳山兄家與叢兄同到崔唯吾先生家，又途遇逢化文兄，亦請前往，談商結果，因山東主席兼國防部次長秦紹文氏昨已由川來台，乃一同前往晉見，以盡最後之籲請，不料秦氏外出，乃折返商定下午一時半趁其午睡時再往，余即回寓，德芳告余，牟尚齋兄曾來訪，謂事態或不至如此嚴重，因判決雖早，已有和緩之安排，渠昨由台中來，正擬為同案中之鄒鑑提筆反駁事實也，言頃崔唯吾先生著其女公子來告，謂石兄又往崔寓相告，謂今日上午十一時許已經執行死刑，余即著紹南往通知牟兄，簡單午飯後即到崔寓，其時已在者有宋志先、叢芳山、石鍾琇、逢化文諸兄，謂已與極樂殯儀館聯繫，該館對於保安司令部之處死犯人向負火葬之責，下午即可由刑場運到該館，屆時即可料理喪事，至其夫人王培五女士處業已急電高雄請其來台北，略談後即同出發至極樂殯儀館，至則始知因汽車故障尚未送到，乃被公推與劉馨德兄同在該館等候，並因劉兄為律師，趁此時間與該館談商一切條件，亦只初步處理，最後辦法須由其家屬決定，至三時餘運屍車至，張、鄒均被安放於手術室內，血肉模糊，且兩眼圓睜，慘不忍睹，余等等候彼等數人至四時餘尚無消息，遂先辭返，余即往和平西路訪牟尚齋兄，據云此事係昨日突起之變化，有軍法官來告謂執法當局並不知之，乃係保安司令彭孟緝昨日送請東南軍政長官陳誠所批者，所以如此迫切，或係鑒於中央政府遷台，

馬公島駐軍方面為顧慮夜長夢多，乃採取先下手為強之手段，牟兄今午曾至刑場觀看，受刑者凡七人，有學生年齡方十九歲者，渠認為此乃千古冤獄，言下為之太息良久，余回寓時已薄暮，德芳告余，張太太王培五女士下午來台北，係由台中來者，尚認為此事頗有平反希望，德芳因幼兒眾多，懼其受刺激無法處置，故未將真情相告，旋即到崔唯吾先生家，但僅崔太太一人在家，亦未將此情相告，崔寓來人謂望余早往崔寓一行，晚飯後余即與德芳回到崔寓，已先在者有叢芳山、石鍾琇、逢化文諸兄，余遇崔太太於門前，商定以逐步方式向其說明，以免震驚，遂即入座，先由崔太太示意應知此案已成絕望，繼由余將今日一天種種經過相告，張太太幸能控制，尚未暈厥，乃即商量治喪方式，決定採用火葬，遂即一同至殯儀館看張兄遺體，業已經過洗滌整理，兩目已閉，較之午間好看多矣，看後即在該館商定，明日上午籌備一切應辦事項，下午二時舉行殯殮，即退出，余陪同張太太回余寓，因其來時曾將行李置於余處也，並約叢芳山兄之夫人來余寓居住，蓋彼二人較熟識，而德芳家事太多子女牽累，實不能分身夜間為周密之照料也，今日決定之方式用火葬，儀式用基督教者，骨匣用最好之楠木製者，甚精緻，棺木因須火焚故不採太好者，衣服則用張太太由高雄帶來之制服云。

12 月 12 日　星期一　晴

師友

晨起，陪同王培五女士到和平西路訪敏之兄生前學生基督徒苟、陳諸君，同往訪丁立介牧師，請其下午來為張兄主持追禱，當蒙允諾，又就近分訪汪聖農、何冰如諸君，均不在家，即回寓早飯，十時許石鍾琇、逢化文、張志安諸氏均來，決定分頭通知親友，逢兄通知一部分，叢兄亦一部分，而李祥麟兄處則由張志安氏通知，下午余早到殯儀館照料，並代全體定製花圈，午飯時逢兄留余寓，飯後即陪同張太太到殯儀館，二時許花圈送到，而牧師不至，陳、苟兩君云，因今晨報載此案情節太過嚴重，有所顧慮云，乃臨時決定改用普通儀式，推崔唯吾氏主祭，與祭者尚有張金鑑、逢化文、叢芳山、石鍾琇、崔太太及余，又台大及其他兩學生，不逾十人，祭畢，即行棺殮，由兩人抬赴火葬場，入第十號火洞，閉門上鎖，將鑰匙交喪主持有，候明日會同往取骨灰，三時事已畢，即分別返回，今日報紙登載此案乃保安司令部所發消息，極盡誇張之能事，甚至認為台灣共黨一網打盡，又謂張敏之加入共黨乃卅五年在青島時由劉次簫介紹，說者皆謂時期與人事情形並不相符云。

集會

下午，到第一女中參加該校第四週年紀念，余等到時游藝會早已開始，故僅看兩三節目，一為戲迷家庭，二為鋼琴獨奏，三為獨唱，五時許即散，雖就藝術言之，均

不成熟，但其特色亦即在此等幼稚天真處，今日參加者皆
學生家長，會後余偕紹南徒步歸。

12月13日　星期二　晴

師友

　　晨，李祥麟兄來訪，係慰問張敏之兄夫人者。晨，
廖毅宏及吳錫璋兩同學來訪，廖兄改業就商長住台北，由
香港發麵粉、黃豆到基隆銷售，最近到貨頗有利可獲云，
吳君本在廈門服務，最近來台，曾持王世杰氏介紹信到公
路局譚嶽泉兄處謀事，為求速成，託余向譚兄轉達催促之
意。上午，同王培五女士到保安司令部軍法處洽領張敏之
兄之領屍證，並領回其遺物，除遺物立即由隔壁看守所領
到外，領屍證因時間趕辦不及，約定下午往領，迄四時再
往，直至下班，因等候其處長未至，稿不能判行發繕，致
又未果。下午二時，叢芳山、劉馨德兩兄來，係昨日約定
今日會同王培五女士到極樂殯儀館撿取張敏之兄之骨灰
者，並即將喪殮費結算，當因領屍手續尚未辦完，乃決定
叢、劉兩兄先到殯儀館相候，余同王女士到保安司令部，
不料在部等候兩小時不得要領，而骨灰在火葬場之鑰匙尚
由王女士親帶，為恐兩兄等候太久，余即雇車囑王女士先
往，余若等候至五時尚不能領到，即不復至殯儀館，至時
果未能領到，好在並不影響他事，余知今日不能領到時，
即按午間數友之約逕到崔唯吾先生家再商後事，至則李祥
麟兄已先在，叢兄與劉兄則後至，據云骨灰已取出裝匣，

並辦妥丙舍手續，結清帳目，連同火葬及棺木共付六百元，連同哀祭時用費為六百三十元，其中由崔唯吾先生墊四百元，余墊一百元，叢兄墊五十元，劉兄墊八十元，旋談此款之分擔，因一時不獲結論，決定暫先墊欠，並一面另外籌劃其生活費用，其方式為向友好洽請自由認數，至於省政府方面，另商請秦紹文主席有所資助，又關於此案真相，仍應有使各方明瞭之必要，將由張太太準備資料，請劉律師馨德整理之，談竟後即與崔、叢兩氏到信義路一段八號訪秦紹文氏，不在，由崔氏留字請約定晤面時間而返。晚，王培五女士所住高雄測候所之管君由高雄來此，因其家屬閱報後極驚愕，張敏之兄之子女尚在彼處居住，來促王女士明日務回高雄有所安置，以免牽累，余即將詳情告知，張兄之家屬無牽，絕無他慮，以安其心，但仍認為不可稍緩，即決定明晚回高雄，因當時有張兄之兩學生在此，其一陳君住教會房屋甚寬敞，可借用一兩天，但須得其教會之同意，另一李君在國防部服務，可在士林以低價覓租房屋，明日陳君處當有回話，俟知端底，夜車即行也。訪褚道庵兄閒談。

12 月 14 日　星期三　晴
師友

　　上午，陪同王培五女士到中央銀行訪崔唯吾先生，適值開會，僅簡單談話，因管君催返，將於明晨回高雄，崔氏付以五十元連同自有之七十五元，可敷往返搬家之旅

費，但中午王女士因其台大學生來告教會借屋住一兩天亦不成，又感到回高雄後不能立即搬來，仍是困難，又隻身往訪崔氏夫婦，歸謂已往謁見山東主席秦紹文氏，云將與崔氏商談解決辦法，並約余晚間在崔寓相候，另約有叢芳山兄，屆時與秦氏會同商量，余於晚間七時往，坐至九時亦未見秦氏及芳山兄到達，乃僅與崔夫人談天商量辦法，認為如王女士有意回上海訪其胞兄，恐辦理出境手續發生誤解，應請秦紹文主席代為辦理，以便赴港，如王女士在台居住，則不限台北，他縣或且更為適宜，士林能租到更佳，並希望秦氏對於遺族生活能予以救濟，故一兩天似不能離台北，惟如管君催迫太甚，亦只好使其先行，但回至高雄應等候此間電報，不可貿然來台北，居於逆旅，徒增耗費，但管之希望為限期搬家，此點亦頗有事實困難，余於九時返寓，知管來限明日回高雄，兩日搬家，亦只好如此辦理矣。上午到建國北路訪趙季勳兄，對張、鄒被殺害一案亦認為問題甚多，但尚未經過考慮凝成一種見解或方式，余以為此事死者自不能復生，但中間國大代表、立、監委員二十餘人之呈請保釋，確認非屬共黨份子，現在處決情形適得其反，如莫爾而息，豈非自摑其掌，此若干具名人之身份聲譽置於何地，設非能有自然之方式表明吾等之立場，則此等人將為人看成一文不值，即山東人之在台灣亦將被人目為豬狗不如矣，此種情形非余一二人為然，若干山東人同具此種心情，至於東南長官公署軍法處方面對於此案之發生突變，認為事先確不知道，趙兄亦知之

云，余與其談話半小時，趙氏表示態度極為慎重，自彼任監委以來，往往如此也。今日又聞崔唯吾氏云，東南長官公署軍法處法官頗有對此案表示不肯同意者，因軍法處長張銑據保安司令部呈送判決後，認為證據不充分，簽請提審，副長官林蔚批慎重辦理，馬公駐軍方面透過保安司令彭孟緝向陳誠長官面請批准照判處決，當即批定，次日即行執行，軍法處方面竟無從過問，照此情形，可見彼方必欲至之死地者實有不光明之處，因提審後即不能完全祕密審判，所有刑訊供詞，漏洞百出，彼時必被推翻，果爾則馬公駐軍不能將彼等置之死地，從此即將無地自容矣云。

12 月 15 日　星期四　晴
師友

晨，送張敏之太太到車站赴台中轉高雄，渠本將直回高雄，後因今晨往與叢芳山兄晤談，始決定先赴台中，台中方面可以拜晤李先良市長，渠對張兄家屬善後不能坐視，且亦係張兄生前友人中財力最充足之人，關於居住問題亦可在台中設法，據云車道安與張兄生前友誼極篤，渠家屋較寬敞而人口不多，且無幼童，倘能假用，實最為合宜，列車於八時半開行後，余即回寓。回憶五日來為偕同張敏之兄師友料理其後事，奔走商量，夜以繼日，即在此期間內友人往返，亦多以此為談話內容，而余與其他師友復有不同之情形，因張太太到台北時即將衣物攜至余家，事實上必須留宿，德芳產褥初起，朝夕照料客人，力有不

勝，況張太太處境悲慘，夜不成寐，如無人陪伴寬解，更無以堪，幸先兩夜由叢芳山兄之夫人來寓陪伴兩天，後兩夜因見其精神已能控制，始不加陪伴，然進出談話研究亦無暇晷，余與德芳在此數日內徒感精神緊張，尚無不適之處，今日張太太行後略覺鬆弛，一種特殊而難耐之疲勞倏然而至，雖充分休息猶不能解除，蓋精神過度提前消耗之所致也。

12月16日　星期五　雨

師友

　　晚，崔唯吾、張志安兩先生來訪，詢王培五女士已否回高雄，關於善後問題，張氏於今日傍晚訪秦德純夫人，其時東南長官公署軍法處長張銑之夫人亦在秦寓，據云，張處長對於張敏之、鄒鑑一案之處分確不知有最後之轉變，甚至因此考慮軍法處長受此蔑視能否再幹下去，又秦氏前晚確欲赴崔寓談商此事之善後，因臨時有他事而致未果，秦寓方面頗欲請張處長約集當初具名為此事呼籲之山東人士談話，宣布此案處理經過，蓋自各項文件送進後，既不能以批示方式答覆，為聲明官方立場，似應有此一著也，惟今晚商談結果，認為此舉暫可從緩，因當場宣布其立場，斷不為各方所接受，而在此等場合又不能立即發動平反，實屬無益，不若第一步先為死者家屬圖謀安頓，俟此事有結果後再向保安司令部新當局另作進行，秦氏私人表示無財力，但不拒絕設法撥給公款，明晨或與其

晤面，諒有端倪，又崔氏云，此案之突變與省府今日改組有關，吳國楨發表台省主席兼保安司令，彭孟緝只為副席，當不若今日之可以獨斷獨行也，又中央組織部長谷正鼎認此案為冤獄，表示將發動魯青黨部負責人裴鳴宇、殷君采出問云。

12 月 17 日　星期六　雨、下午曇
師友

下午，到三葉旅社訪廖毅宏兄，不遇。到土地銀行樓上訪中國農民銀行董成器兄，不遇。到財政廳訪馬兆奎兄，因省府改組，財廳易長，為求明白諸友人處境，有訪問之必要，據云任顯群將長財廳，表示人事全不更動，但副廳長則否，惟依照過去安排，正、副廳長必須有一為台灣人，現在任為江蘇人，原副廳長為台灣人，縱有變動，仍將為台人也，又云，此次省府改組省委共廿三人，台灣人佔十八人，多數為當年二二六事變之首腦人物，此種綏靖政策之目的，顯然在安內，又來年推行自治與民選，實亦為一種政治作用，且有對外宣傳爭取美援之意，但美國方面是否重視，殊不敢必，又談財廳改組前本因升嚴家淦為財政部長仍兼廳長，後又將廳長免去，其實目前之政府已侷促一隅，中央不若一省之充實，其作用不過為用通洋務者以爭美援耳。

參觀

到中山路口看溥心畬書畫展覽會，出品共一百五、六十件，畫佔三分之二，畫有用筆極工者，且有臨唐宋人作品，頗有意致，一般以山水為最多，人物有觀音過海圖、五柳先生像、臨周文矩團扇仕女等幅，具見老練，字則有臨帖屏條，自作詩條幅與楷行小對等，對聯無在四尺以上者，一般為行書，楷書宗柳公權，而意趣枯澀，行書宗二王，有臨十三行與心經兩幅尚佳，臨書譜則筆力欠缺，大抵溥氏寫帖而不臨碑，雖娟秀有餘而蒼勁不足，但定件者則以書為多，因書之定價有低至八十元者，而畫則最低三百元，最高且至五千元，能購者鮮矣。

12月18日　星期日　晴

師友

上午，叢芳山兄來訪，談關於為張敏之兄遺族家庭生活問題奔走情形，並主張為伸張正義，似應有一較整齊而有力之集團，由張太太向此集團呼籲云。冷剛鋒氏來訪，閒談。下午，到杭州南路訪李公藩兄，所營怡生商行明日即行結束，移居和平東路，余到和平東路看其新屋正在修繕，屋甚軒敞，代價不高，可謂得所，李兄又云濟南來信催返，將於冬季過後再行計劃，其在濟之麵粉公司與銀號均尚照常營業，房產亦有權自問，只每間須月租小米八斤而已。

娛樂

　　晚，偕紹南、紹中到新世界戲院看電影，為五彩片「南海美人魚」，陶樂珊拉摩主演，寫一三角戀愛故事，因一方失敗遭仇殺未遂，火山爆發自斃，一對愛人則在火海中得救，景致及色彩絢爛奪目，數個游泳鏡頭亦極出色，但全片只演一小時，篇幅極短耳。

12 月 19 日　星期一　晴

師友

　　晚，張景文兄來訪，據談日前由成都經過香港來台，此次兩度在渝、蓉逃難，均險遭不能出來之危，但結果均能無他，亦云幸矣，張兄任職經濟部會計長，現隻身來台，部內其他司署人員在台港者不過四十餘人，而文卷帳冊均在川散失，只有一部分最老之文卷尚在，乃係從前運來台北者，渠在台北略事安排，即尋覓房屋，預備遷居台北，此項房屋乃由部準備者，經濟部本身在台一無所有，但所屬資源委員會在台則有業務機構十餘，頗為充實，在川時經部待遇超過各部三倍者，即賴資委會以為挹注也，余又因在台省建廳辦理會計師登錄需要未執業之證件，最好為經濟部之證明，最為理想，乃就商張兄，余認為此刻在台之經濟部查卷自屬無從，但余之證書係卅四年始行領到，自該時以後余之任職經過張兄完全知之，余備文向經濟部請求，另由張兄以過去與現在之職務身分加以證明，則不查卷亦不致有誤，有此證明，則建廳不致發生

困難矣，張兄允與主管方面先行接洽，談至九時辭去。

12月20日　星期二　晴

師友

上午，到三葉旅社訪廖毅宏兄，不遇。到中國農民銀行訪董成器兄，談該行總管理處移設台北，正布置辦公地址，又談于文章君由南寧來信託辦入境證事，渠曾將照片交董兄，但其最近通信處董兄並不知之，余即將于君所開通信處交董兄，即由其一手代辦。到中央旅社及經濟部訪張景文兄，不遇。到中央銀行訪崔唯吾先生，詢悉秦紹文主席對張敏之兄一案已允籌款安頓遺族，但具體辦法尚待研討，又談及最近有機會赴南韓調查進出貿易，本欲由叢芳山兄前往，渠因油廠不能脫身，詢余能否前往，余因正辦理會計師登錄，亦表示躊躇，下午訪叢兄詢以最後考慮結果，結果未值。下午訪于振海君，為答訪其數次來訪。訪劉階平兄，據談事務所房屋事，重慶南路大江公司頗可設法，擬即進一步接洽租入。晚，逢化文兄來訪，談及成都路自立晚報樓上似乎可以設立事務所，余託其詢問。晚，李德民君來訪，余徵詢其有無參加會計師事務之興趣，據云極願參加，以資學習云。下午，在車站附近遇徐嘉禾兄，據云張敏之兄事據保安司令部一充軍法官之同學云，致死之由為政策問題，而又不能不穿以法律之外衣，又云今午公宴高芳先師長，高與張兄有舊，余託其詢高君對此案意見。

12 月 21 日　星期三　陰

師友

　　下午，逢化文兄來訪，閒談，渠對於向齊魯公司爭取待遇一事仍在積極進行，希望待虞克裕兄回台後即行接洽，又談關於余之會計師事務所地點一節，似乎鄭邦焜同學所辦自立晚報之樓上，尚可安放寫字枱，如不成時，亦可請其代為在附近洽租，余即託其代為洽辦。下午，劉馨德兄來訪，送看其最近所買手卷，乃趙管仲姬所畫竹及題字（似即管夫人），甚佳，但因管作少見，未能辨其真偽，似在兩可之間耳，劉兄又談及其與叢芳山兄合營之油坊已作結束，渠本人或謀為軍法官或仍執業律師，如為後者將在貴陽街德興商行樓上，頗願有若干法律會計友人合用，而各自營業，余表示可以合作。下午，劉鑑、陸冠裳兩兄來訪，談油廠事正在簽約，但機件尚須緩二、三日始可點收，又關於為逢化文兄請求報酬事之函稿，本由陸兄交余帶虞右民兄先閱，因虞遲遲不返，今日又取回，將先謄正云。下午，叢芳山兄來訪，談油坊結束未畢，前與崔唯吾氏所談赴南韓一行調查貿易事，刻間不及前往，將候下次輪船再往，又叢兄慫恿余趁此省局變動之時謀入台灣銀行，余殊無意於此也。

12 月 22 日　星期四　陰

師友

　　晨，張中寧兄來訪，據云腿部業已漸癒，但尚略有

痛疼，詢余有何計畫，余謂除將為會計師外無他準備也，余因兩月前應張兄之約赴西南共事，曾取到旅費美鈔貳佰元，余後因家事來往，局勢已變，即不能再往，此項旅費自應退還，余今日即將此款面交張兄，但渠拒不接受，因該款交余時雖為張兄，余亦將收條面交，但收條已由宋宜山兄送至香港，渠無法將收條退回，故不能再行經手也，但此事余仍託張兄與宋兄洽辦，以便錢與收據互換，因余若面向宋兄收回收據，不能十分勉強，而在道理上收據必須立即取回也，張兄允與宋兄接洽云。上午，宋宜山兄來訪，上項款項事余因未與其直接授受，且已與張兄談過，故未提起，所談仍為此次川湘鄂邊區失敗事，謂宋部新兵太多，友軍亦不能配合，現在宋氏本人已突圍至漠邊，又談及張兄未赴恩施前曾約有同學數人前往幫忙，但因其本人到達太晚，此數人工作未發表即已撤退，退至重慶後又遭失散，因此張兄頗為一般所不滿云，又今日張兄談及宋部情形，認為毫無條理，渠因未在彼處久留，故不知空虛至此，早知外強中乾，當時彼亦即不肯約余前往矣云。

12月23日　星期五　晴
師友

已故張敏之兄太太王培五女士由台中來台北，寄住余家，據云前數日回高雄時其寄住於測候所管君處之子女被逐無奈，已將行李收拾妥當，準備移居旅館，渠在台中時已將居處問題解決，係由李先良兄等負責供給費用住於

旅館內，並到所營之一工廠內用膳，渠在台中時曾晤及牟
乃竑兄，云其服務之社會處有救濟院一所，係由一同學主
管，準備在該院謀事並安置其子女，惟王女士晚間往訪崔
唯吾先生謂其內容極為艱苦，應否進行應再考慮云。

12 月 24 日　星期六　雨

職務

　　下午，姚大海委員來告，齊魯公司協理黎超海赴港
後，其眷屬今日亦赴港，畢天德總經理則數月前即往，數
度揚言回台，今則日漸渺茫，現在時局緊張，外交上與英
國正在微妙階段，此等人非不瞭解，彼等時常表示將求擺
脫公司職務，存心為何，可以想見，聞在港經彼等運用之
資金有美金一萬餘元，自應設法調回，故希望董事會方面
予以充分注意，余意亦同，將與中央財委會先行交換意
見，姚氏主張立即通知在港之財委會秘書虞克裕兄就近予
以處理，姚氏又云，財委會刻尚在新生活賓館辦公，聞將
接收畢、黎二人住宅之一以為辦公地址云。

瑣記

　　一月前因辦理會計師登錄與建設廳主管人員洽定，
若能證明未有已經開業蒙混在台兼區之事，即可迅速批
示，其方式為由山東財政廳長證明余始終有省銀行之公
職，自然未能開業，余即函台中居住之廳長石中峯，渠又
函在台北居住之視察李毓澍代辦，李在羅斯福路二段設
一六合商行，其地距離余家至近，石並曾函告余之地址，

囑其辦妥送來，遷延數回，經余一再催詢，並於上週遇石於該商行門前，又當面入內相託，則仍謂尚未尋到用印之人，今日余遂出該商行，李君不在，遇另一財廳職員某君，渠知余為何事而來，即謂該項證件已經用印，因不知余之住址，故交鈕鉁龢君，鈕君為以前在山東省銀行行員，博山人，與余有僚屬關係，與李君等則皆博山人也，此事至此似已辦妥，但余所不解者，即余之地址與該商行非常相近，余曾函石謂所住偏僻，如李君親來送交，特覺未安，故主自行往取，其時尚不知李之住址與余如此之近，且在處事風度上亦應表示如此，今石、李諸君雖對余事相當幫忙，何以近在咫尺，反靳而不與，唯一之理由即為官場中之一種莫名其妙的矜持而已。

12月25日　星期日　雨、下午晴
師友

上午，鈕鉁龢君來訪，面交財政廳代為出具之證件，證明數年來均為山東省銀行總經理、董事以為請辦會計師登錄以前並未開業之證明，又談渠已應約到財政部任總務司科長，財部遷台後，李青選參事即將復職，又崔唯吾氏又到部任職，為錢幣司司長云。下午，訪崔唯吾先生，談為張敏之遺族募捐事，認為余所代張太太所擬之捐啟可用，即決定訂成小冊，一冊在台北用，另一冊在台中用，台中者即交李先良兄進行云，又談為張太太謀事一節，救濟院內容不佳，決定不再進行，社會處尚有台北、

台中兩育幼院似尚有可進行之機會，據牟乃竑兄云已函李先良兄轉向社會處長李翼中處進行云。晚，張景文兄來訪，為四女出生送奶粉等禮品，又談經濟部刻由劉桂兄代理商業司，據云出具未做會計師之證明可以照辦，此事本因山東財廳證明遲遲其來，今日上午既已送來，除非建設廳有其他問題，即將不再向經部請領矣，又張兄正向經濟部請款在此頂屋，俟款到即積極進行，將來即由屏東移居台北，渠將於新年回屏東一行，設法將在屏東舊房頂出後以便遷移此間云。

12 月 26 日　星期一　晴、夜雨

業務

　　下午，到建設廳與登記股張股長接洽會計師登錄，渠認為新加附之山東財政廳證明尚屬清楚，即將呈文及附件留下，轉至收發處掛號，謂稍緩數日即可批示，業務可開始準備云。下午到永祥印書館接洽半月前交印之會計師各種用紙，除收據一種已另買到現成者可用，尚有藍格紙一種、委託書兩種及信紙信封名片共六種，或五百張或兩百張，共估價三百餘元，下月十日交貨，余即照價定印，俟將來再由劉階平兄代為核付。到西寧南路將定刻戳記取回，又到博愛路將定刻事務所木牌與指路牌價款付清，暫時尚未取回應用。

職務

　　到中央財委會訪胡希汾兄不遇，晚到羅斯福路始

遇，告以姚大海監察人意，齊魯公司總、協理已全眷赴港，在港資金尚有萬餘美金應調回，此事據胡兄云或俟公司全般問題解決後再辦，但為迅速計，明日將由余先到公司查明詳數，酌定處理方式，胡兄所云全般問題，即最近曾養甫氏辭公司董事長職，陳主委電商是否從事結束，但實際上無論是否結束，港款之安全均須綢繆，故將不待大前提有何結果，即先進行調款云。

12月27日　星期二　曇

職務

上午，到齊魯公司訪蘇雲章協理，因外出久候不至，與業務處長趙錄綱、會計處副處長姚士茂閒談，趙君談最近經營中港進口貨之一般手續，與台灣銀行控制外匯辦法，又對公司總、協理畢天德、黎超海之赴港不返表示不滿，姚君則所談為一般會計問題，近午，蘇君返，余詢以港存資金若干，監察人會表示關切，蘇謂尚有美金萬餘，其狀態為現金，但亦可能包括麵粉一千五百袋，合美金五千元，又最近運來麵粉尚有二萬二千元港幣未予撥回，合美金三千餘元，此款可暫緩調往，蘇君謂此事姚大海監察人與財委會胡總會計均談過，並函在港之虞右民秘書就近處理云，蘇對畢、黎流露不滿，謂太自私，二人在台所住公司住宅，將由財委會住用，但二人又來函表示請求保留，渠正左右為難云。余本擬上午即訪胡希汾兄將此事一談，但時晏未果往云。

師友

下午,到廣州街訪郝遇林兄,託在友人間進行會計顧問。下午,到成都路訪方青儒兄,不遇。到自立晚報訪鄭邦焜兄,託代覓寫字間,但所談代價似太高。到金門街訪劉階平兄,據談寫字間事,重慶南路有一處,月租美金廿元,似太貴,如另外不能找到,勉強可用。到經濟部訪劉桂、張敦鏞兩兄,託轉向資源委員會各公司進行會計顧問事,二人允竭力幫忙。到華陰街訪張中寧兄,詢其前所領旅費二百美金已否與宋宜山兄洽請退還,張兄謂在台住宅係宋所有,因頂費問題雙方正不歡,不願再談此類事,望余自行前往辦理,余又託其向第一銀行進行會計顧問。晚,逢化文、楊天毅兩兄來訪,談各方見聞及事務所找房事。

12 月 28 日　星期三　晴

業務

上午,劉階平兄來訪,持呈文三件約余列為會計師公會發起人,該會依法須有九人之發起云,又談重慶南路大江公司之房屋實不算貴,遂商定照租,由余與劉兄共同負擔,水電均在租金內。

職務

上午,胡希汾兄來訪,談齊魯存港資金情形,余將昨日在公司探詢情形相告,大致有萬餘美金,其中或包括麵粉與此間未撥還款,當即決定由胡兄再函在港之虞右民

兄洽辦。

師友

下午，到合作金庫訪隋玠夫兄，請調查各商業銀行聘任會計顧問事。訪董玉田兄，知趙葆全兄來台，刻赴台中。訪宋宜山兄不遇。到財政部訪崔唯吾先生，詢為張敏之兄遺孤募捐開始情形，並託介紹會計師業務，在財部又遇各同學陳少書、傅廣澤、金克和等，閒談，五時返。

12月29日　星期四　晴

師友

下午，同王培五女士到社會處訪牟乃竑兄，不遇，將日昨李先良兄由台中來信一件留閱，並留字關於王女士工作問題仍欲進行松山救濟院，請其立即詢明該院有無機會及教職員有無住宿房舍，明晨回示，因王女士急於回台中也。在該處又遇同學溫覺民兄，現任視察，並以此事面託轉達一切。晚，石鍾琇兄來訪，閒談，余因與談及新年開始會計師業務，託其介紹會計顧問，渠允協助，並言定先與王德溥氏主持之亞細亞公司接洽，只求有互助關係，公費有無在所不計云。

體質

台北氣候，時寒時暖，要以陰晴為斷，極不易適應，夜間因三女紹寧須隨時注意其便溺，有時寒夜起床，即覺不勝，而時間上又不許加衣，因而前數日略有感冒，今日始覺鼻膜發炎、流涕、頭略暈脹，但尚不發燒，飲食

胃口略有減退，大便亦尚正常。

12 月 30 日　星期五　陰

師友

上午，逢化文兄來訪，談鄭邦焜同學曾訪談，有劉世德律師為合組事務所事將與余接洽，可否參加余與劉階平兄所租用之房屋，余允即與劉階平兄洽談，並逕復鄭君，旋由劉兄處知重慶南路寫字間太過狹小，容納兩張小桌已甚勉強，當即訪鄭君告以不可能云。

業務

上午，訪劉階平兄，據云重慶南路大江公司二樓房屋日昨有人往與商訂具體條件，發生若干枝節，其重要者有二，一為租金本索二十美元，但訂入約內即屬違法，我方欲以目前市價折合新台幣，彼方要求定為米四擔，以新生報刊價為準，據云此價可高於廿美元，但余按此刻市價計算，實不及廿美元，認為此點可以答應，次為電話雖可用，但不能刊之報紙，如名片印出，須加以「轉」字，其原因為電話局可能有所干涉，劉兄對此點不同意，余亦不同意，將再向其交涉，一面另向王希禹君館前街寓所接洽租用，以備此地不成時再作打算，又關於會計師公會之呈請籌備事，首倡者為虞舜等五人，其意在另加入四人，合規定最低人數，彼占大半，即可壟斷理監事，故於向周傳賢處徵求簽名時，決定即行廣為徵求，加多人數，大約可以有二十餘人，吾人再加一番運用，即可破除其陰謀云，

又聞此等會計師數人在公會管理處曾欲以三人壟斷公企業日產處理清算業務，後為人點破，弄巧成拙，現在委辦案件除劉兄一人外尚無應命者，緣彼等所接到案件多為外縣，往返時間金錢均將不貲云。

12月31日　星期六　陰雨

師友

上午，到火車站送王培五女士回台中，原期隨八時半對號快車前往，不料票已售完，改於九時五十分十五次慢車成行，等待時間內余外出訪友，及返，列車已經到站，在月台往返向車內尋找，因車上擁擠不堪，終未獲見，但相信其已經上車也。到工礦公司訪梁愉甫兄，不遇，留字託為衍訓帶球鞋及書包至新竹。到南陽街訪呂明誠兄，因渠在大東公司時於商界尚熟，託於工商界為余之會計師事務所介紹業務。

見聞

送王培五女士到車站係乘公共汽車，渠有大包袱一件較重，余為攜持，余有小紙包一件，交渠並帶，下車時竟遺下，為另一台灣女子所拾，呶呶不休，未知何意，另有一諳普通話者謂係索取報酬之意，余見此女衣冠楚楚，不類貧人，但既有此意，即準備予之，另一軍人則謂不必置理，謂既經道謝，不應有他，余即稱謝而去，余至今不知台灣何以有此風俗也。今日為舊台幣最後行使之日，多有拒用情事，余在車站買月台票尚肯收用，至公共汽車站

則堅決不收，其營公用事業機關至晚應可向台灣銀行交涉
兌換，不應為本身便利與乘客多有爭執也，至此外一般商
業與菜場則已普遍拒用，但亦不完全一律，亦視雙方交涉
情形如何而定。

附錄

發信表

日期	人名	地址	事由
1/5	德芳	南嶽	（電）暫留京甚安
1/5	趙少文	青島	雄德款已匯
1/5	高希正	上海	蘇州學校請詢學玉
1/6	金鏡人	屯溪	通候
1/6	汪國第	屯溪	木箱請代存
1/6	德芳	南嶽	暫時在京觀大局
1/8	譚嶽泉	衡陽	財委會電兩件、朱梅函一件
1/11	史紹周	青島登州路四號	謀事困難
1/12	李琴軒	蘇州	會計工作困難
1/12	武英亭	蘇州	謝照拂衍訓並催速行
1/12	德芳	南嶽	昨匯 2600 元並刊物二本
1/14	趙少文	青島	請代送張景文幼女彌月禮
1/15	德芳	南嶽	（電）週內赴滬車便轉嶽
1/15	振祥弟	青島	款請帶滬
1/16	趙少文	青島	不准請假
1/18	褚保三	上海	請定房間
1/21	德芳	南嶽	（電）梗由杭赴南嶽
2/1	朱鼎	衡陽	請探轉譚嶽泉信
2/1	譚嶽泉	衡陽	公司何時開會
2/1	玉祥弟	上海	振祥匯 1500 元請取用
2/1	楊天毅	青島	通候
2/1	畢圃仙	青島	立院款託馮有辰處理
2/1	瑤祥弟	藍田	匯款一千元
2/3	振祥弟	青島	請領黃海魚股息，聖功休學手續
2/3	廖毅宏	青島	匯其眷屬款方式
2/3	程度	上海	通候
2/3	張敏之	藍田	瑤祥、衍訓、紹南上學事
2/4	蘇雲章	青島	（支電）請協助董會遷移
2/4	金若枬 趙少文	青島	（支電）已電蘇矣
2/9	馬懷璋	漢口	詢江路情形
2/9	許東籬	杭州	詢株洲站負責人
2/16	馮有辰	南京	通候
2/16	銘祥弟	南京	保證人可託崔唯吾先生
2/16	李德民	台北	復不宜回青
2/16	張慎修	青島	謝代存衣物

日期	人名	地址	事由
2/16	振祥弟	青島	紹南擬申請借讀
2/16	昆祥弟	青島	繫念近況
2/16	程少芹 于錫川	上海	詢美鈔帶到否
2/16	張敏之	藍田	再索轉學證書
2/16	曾養甫	廣州	詢開會之期
2/19	程少芹 于錫川	上海	託為洽辦張慎修布事
2/19	張慎修	青島天津路42 甲恒昌	布事已託于錫川
2/19	高希正	上海	居申不動大佳
2/19	趙少文	上海高希正轉	詢到滬後及情形
2/25	張敏之	藍田	介紹衍訓入學
3/7	振祥弟	青島	索被褥
3/15	張敏之	藍田	謝約教書盛意
3/17	張敏之	昆明	告即赴申
3/19	德芳	南嶽	今晚上車東行
3/22	黎超海 褚保三	上海	請準備居處
3/24	德芳	南嶽	（電）告到滬
3/24	德芳	南嶽	到滬情形，另寄報附黑白線
3/25	振祥弟	青島	詢青方情形
3/25	玉祥弟	上海總醫院	約晤
3/30	朱健生	衡陽	（電）託轉南嶽款
3/30	德芳	南嶽	款洽請朱站長轉，外字典一本另寄
3/31	振祥弟	青島	請託樊中天帶夾大衣
4/1	振祥弟	青島	衣箱及樊廷仕均來
4/2	陳果夫	台中‘	公司青島事態
4/4	德芳	南嶽	兩女衣物已買
4/7	德芳	南嶽	物品分贈情形
4/11	銘祥弟	南京	告到申
4/12	振祥弟	青島	詢來申期
4/14	德芳	南嶽	振弟到申
4/22	德芳	南嶽	德光在益都
4/22	宓汝祥	衡陽	通候
4/22	玉祥弟	上海總醫院	詢近況
4/22	銘祥弟	南京	望與省行進退
4/24	德芳	南嶽	（電）訓可赴筑，樊役即往
4/29	德芳	南嶽	告到粵
4/29	振祥弟 玉祥弟	上海	告到粵

日期	人名	地址	事由
5/2	德芳	南嶽	詢需要物品
5/7	紹南	南嶽	告到港九所見
5/11	德芳	衡陽	避難如何籌劃，次日發，與十二日信同發
5/12	德芳	衡陽	赴桂亦佳，款望先借，次日發平快
5/12	宓汝祥	衡陽	德芳赴桂用費先借，次日發平快
5/13	高希正	上海	探詢現況
5/13	振祥弟 玉祥弟	上海	探詢近況
5/14	宓汝祥	衡陽	（電）余眷可來穗
5/14	宓汝祥	衡陽	謝照拂眷屬
5/14	德芳	衡陽	望來穗轉港
5/14	于文章	桂林	附寄保證書
5/20	德芳	衡陽	望來穗，相機遷台
5/28	宓汝祥	衡陽	（電）轉德芳即來穗
5/30	宓汝祥	衡陽	介紹虞右民兄
5/30	德芳	衡陽	請速來，上兩信虞右民帶衡
6/1	德芳	桂林	到粵後情況
6/4	德芳	桂林	託尹合三帶錢物
6/9	張振玉	昆明	通候
6/9	劉鍾明	昆明	通候
6/9	張中寧	紐約	近況
6/9	譚嶽泉	台北	不久赴台一行
6/9	德芳	桂林	尹今赴港轉桂，旬後信寄港或台
6/11	德芳	桂林	電訊阻隔之原因，託尹合三兄帶
6/11	宓汝祥	桂林	託尹合三兄帶物
6/11	翟香圃	香港	領護照不易
6/13	德芳	桂林	衍訓等上學事
6/13	衍訓	桂林	原則應赴台，望補課
6/17	姜仁山 姑丈	九龍	詢近來房屋租價
6/17	黎超海	台北	詢近來房屋租價
6/26	宓汝祥	桂林	託查德芳身分證
6/29	張中寧	紐約 27, 528, W123St., apt. 40	回國事候再商定
7/4	德芳	廣州	抵澳情形
7/13	廖純一	南嶽	謝居嶽時之照拂
7/13	王碩如	南嶽	謝居嶽時之照拂
7/16	德芳	廣州	告到台
7/16	德芳	廣州	台灣一般情形
7/16	德芳	廣州	（電）國代船可來
7/22	張敏之	澎湖	詢學校情形

日期	人名	地址	事由
7/22	魏壽永	台中	中壢空地事
7/27	宓汝祥	桂林	謝收到德芳身分證
7/29	張敏之	澎湖	多人希望來此一行
8/8	張敏之	澎湖	勞中事，衍訓、紹南事
8/8	胡希汾	廣州	設油廠救濟員工事
8/12	曾養甫	九龍	退台員工請設廠搾油事，可曲從其請
8/12	廖毅宏	九龍	蘇信已轉
8/12	褚保三	廣州	託帶衣箱
8/12	翟香圃	香港	託取衣箱
8/12	張中寧	辰谿	告抵台
8/16	姜慧光	九龍	復台北物價
8/16	宓汝祥	桂林	通候
8/28	宓汝祥	桂林	介紹晉見楊綿仲氏
8/28	楊綿仲	宓君轉	介紹宓汝祥君
8/28	廖毅宏	九龍	贈酒被扣
8/28	張敏之	澎湖	詢學校情形
8/28	陸冠裳	廣州	託帶奶瓶
9/8	翟香圃	香港	謝代存箱取回
9/8	玉祥弟	香港翟轉	詢近況
9/8	廖毅宏	九龍	謝贈酒
9/8	張敏之	澎湖	取保事辦理中
9/11	牟尚齋	台中	催辦敏之保證書
9/16	張敏之	澎湖	保證事未辦妥
9/16	石中峯	澎湖	託帶衍訓來台
9/24	程世傑	台中	湘銀行事已詳詢
9/24	張中寧	芷江	湘銀行事係何情形
9/29	李振清	澎湖	謝准衍訓來台北
9/29	隋永諧	澎湖	謝准衍訓來台北
9/29	傅立平 石中峯	澎湖	託帶行李
9/29	任新舫	澎湖	詢敏之近況
9/29	瑤祥弟	澎湖	不必來台北
9/29	余繼祖	高雄	通候，託運行李
10/2	孫平野	澎湖	敏之案營救情形
10/9	王培五	澎湖，由高雄轉	敏之事情形，衍訓行李，七弟勿來台北
10/11	李先良	台中	託詢台中中學
10/11	張振玉	昆明	詢能否至恩施
10/13	李祥麟	本市台大法學院	託介紹學校，下月赴西南
10/16	姜佐舟	新竹	請協助衍訓升學
10/16	陳長興	新竹	請協助衍訓升學
10/16	陳粵人	屏東	請協助衍訓升學

日期	人名	地址	事由
10/22	魏壽永 虞克裕	香港	請帶奶粉，董玉田帶禮
10/23	畢天德 黎超海	香港	請帶奶粉，董玉田帶禮
10/23	陳味川	新竹	謝照拂衍訓
10/23	任新舫	高雄轉	營救敏之情形
10/23	王培五	澎湖	營救敏之情形
10/23	瑤祥弟	澎湖	望仍入子弟學校
10/23	王篤修	澎湖	請准瑤祥復學
10/23	李振清	澎湖	請准瑤祥復學，衍訓回取行李
10/23	姜仁山 姑丈	九龍	詢近況
10/26	陳長興	新竹	請止衍訓赴馬公
10/26	任新舫	高雄	請止衍訓赴馬公
10/27	李先良	台中	敏之將解至此
10/27	謝持芳	淡水	謝為衍訓接洽入學事
10/27	衍訓	新竹	著赴高雄取行李
11/11	廖毅宏	九龍	託帶奶粉
11/14	宋宜山	香港	詢入口手續
11/14	畢天德	香港九龍	詢入口手續，託買奶粉
11/14	張景文	重慶	詢西南情形
11/14	陳粵人	屏東三中	謝小兒入學承關注
11/14	石中峯	台中	通候
11/14	張中寧	重慶	詢西南情形
11/14	王培五	高雄	轉信三件
11/25	石中峯	台中	請代出證明
11/28	王培五	高雄	敏之索衣鞋
12/5	石中峯	台中	詢其視察住地
12/20	李振清	馬公	謝准瑤弟入子弟學校
12/20	瑤祥弟	馬公	衣服候檢帶
12/21	衍訓	新竹	住校從緩
12/21	于文章	海南	入境證由董玉田代辦
12/21	姜慧光	九龍	謀事或可設法
12/26	李先良	台中	送捐啟
12/28	振祥弟 玉祥弟	香港轉	詢近況
12/30	于文章	香港	入境證在辦理中

收支一覽表

月日	收入要目	收入數額	月日	支出要目	支出數額
1/1	上月餘存	3,488.00	1/1	車錢	17.00
1/5	銀元變價	600.00	1/1	新聞天地	6.00
1/7	省行旅費	1,000.00	1/1	零食	11.00
1/11	外鈔變價	3,450.00	1/2	觀劇	20.00
1/14	銀元變價	410.00	1/2	菜肴	10.00
1/18	外鈔變價	900.00	1/2	報紙	2.00
1/20	借齊魯旅費	8,000.00	1/3	電影	25.00
1/20	上月下半月待遇	3,915.00	1/3	晚飯	20.00
1/20	上月公費	870.00	1/3	車錢	2.00
1/20	本月膳費	660.00	1/3	報紙	3.00
1/20	去年齊魯獎金	7,950.00	1/4	晚飯	64.00
1/20	本月永業公費	250.00	1/5	電報	25.00
1/20	本月薪一部	4,687.00	1/5	晚飯、觀劇	90.00
1/28	去年齊魯不請假薪	7,950.00	1/6	理髮	35.00
			1/6	晚飯	40.00
			1/6	牙刷	20.00
			1/6	唐王宏範碑	15.00
			1/6	洗浴水	10.00
			1/7	觀劇	115.00
			1/7	送劉孝先眷屬	500.00
			1/7	車錢、郵票	9.00
			1/8	電影	15.00
			1/8	晚飯	60.00
			1/8	書三本	27.00
			1/9	交玉弟零用	300.00
			1/9	午飯	120.00
			1/9	車錢	15.00
			1/9	白雪公主一本	20.00
			1/9	桔子	12.00
			1/9	戲茶資	14.00
			1/10	桔子、花生	10.00
			1/10	展望一本	5.00
			1/10	郵票	14.00
			1/11	南嶽家用	2,600.00
			1/11	上項匯水電費	450.00
			1/11	晚飯、報紙	43.00
			1/11	戲票	65.00
			1/11	桔子	5.00
			1/13	桔子、車錢	240.00

月日	收入要目	收入數額	月日	支出要目	支出數額
			1/13	晚飯	50.00
			1/13	刊物	10.00
			1/14	省行廚役婚儀	200.00
			1/14	晚飯、桔子	90.00
			1/14	書刊、電影	20.00
			1/14	洗浴水	15.00
			1/15	電報費	25.00
			1/15	晚飯	40.00
			1/15	刊物	16.00
			1/16	車錢	25.00
			1/17	郵票	70.00
			1/17	兩餐	130.00
			1/17	刊物	16.00
			1/17	桔子、電影	25.00
			1/17	修鋼筆	60.00
			1/18	午飯	50.00
			1/18	車錢	4.00
			1/18	火車票	230.00
			1/19	賞省行行役	300.00
			1/19	赴下關車錢	40.00
			1/19	搬行李	40.00
			1/19	北站補票	50.00
			1/19	北站車錢	50.00
			1/19	午飯、晚飯	110.00
			1/19	報刊	60.00
			1/20	齊魯扣麵粉一袋	561.00
			1/20	午飯	150.00
			1/20	新會橙一斤	48.00
			1/20	棉毛衫一件	365.00
			1/20	餅乾	200.00
			1/20	玩具二付	200.00
			1/20	髮夾	80.00
			1/20	報紙刊物	98.00
			1/21	滬至株洲車票	1,052.00
			1/21	少年讀物	85.00
			1/21	茶、畫片	210.00
			1/21	洗衣	60.00
			1/21	報紙	25.00
			1/22	車錢、搬夫	150.00
			1/22	賞齊魯司機	200.00

月日	收入要目	收入數額	月日	支出要目	支出數額
			1/22	午飯、晚飯、茶	165.00
			1/22	報紙、牙刷	133.00
			1/22	小竹籃	80.00
			1/22	電池、汽油	50.00
			1/22	雜用	100.00
			1/23	早點、午飯、晚飯	330.00
			1/23	旅館及小帳	550.00
			1/23	車錢	80.00
			1/23	報紙、理髮、洗浴	6.00
			1/23	補買銀元差額	360.00
			1/24	車錢、挑力	100.00
			1/24	早飯、午飯	150.00
			1/24	麵包、茶葉	125.00
			1/24	賞押運夫	400.00
			1/24	報刊	33.00
			1/25	早午飯	60.00
			1/25	香腸一斤	76.00
			1/26	三餐、洗面	120.00
			1/26	報紙、雜食	40.00
			1/26	晚飯	30.00
			1/27	早飯、午飯、茶	170.00
			1/27	挑力	80.00
			1/27	株洲住店	500.00
			1/27	給歸隊排長羅	100.00
			1/27	株至衡車票	130.00
			1/27	衡山站至河西	200.00
			1/27	衡至南嶽汽車	60.00
			1/27	南嶽家用	2,500.00
			1/28	振弟代匯玉弟	450.00
			1/29	雜用	80.00
			1/30	南嶽指南、喉藥	110.00
				本月餘存	26,720.00
	總計	44,130.00		總計	44,130.00

月日	收入要目	收入數額	月日	支出要目	支出數額
2/1	上月結存	26,720.00	2/6	酒等	220.00
2/12	上月下半月待遇	6,210.00	2/12	轉帳抵款	210.00
			2/28	美鈔 45 元換成銀元 68 元按原價記帳作南嶽家用	7,800.00
			2/28	銀元 45 元按原價南嶽家用	5,700.00
				本月結存	19,000.00
	總計	32,930.00		總計	32,930.00

月日	收入要目	收入數額	月日	支出要目	支出數額
3/1	上月結存	19,000.00	3/18	衡山至株洲車票	3,500.00
3/18	銀元一元變價	3,700.00	3/18	吃飯	200.00
3/19	銀元卅元變價	144,000.00	3/19	株洲至杭州車票	138,000.00
3/19	銀元一元變價	5,000.00	3/19	株洲食住	6,000.00
3/20	銀元一元變價	7,000.00	3/19	站上食用	5,000.00
3/22	銀元二元變價	15,000.00	3/20	橘子、車上食用	7,000.00
3/23	銀元五元變價	37,500.00	3/22	杭州食用	8,000.00
3/24	二月份齊魯待遇	134,000.00	3/22	刊物報紙	4,500.00
3/24	二月份齊魯公費	30,000.00	3/23	杭至滬車票	11,000.00
3/25	三月上半月待遇	180,000.00	3/23	杭州旅店	14,500.00
3/25	三月上半月公費	40,000.00	3/23	三餐	5,000.00
3/25	預支本月下半月	200,000.00	3/23	書報	800.00
			3/23	刷子	4,200.00
			3/23	搬力、車力	2,000.00
			3/23	車上茶資	1,000.00
			3/23	銀元四十元，原價	5,000.00
			3/24	印名片	2,900.00
			3/24	電報費	1,400.00
			3/24	點、報、書	3,800.00
			3/24	客煙	1,100.00
			3/25	書刊、郵票	4,000.00
			3/25	餅乾、午飯、車錢	10,300.00
			3/25	吊帶扣四個	1,600.00
			3/26	午晚飯	15,000.00
			3/26	電影、報紙	2,400.00
			3/26	唇膏	16,100.00
			3/26	雞蛋、車錢	1,900.00
			3/27	交玉弟	54,000.00
			3/27	午飯	15,000.00

月日	收入要目	收入數額	月日	支出要目	支出數額
			3/27	襪子	2,600.00
			3/27	刊物	1,300.00
			3/28	德芳襪二雙	7,800.00
			3/28	電影、晚飯	2,900.00
			3/28	三毛流浪記	1,800.00
			3/28	鞋油	1,200.00
			3/29	德芳鞋二雙	30,000.00
			3/29	車錢、報紙	3,000.00
			3/30	電報	5,000.00
			3/30	學生字彙、報	1,200.00
			3/31	晚飯	5,200.00
			3/31	書刊	6,000.00
				本月結存	402,000.00
	總計	815,200.00		總計	815,200.00

月日	收入要目	收入數額	月日	支出要目	支出數額
4/1	上月餘存	402,000	4/1	晚飯、報	9,500
4/1	上月下半月待遇	291,000	4/1	修皮鞋	4,000
4/1	上月下半月公費	102,000	4/2	午飯	5,000
4/1	短拆月息	20,000	4/2	點心、水果	3,000
4/3	銀元變價	24,000	4/3	童襪四雙	10,500
4/6	預支上半月待遇	500,000	4/3	童鞋	10,000
4/9	短拆日息	237,600	4/3	紹南鞋	32,500
4/11	銀元一元變價	68,000	4/3	午晚飯	20,000
4/12	銀元一元變價	75,000	4/3	郵票	1,000
4/15	銀元一元變價	120,000	4/4	早飯	12,000
4/16	上半月待遇減已支 50 萬	1,687,000	4/4	觀劇、報紙	7,800
4/16	上半月辦公費	454,000	4/5	午飯、洗衣、車錢	17,000
4/21	銀元一元變價	275,000	4/5	茶盃	3,000
4/27	銀元一元變價	1,250,000	4/6	午飯、車錢、郵票	13,400
4/31	預支下半月待遇	8,000,000	4/6	電影、三毛畫展	3,500
			4/6	朱興良小孩	40,000
			4/6	修德芳手表	100,000
			4/7	午飯、客煙	14,500
			4/7	刊物	3,000
			4/8	香蕉	3,200
			4/9	午飯、車錢、電影	38,300
			4/10	牙膏、英文寫字帖	4,500
			4/10	車錢	5,500

月日	收入要目	收入數額	月日	支出要目	支出數額
			4/11	德芳鞋	39,000
			4/11	理髮	20,000
			4/11	電影、車錢	9,000
			4/12	午晚飯	48,000
			4/12	電影	11,000
			4/12	車錢	4,600
			4/13	午飯、車錢	13,900
			4/15	午飯、車錢、香蕉	49,700
			4/15	郵票	600
			4/15	電影	7,000
			4/15	紹南襪二雙	17,200
			4/15	書十餘種	35,400
			4/16	午飯、觀越劇	13,200
			4/16	上半月火食晚餐	250,000
			4/16	送健夫姑喪幛	140,000
			4/18	方糖三磅	46,000
			4/18	車錢	4,300
			4/19	前數日算命	60,000
			4/19	味中素兩瓶	117,000
			4/20	新聞天地	8,000
			4/20	車錢、午飯	38,300
			4/21	藥、香蕉	80,100
			4/23	水果	96,100
			4/26	照相、車錢、電影	93,000
			4/27	賞役	1,000,000
			4/27	車錢	13,000
			4/28	廈門午飯	250,000
			4/29	理髮	240,000
			4/29	地圖、報紙	40,000
			4/29	午飯	160,000
			4/29	郵票四分	26,000
			4/30	餅乾一斤	200,000
			4/30	郵票廿九分	190,000
			4/30	觀劇、晚飯	480,000
			4/30	蘇曾覺劉南君喜儀	1,600,000
			4/30	報	24,000
				本月結存	7,720,000
	總計	13,505,600		總計	13,505,600

月日	收入要目	收入數額	月日	支出要目	支出數額
5/1	上月結存	7,720,000	5/1	午飯、報紙	560,000
5/3	收清四月下半月待遇	24,080,000	5/2	報紙、車錢	80,000
5/14	本月上半月待遇	426,000,000	5/4	船上賞錢	160,000
			5/4	午晚飯 19.40	1,552,000
			5/4	酒	240,000
			5/4	領帶二根	600,000
			5/4	刀片五張	128,000
			5/4	車錢、船錢	200,000
			5/5	飯 13.-	1,040,000
			5/5	襯衣一件	1,040,000
			5/5	車、糖、報刊	280,000
			5/5	尿布一段	160,000
			5/6	車錢	1,280,000
			5/6	冷食	480,000
			5/6	電影	560,000
			5/6	飯 7.-	560,000
			5/6	皮夾	720,000
			5/6	車、渡船	120,000
			5/7	午晚飯 31.-	2,480,000
			5/7	車、船、報等	480,000
			5/8	胖嗶嘰衣一套	8,000,000
			5/8	午飯	480,000
			5/8	車、茶等	320,000
			5/10	燙衣、車錢、月台票	960,000
			5/13	寫字紙、發信	360,000
			5/13	荔枝、車錢、糖	360,000
			5/14	理髮	840,000
			5/14	車錢、發信、糖	600,000
			5/15	晚飯	3,840,000
			5/16	報紙、點心	240,000
			5/17	汗衫一件	2,160,000
			5/18	車錢、糖	1,240,000
			5/18	書七種	5,000,000
			5/20	修表	12,000,000
			5/20	晚飯	7,000,000
			5/20	車錢、發信	1,000,000
			5/24	半月火食	32,000,000
			5/24	車錢、報紙等	2,000,000
			5/26	車錢、報紙	1,000,000
			5/28	請早點	15,000,000

月日	收入要目	收入數額	月日	支出要目	支出數額
			5/28	車錢等	2,000,000
			5/29	飲冰、腐乳、車、報	4,000,000
			5/29	香皂	1,000,000
			5/30	吳伯誠借	11,000,000
			5/30	烤肉、麵	3,000,000
			5/30	理髮	4,000,000
			5/31	工役節賞	15,000,000
				本月結存	312,680,000
	總計	459,800,000		總計	459,800,000

金圓券僅九閱月而崩潰，自下月起，只得暫以港幣為記帳本位矣。

月日	收入要目	收入數額	月日	支出要目	支出數額
6/1	上月結存	791.00	6/1	水果	5.00
6/1	上月待遇收清	426.00	6/1	郵票、車錢	1.00
6/13	代表補助費	1,000.00	6/1	冷食	2.00
6/16	上半月待遇	327.00	6/2	車錢、水果	1.00
6/30	下半月待遇	327.00	6/4	帶桂林家用銀元	664.000
			6/4	尼龍 51 襪二雙	12.00
			6/4	Colgate 牙膏一	2.80
			6/4	尼龍牙刷 4 支	4.00
			6/4	肥皂二	2.00
			6/4	童襪五雙	6.20
			6/4	香零紗袍料二件	29.00
			6/4	阿墨林水	1.00
			6/4	臨帖用紙	1.00
			6/4	託合三買奶粉	10.00
			6/5	洗頭、香蕉	4.00
			6/6	書	5.00
			6/6	郵票	7.00
			6/7	冷飲、糖	2.00
			6/9	水果、車錢、報紙	2.00
			6/11	冷飲、香蕉	4.00
			6/12	冷飲、報	3.00
			6/13	運衣箱至港	10.00
			6/13	觀舞、觀影、車錢	7.00
			6/14	冷飲	2.00
			6/15	理髮	5.00

月日	收入要目	收入數額	月日	支出要目	支出數額
			6/15	客煙、報紙	1.00
			6/15	車錢	1.00
			6/16	香蕉、報刊	2.00
			6/16	洗衣	4.00
			6/17	冷飲	2.00
			6/18	德芳鞋	26.00
			6/18	襪子	12.00
			6/18	文胸	5.00
			6/18	書刊	5.00
			6/19	水果	3.00
			6/20	觀劇、車錢	11.00
			6/22	賞合庫司機	5.00
			6/22	瑤祥、衍訓用	6.00
			6/22	點心、水果	4.00
			6/23	糖、玩具、夾子	4.00
			6/23	童鞋、冷霜	20.00
			6/23	車錢、手絹	4.00
			6/23	一個月火食	60.00
			6/25	水果、食品、煙	5.00
			6/25	瑤祥上衣	5.00
			6/25	隔水布	2.50
			6/25	糖果、車錢、報	1.30
			6/25	木紗	1.20
			6/25	緞帶、牙刷	2.00
			6/25	刊物	5.00
			6/25	皮夾	3.00
			6/26	水果	2.00
			6/27	家用	10.00
			6/28	郵票、水果、車錢	6.00
			6/29	冷飲、糖果	4.00
			6/30	皮箱	20.00
			6/30	宴客	28.00
			6/30	酒、乳豬	5.00
			6/30	糖二斤	1.20
			6/30	童盌	0.80
			6/30	車錢	1.0
			6/30	家用	10.00
			6/30	下月火食	75.00
				本月餘存	1,717.00
	總計	2,871.00		總計	2,871.00

月日	收入要目	收入數額	月日	支出要目	支出數額
7/1	上月結存	1,717.00	7/1	昨日理髮	5.00
7/15	上半月待遇	328.00	7/1	水果、車錢等	5.00
7/16	預借下半月待遇	100.00	7/1	家用	10.00
7/31	下半月待遇（新台幣）	218.00	7/1	修皮包鎖	1.00
			7/1	德芳照相	3.00
			7/1	藥品	2.00
			7/2	穗澳船票	30.00
			7/2	水果等、茶資	7.00
			7/2	家用	20.00
			7/3	報紙、牙膏、皂	5.00
			7/4	吃飯、車錢	19.00
			7/5	洗頭	1.50
			7/5	車錢、雜用	0.50
			7/5	澳港船票	28.00
			7/6	買表	280.00
			7/6	修表	12.00
			7/7	早點	10.00
			7/7	桔子 80 枚	28.00
			7/7	衣料一段	12.00
			7/7	夏威夷衫	11.00
			7/7	午飯	5.00
			7/7	港穗車票	8.80
			7/7	其他雜用	18.20
			7/11	家用	200.00
			7/14	家用、交際	100.00
			7/15	家用	528.00
			7/20	地圖、刊物	4.00
			7/20	連日車錢	5.00
			7/20	早點、煙等	8.00
			7/23	日昨基隆午飯	11.00
			7/23	連日瓜果	6.00
			7/23	洗衣	6.00
			7/23	車錢	5.00
			7/23	瓜果、早點	5.00
			7/24	車票、擺渡	6.00
			7/24	基隆搬行李	6.00
			7/24	木盆	10.00
			7/24	晚飯	5.00
			7/24	市內搬行李	5.00
			7/24	車錢、雜用	10.00

月日	收入要目	收入數額	月日	支出要目	支出數額
			7/30	連日雜用	8.00
			7/31	家用	40.00
				本月餘存	878.00
	總計	2,363.00		總計	2,363.00

月日	收入要目	收入數額	月日	支出要目	支出數額
8/1	上月餘存	878.00	8/1	理髮	2.00
8/5	借支傢具費	654.00	8/1	電泡	5.00
8/14	上半月待遇	218.00	8/1	搬家夫力	10.00
8/30	下半月待遇（扣一部預借）	168.00	8/1	家用	20.00
			8/3	竹櫥、銅盤等	18.00
			8/3	車錢、零食	3.00
			8/3	家用	20.00
			8/3	肉	2.00
			8/4	綢傘	13.50
			8/4	明清名人墨蹟	10.00
			8/4	定港報一個月	9.00
			8/4	椅一張	16.00
			8/4	寫字格	42.50
			8/4	車錢、雜用	3.00
			8/7	電熨斗	20.00
			8/7	游泳衣	20.00
			8/7	茶盃	2.00
			8/7	藥皂	2.00
			8/7	電料零件	5.00
			8/7	家用	9.00
			8/8	方桌	25.00
			8/8	紹南照相	1.00
			8/8	雀斑膏	7.00
			8/8	電料	5.00
			8/8	香蕉、梅子	2.00
			8/9	赴淡水	11.00
			8/9	家用	10.00
			8/10	修鋼筆	12.50
			8/10	車錢、零用、香蕉	4.50
			8/10	啤酒	15.00
			8/11	赴宴賞錢、車錢	10.00
			8/11	電料、洗照片	5.00
			8/11	家用	10.00

月日	收入要目	收入數額	月日	支出要目	支出數額
			8/13	手絹、小毛巾等	7.00
			8/13	面盆、襪套、小碟	13.00
			8/13	龍門二十品	6.00
			8/13	李思訓碑等	4.00
			8/13	家用	12.00
			8/14	報	3.00
			8/15	赴淡水	12.00
			8/15	家用	21.00
			8/16	理髮	2.00
			8/16	家用	10.00
			8/17	家用	400.00
			8/18	車錢	2.00
			8/19	鷦鴣菜、疳積散	5.00
			8/19	香蕉、鳳梨、餅	3.00
			8/19	電料	4.00
			8/19	禮品	8.50
			8/19	紹南書、半圓板	6.00
			8/19	紹南報名	1.50
			8/20	香蕉、車錢	3.00
			8/20	登記表	3.00
			8/20	煙	2.00
			8/20	紹南幾何用具	5.00
			8/22	木器	12.00
			8/22	肥皂、車錢	3.00
			8/24	車錢	3.00
			8/26	車錢、菜錢等	10.00
			8/28	發信	2.00
			8/28	煙	4.00
			8/28	書刊	2.00
			8/28	報	3.00
			8/28	車錢	1.00
			8/30	看病、西瓜	6.00
			8/30	書道全集一本	6.00
			8/30	所得稅	7.00
				本月結存	977.00
	總計	1,918.00		總計	1,918.00

月日	收入要目	收入數額	月日	支出要目	支出數額
9/1	上月結存	977.00	9/3	車錢等	2.00
9/15	上半月待遇 （扣一部預借）	168.00	9/3	理髮	2.00
9/30	下半月待遇	211.00	9/4	煙、書刊	6.00
			9/4	車錢等	1.00
			9/5	定報	8.00
			9/5	紗布、膠布	7.00
			9/5	香蕉、車錢	3.00
			9/5	鞋油、刊物	2.00
			9/7	刊物、電影票	3.00
			9/7	小毛巾、別針	3.00
			9/8	發信等	2.00
			9/10	餽贈	10.00
			9/10	車錢	2.00
			9/13	赴淡水	11.00
			9/14	家用	100.00
			9/14	報費	4.00
			9/14	煙、糖	1.50
			9/14	車錢	1.50
			9/15	車錢	1.00
			9/17	煙、罐頭	7.00
			9/19	理髮	2.00
			9/19	小孩照相	10.00
			9/19	罐頭、小盃	6.00
			9/19	家用	100.00
			9/22	車票、車錢	3.00
			9/22	教科書	3.00
			9/22	菜金	4.00
			9/22	煙等	4.00
			9/23	菜金、零用	8.00
			9/25	來客添菜	12.00
			9/25	家用	20.00
			9/25	紹南月票	5.00
			9/26	傭工工資	30.00
			9/26	菜金	2.00
			9/26	衍訓看病	4.00
			9/26	茶	3.00
			9/26	雜用	3.00
			9/27	木盆、煙、香蕉	6.00
			9/28	柴炭、菜金	8.00
			9/28	刊物	2.00

月日	收入要目	收入數額	月日	支出要目	支出數額
			9/29	發信、雜用	6.00
			9/30	菜金	5.00
			9/30	租書	4.00
			9/30	香蕉	1.00
				本月結存	928.00
	總計	1,356.00		總計	1,356.00

月日	收入要目	收入數額	月日	支出要目	支出數額
10/1	上月結存	928.00	10/3	禮屏	18.00
10/6	秋節借 1/4	125.45	10/3	賞司機	5.00
10/15	上半月待遇	233.00	10/3	衍訓看病	3.00
10/31	下半月待遇	225.00	10/3	月餅、發信、車錢	8.00
			10/3	家用	150.00
			10/4	理髮	2.00
			10/4	月餅、車錢、刊物	9.00
			10/6	賞公司差役	10.00
			10/6	租書	1.00
			10/9	水果、香煙	5.45
			10/9	水盂、銅勺	2.00
			10/9	車錢等	1.00
			10/10	刊物、車錢等	5.00
			10/11	藥品	2.50
			10/11	發信、車錢	2.50
			10/12	煙、雜用	4.00
			10/12	家用	100.00
			10/13	衍訓註冊	11.00
			10/14	足疾藥	10.00
			10/14	煙	2.00
			10/14	家用	200.00
			10/14	煙	1.00
			10/16	煙等	2.00
			10/18	衍訓新竹用	9.00
			10/20	新聞天地、車錢	4.00
			10/22	理髮	2.00
			10/22	照相	1.50
			10/22	診病費	5.00
			10/22	香煙	1.50
			10/22	衍訓用	5.00
			10/25	煙、食品	3.00

月日	收入要目	收入數額	月日	支出要目	支出數額
			10/28	車錢等	1.00
			10/30	賞大東司機	10.00
			10/30	唐小本釋氏碑	6.00
			10/30	續醫政漫談等	3.00
			1030	車錢、早點	7.00
			10/30	藥品	5.00
			10/30	白玉霜	6.00
			10/31	買菜	5.00
			10/31	上週衍訓赴新竹	90.00
			10/31	家用	64.00
			10/31	雜用	2.00
				本月餘存	727.00
	總計	1,511.45		總計	1,511.45

月日	收入要目	收入數額	月日	支出要目	支出數額
11/1	上月結存	727.00	11/1	買菜、藥品	7.00
11/15	上半月待遇	233.00	11/2	買菜、吸乳器	8.00
11/25	下半月待遇	233.00	11/3	雜用、車錢	6.00
			11/4	藥	5.00
			11/4	雞蛋 36 個	16.00
			11/4	菜金	4.00
			11/4	昨日菜金	8.00
			11/4	水果	2.00
			11/4	米 20 斤	7.00
			11/4	車錢、香蕉等	3.00
			11/5	買菜	8.00
			11/5	水果、鮮花	2.00
			11/6	買菜	6.00
			11/6	油六斤	8.00
			11/6	雞蛋 20	6.50
			11/6	桃酥二斤	3.50
			11/7	炭 42 斤	8.00
			11/7	菜、水果	7.00
			11/7	車錢	2.00
			11/8	雞	12.00
			11/8	菜、水果	7.00
			11/8	理髮	2.00
			11/8	香港報	7.50
			11/9	紹寧看病	1.50

月日	收入要目	收入數額	月日	支出要目	支出數額
			11/9	菜、煙	4.00
			11/10	牛奶十天	9.00
			11/10	菜、點心	6.00
			11/10	衍訓用	30.00
			11/11	照相	11.00
			11/11	買米	10.00
			11/11	買菜、發信	5.00
			11/12	郵票	6.00
			11/12	菜、煤	16.00
			11/12	茶	4.00
			11/12	接生費	120.00
			11/13	肥皂五條	4.00
			11/13	酒、煙	4.00
			11/13	看電影	3.00
			11/13	菜	4.00
			11/14	雞	15.00
			11/14	菜、桔子	5.00
			11/14	四月糶役美鈔 40 元	280.00
			11/14	語石三本	4.00
			11/14	發信、糖、煙	4.80
			11/14	菜、紹南用	5.20
			11/14	刊物、衍訓書	3.00
			11/14	電費	6.00
			11/15	買菜	4.00
			11/15	牙粉、醬油	1.00
			11/16	奶粉四聽	32.00
			11/16	糕點	2.00
			11/16	紹南買書、租書	6.00
			11/16	桃酥四斤	7.00
			11/16	捐款	3.00
			11/17	買菜	4.00
			11/18	買菜	5.00
			11/18	煙、糖、水果	3.00
			11/18	鹹蛋	1.00
			11/19	紹南旅行用	3.00
			11/19	紹南旅行點心	1.00
			11/19	買菜	8.00
			11/19	水果	1.00
			11/20	紹中用書	2.00
			11/20	書刊	3.00
			11/20	牛奶十天	9.00

月日	收入要目	收入數額	月日	支出要目	支出數額
			11/20	買菜	6.00
			11/20	水果	1.00
			11/20	米三十斤	11.00
			11/20	酒、豆腐	5.00
			11/20	電泡	1.00
			11/20	衍訓用	30.00
			11/21	紹南用	1.00
			11/21	買菜	6.00
			11/21	雞蛋十枚	5.00
			11/21	煙、米糠	2.00
			11/21	桃酥	3.00
			11/22	奶粉三磅	27.00
			11/22	新生報一個月	7.00
			11/23	買菜	3.00
			11/24	買菜	6.00
			11/24	雞蛋十枚	5.00
			11/24	牛奶四天	4.00
			11/24	理髮	2.00
			11/24	香煙	2.00
			11/25	奶粉二磅	20.00
			11/25	法規三種	11.00
			11/25	電料	2.00
			11/26	買菜、水果	5.00
			11/26	發信、車錢	2.00
			11/27	女傭公費與加給	50.00
			11/27	炭、媒	13.00
			11/27	買菜、紅薯	9.00
			11/27	酒、醬油	2.00
			11/27	率真集、右軍傳	3.50
			11/27	毛巾	3.50
			11/28	買菜	6.00
			11/28	煙、桔子	2.00
			11/28	商業應用文	10.00
			11/29	蛋六枚	3.00
			11/30	香煙兩聽	14.00
			11/30	買菜、水果	5.00
			11/30	奶粉兩聽	20.00
			11/30	書兩本	10.00
			11/30	甘油一磅	5.00
				本月結存	69.00
	總計	1,193.00		總計	1,193.00

月日	收入要目	收入數額	月日	支出要目	支出數額
12/1	上月結存	69.00	12/1	買菜	5.00
12/1	秋季補助費	309.00	12/1	蛋類	7.00
12/15	上半月待遇	233.00	12/1	米三十斤	11.00
12/24	下半月待遇	233.00	12/1	桃酥二斤	4.00
12/30	冬季補助費	466.00	12/1	紹南用	1.00
			12/2	買菜	4.00
			12/2	蛋類	8.00
			12/2	水果	2.00
			12/2	香煙	2.00
			12/3	製印章	18.00
			12/3	刊物	2.00
			12/3	買菜	6.00
			12/4	麵粉	30.00
			12/4	救濟、買書	3.00
			12/4	買菜	8.00
			12/4	水果	3.00
			12/4	修熨斗	1.00
			12/4	車錢	3.00
			12/5	買菜	4.00
			12/6	炭、菜	20.00
			12/6	車錢	2.50
			12/6	紹南月票	4.50
			12/6	水果	2.00
			12/7	買菜	6.00
			12/7	書道全集二本	24.00
			12/7	筆兩枝	5.00
			12/7	印色、收據簿	5.00
			12/8	買菜	6.00
			12/8	車錢、扣子	2.00
			12/8	刊物、打印台	3.00
			12/8	理髮	2.00
			12/9	雞蛋	3.00
			12/9	買菜	4.00
			12/9	水果	2.00
			12/9	米 20 斤	7.00
			12/10	買菜	6.00
			12/10	魚、酒	4.00
			12/10	電費	6.00
			12/10	捐	2.00
			12/10	報刊	2.00
			12/11	買菜、蛋	11.00

月日	收入要目	收入數額	月日	支出要目	支出數額
			12/11	香煙、水果	3.00
			12/12	買菜、車錢、蛋	11.00
			12/13	買菜	5.00
			12/13	車錢、煙	6.00
			12/14	上月香港時報	8.00
			12/14	買菜	3.00
			12/14	水果、車錢	4.00
			12/14	助友喪葬	100.00
			12/15	米二十斤	7.00
			12/15	買菜	3.00
			12/15	雞鴨蛋	4.00
			12/15	車錢、煙	4.00
			12/15	雜用、蛋	2.00
			12/16	水果	2.00
			12/16	煤五十個	10.00
			12/16	鹹魚、布	3.00
			12/16	買菜	2.00
			12/17	買菜	3.00
			12/17	車錢、香蕉	1.00
			12/17	豆腐廿方	2.00
			12/18	花生油八斤	20.00
			12/18	買菜	5.00
			12/18	電影、煙、車錢	7.00
			12/19	買菜、水果	5.00
			12/19	家用	10.00
			12/20	家用	5.00
			12/20	買菜	5.00
			12/20	香蕉、煙、車錢	4.00
			12/21	買米	7.00
			12/21	新生報	8.00
			12/21	買菜	3.00
			12/22	雞蛋	4.00
			12/22	買菜	4.00
			12/22	燈泡	3.00
			12/22	水果	1.00
			12/23	買菜	3.00
			12/23	女拖鞋	15.00
			12/23	理髮	13.00
			12/23	糖果、車錢	2.00
			12/24	買菜	2.00
			12/24	煙、糖	2.00

月日	收入要目	收入數額	月日	支出要目	支出數額
			12/24	頭油	3.00
			12/24	球鞋	14.00
			12/25	染衣	5.00
			12/25	米 30 斤	11.00
			12/25	買菜	4.00
			12/25	雞蛋十個	4.00
			12/25	上月所得稅	8.00
			12/25	女棉毛衫	11.00
			12/25	雞蛋十個	3.00
			12/25	防空燈罩	1.00
			12/25	紙、車錢、煙	3.00
			12/26	事務所牌	20.00
			12/26	戳記	11.00
			12/26	買菜	3.00
			12/26	車錢	1.00
			12/27	買菜	3.00
			12/27	煙	1.00
			12/27	毛巾	6.00
			12/28	煤球一百	25.00
			12/28	買菜	5.00
			12/28	印名片	10.00
			12/28	紹南汽車月票	8.00
			12/28	發信、車錢	3.00
			12/29	買菜	4.00
			12/29	水果、煙	2.00
			12/29	車錢	1.00
			12/29	樟木箱	60.00
			12/30	買菜	8.00
			12/30	米二十斤	7.00
			12/30	麵粉等配品	43.00
			12/30	聚餐	5.00
			12/30	洗衣	7.00
			12/30	玻璃杯三只	8.00
			12/30	家用	10.00
			12/30	德芳襪子	21.00
			12/30	車錢	1.00
			12/31	車票	5.00
			12/31	車錢、插花	2.00
			12/31	刊物壹本	1.00
			12/31	買菜	13.00
			12/31	水果	2.00

月日	收入要目	收入數額	月日	支出要目	支出數額
			12/31	港報	14.00
			12/31	雜用	1.00
				本月結存	370.00
	總計	1,310.00		總計	1,310.00

密雲不雨
──寫在 1949 年後七十年

馬國安

　　1949 年 3 月 20 日，外祖父乘火車自湖南南嶽返上海公幹途中，遇見來自安徽的王姓一家，原也是向內陸投親避難，但因仍覺「時局密雲不雨，終覺不安久住，遂又作東歸之想……但於逃難已極厭倦云。」密雲不雨，語出易經小畜卦，指事物的醞釀時期，其結果可好可壞。但在二十世紀的中國，「密雲不雨」似乎大多只能預示凶兆。在1949 的七十年後，2019 己亥年的今天，外祖父當不會想見，世界風雲變幻，戰爭與暴力居然還是佔據了世界歷史的一大版面。

　　歷史學家對於1949 年，各有說法。決定不同詮釋方式的主要因素，自然是兩岸分治的政治現實，但在文學家的筆下，1949 早已成為一個華人離散的核心文化符號，是離亂的序章，卻也是希望的開端。楊儒賓禮讚1949，認為這是比1661 年鄭成功趕走荷蘭人、1895 年日本開展殖民統治更加重要的臺灣歷史轉捩點，因為在他看來，1949 已成為「一個包容的象徵」。而從巨流河到啞口海，齊邦媛心中的1949 是近代中國歷史長河的分水嶺，是鄉愁的楔子，是苦難的史詩，但也是新生命的源流活水。可是，

對於沒有機會經歷1949的我來說，史詩也好，轉捩點也罷，究竟1949年是怎麼被當時的人理解感受的？大歷史框架太遙遠，民族的傷痛又太鴻大，1949畢竟是人們活出來的1949，而不只是脈絡和語境的1949。

外公的書房於幼年的我，彷如另一個世界，裡面的書都有一個我看不懂的名字。其實外公彷彿也像另一個世界來的。他的鄉音重，我時常不懂；他愛看的京劇，我更聽不懂。可是小學的我後來卻學會在外公家看電視上的京劇，一看可以看好幾個小時。什麼是天干地支，也是外公教會我的。當時他坐在慣常讀書的椅子上，我則是歪歪倒倒地站在他跟前——應該是他的耐心和溫柔的語氣，讓十歲不到的我乖乖站著，聽完了何謂天干與地支，以及他們如何成為華文世界的記時符號。外公是天生的老師，同時受過「傳統」與「現代」的知識洗禮，透過他的眼睛，我看到屬於家族的1949。

1949年10月，母親出生。她是在外祖母的肚子裡橫越臺灣海峽，孕育於南嶽山水之間，誕生在困頓中的臺北城。這是我對1949的第一種理解：母親的出生之年。翻開1949年的外公日記，首先我找的是母親的生日，其次，我翻找吳氏一家抵臺的旅途。生日好找，外公對當時外婆坐月子、母親呱呱墜地的情景，都多所記載。反而是來臺的經過，並不是我想像的、自己平時慣習的「從a到b點」，一張車票、機票或船票就可以簡單概括。因為這一年，和大部分的中國老百姓一樣，母親一家幾乎總是

「不是在旅途中,就是在前往旅途的路上」,外公更是如此。為了兼顧工作與家庭,外公的1949前半年常是在坐火車穿越中國,來往家人避共的居所和工作的沿海城市。這些旅途中的見聞和故事,隨著7月16日外公從廣州白雲機場登機抵台,也就暫時戛然而止;不過,對當時的吳氏一家而言,1949年應該就是一場漫長的旅途,起點是老家,終點,則尚不知在何方。

1949年2月,外公在從上海前往南嶽的路途中,見到種種逃難的怪現狀,而有此一嘆:「(火車)臥舖及夾道全部布滿,有如沙丁魚,令人直有中國人不配享受廿世紀文明之感,而乘客之不顧公德乃至不顧一己之性命,尤其可怪也。」他又觀察到,當時的一般大眾,即使是應當「熱血報國」的青年,都「對政治之無可如何的冷淡與無可如何之關心,較之十六年北伐與廿六年抗戰兩時代之青年不可同日而語」(2月12日)。這些紀錄,對我是當頭棒喝:在想像何為「逃難」的時候,我總認為當時的人們應該早已「習慣」了這種不知道究竟能不能抵達旅途終點、擠沙丁魚的日子。但是事實是人們從未「習慣」逃難。也不應該能夠習慣。習慣逃難,只能代表人心的麻痺、於痛苦無動於衷、面對離亂,也再無反應。失去了這份柔軟,人類文化、文明還能剩下什麼?

母親一家,終究是幸運的。他們沒有等待多久,就全家在臺北團聚了。負責打點住宿的外公,還抽空跑了趟北投泡溫泉。吳氏一家的境遇,此後就和許多1949來台

的國民黨官員和眷屬一樣，在困頓中逐漸平穩。然而在外公的心裡，對家鄉的牽掛也悄悄扎根。在找到了房子、準備正式搬入之際，他寫道，「余因今日看房，連帶想到在濟南之住宅，無論宏敞堅固乃至隙地多花木，咸皆不可同日而語，何日可歸，為之黯然。」（7月26日）這種心境，大概也是當時許許多多外省移民們的寫照。離散的痛苦，對移民們雖刻骨銘心，但起碼，他們不曾忘記，自己是被拯救的一群——是臺灣救了他們。

故事說到這裡，其他的部分可待來日出版的日記慢慢充實。身在2019回望1949，我在閱讀外公日記時，看到「密雲不雨」四字，卻是心中一驚。回顧過去幾年，冷戰結束後建立起的世界秩序，隨著日益加劇的氣候問題、逐漸崩解的國際金融體系不斷坍塌，學經濟的外祖父，當作何感想？1949年，命運使他失去了在母親之國生活立業、抒展抱負的自由。而今，所謂的「自由」卻往往成了民粹主義的包裝紙。

「密雲不雨」。和1949年的外公一樣，2019年，我只願大雨過後，不再有離亂。「自由」可以不是口號，而是平民百姓日日生活的現實。

2019.11.24 於上海浦東

吳墉祥簡要年表

1909 年	出生於山東省棲霞縣吳家村。
1914-1924 年	入私塾、煙台模範高等小學（11 歲別家）、私立先志中學。
1924 年	加入中國國民黨。
1927 年	入南京中央黨務學校。
1929 年	入中央政治學校（國立政治大學前身）財政系。
1933 年	大學畢業，任大學助教講師。
1937 年	任職安徽地方銀行。
1945 年	任山東省銀行總經理。
1947 年	任山東齊魯公司常務董事兼董事會秘書長。當選第一屆棲霞國民大會代表。
1949 年 7 月	乘飛機赴台，眷屬則乘秋瑾輪抵台。
1949 年 9 月	與友協力營救煙台聯中校長張敏之。
1956 年	任美國援華機構安全分署高級稽核。
1965 年	任台達化學工業公司財務長。
1976 年	退休。
2000 年	逝世於台北。

民國日記 28

吳墉祥戰後日記（1949）

The Post-War Diaries of Wu Yung-hsiang, 1949

原　　著	吳墉祥
主　　編	馬國安
總 編 輯	陳新林、呂芳上
執行編輯	林弘毅
文字編輯	李佳若
封面設計	陳新林
排　　版	溫心忻

出 版 者　　**開源書局出版有限公司**

香港金鐘夏愨道 18 號海富中心
1 座 26 樓 06 室
TEL：+852-35860995

民國歷史文化學社

10646 台北市大安區羅斯福路三段
37 號 7 樓之 1
TEL：+886-2-2369-6912
FAX：+886-2-2369-6990

銷 售 處　　**源流成文化股份有限公司**

10646 台北市大安區羅斯福路三段
37 號 7 樓之 1
TEL：+886-2-2369-6912
FAX：+886-2-2369-6990

初版一刷	2019 年 12 月 31 日
定　　價	新台幣 400 元
	港　幣 105 元
	美　元 15 元
I S B N	978-988-8637-48-5
印　　刷	長達印刷有限公司
	台北市西園路二段 50 巷 4 弄 21 號
	TEL：+886-2-2304-0488